성공하는 사람이 믿고 따르는
5가지 절대 법칙

성공하는 사람이 믿고 따르는

5가지 절대 법칙

인쇄일 2020년 5월 4일
발행일 2020년 5월 11일

지은이 잭 프리드먼
옮긴이 박지영
펴낸이 유경민 노종한
기획마케팅 1팀 정용범 **2팀** 정세림 금슬기 최지원
기획편집 1팀 이현정 임지연 **2팀** 김형욱 박익비
책임편집 이현정
디자인 남다희 홍진기
펴낸곳 유노북스
등록번호 제2015-000010호
주소 서울시 마포구 양화로7길 71, 2층
전화 02-323-7763 **팩스** 02-323-7764 **이메일** uknowbooks@naver.com

ISBN 979-11-969907-9-4 (03190)

• ― 책값은 책 뒤표지에 있습니다.
• ― 잘못된 책은 구입하신 곳에서 환불 또는 교환하실 수 있습니다.
• ― 이 도서의 국립중앙도서관 출판예정도서목록(CIP2020017213)은 서지정보유통지원시스템 홈페이지(http://seoji.nl.go.kr)와 국가자료공동목록시스템(http://www.nl.go.kr/kolisnet)에서 이용하실 수 있습니다.

성공하는 사람이
믿고 따르는

PERSPECTIVE

RISK

5가지
절대 법칙

잭 프리드먼 지음 | 박지영 옮김

INDEPENDENCE

SELF-
AWARENESS

MOTION

THE
LEMONADE LIFE

유노
북스

우리는 오로지
자신이 되고자 하는 사람이 될
운명이다.

_ 랄프 왈도 에머슨(Ralph Waldo Emerson)

**다음과 같은 사람들은
이 책을 읽지 마시오.**

삶이 완벽해서 아무것도 바꿀 필요가 없는 사람

하룻밤 사이에 부자가 되고 싶은 사람

자고 일어나면 모든 걱정이 사라지길 기대하는 사람

알맹이보다 겉치레가 중요한 사람

간단한 5가지 일도 해낼 수 없는 사람

워런 버핏이 알려 준
인생에 대한 태도

현재 시각 오후 12시 35분. 여기는 네브래스카주 오마하.

나는 워런 버핏과 함께 점심 식사 중이다. 우리는 피콜로스라는 식당에서 식사 중인데, 여기는 워런 버핏이 가장 좋아하는 식당이자 그가 빌 게이츠와도 식사했던 곳이다. 어찌 된 영문인지 그의 음료수에 띄운 아이스크림이 내 것보다 훨씬 더 크다. 하지만 어쩌겠는가? 여기는 그의 단골 식당이고 이 사람은 워런 버핏인데.

2016년, '오마하의 현인'이라고 불리는 워런 버핏과의 점심이 경매 사이트 이베이에서 345만 6,789달러에 낙찰됐다. 하지만 오늘 점심값은 워런 버핏이 낸다. 고맙게도 그는 이날 오전에 나와 내 와튼 스쿨 동기들을 버크셔 해서웨이 본사에 초대했다. 그리고 몇 시간 동안 우리가 하는 질문에 재치 있는 유머를 섞어 가며 솔직하고 분명하게 답해 줬다.

그는 자기 방 뒤편에 있는 코카콜라들을 가리키며 농담을 던졌다.

"버크셔가 코카콜라의 지분을 8프로 조금 넘게 갖고 있어서, 콜라 12캔당 1캔의 수익이 돌아옵니다. 콜라를 안 마셔도 되니까 괜찮으시다면 캔 뚜껑만 열어 두세요."

그 자리에 있던 모든 사람이 워런 버핏의 무한한 지혜를 빨아들이려고 했다. 처음에 우리는 그의 통찰력이 경제, 투자, 사업에 관한 것이리라 예상했다. 그런데 이야기를 들을수록 워런 버핏의 '진짜 지혜'는 사업에 한정된 것이 아니었다. 목적을 가진 삶, 자기만의 방식대로 사는 삶, 음료수에 띄운 아이스크림처럼 자기가 좋아하는 걸 즐기는 삶에 관한 것이었다.

워런 버핏은 자기가 살아오면서 성취한 모든 것에 크나큰 감사를 표했다. 그는 살아 있음에 감사해하고 누구에게도 잘 보이려 하지 않으며 다른 사람처럼 되고 싶어 하지도 않았다. 일, 자선 활동, 좋아하는 브리지 게임, 스스로 6살 꼬마 입맛이라고 말한 만큼 유명한 불량 식품 사랑으로 행복을 최대로 높인다. 그는 자신을 잘 알고 자기 모습 그대로를 편안해했다.

점심을 먹은 후, 워런 버핏은 사람들의 끝도 없는 사진 촬영 요청을 받아 줬다. 모두가 줄을 맞춰 서 있으면 마지막 순간에 가운데로 쑥 들어오는 그런 단체 사진이 아니다. 그는 2시간 가까이 모든 사람과 개인 사진을 찍었다. 곁에는 경호원도, 비서도 없었다. 그는 우리에게 빚진 것도 없는데 최고로 친절했고 자신의 시간을 아낌없이 내줬다.

식사 자리가 끝난 후 그는 캐딜락을 타고 오마하의 오후 하늘 속으로 사라졌다.

워런 버핏이 보여 준 교훈

워런 버핏과 보낸 하루를 조금도 잊을 리 만무하다. 그중에서도 그의 인격과 삶의 태도에 관한 몇 가지 특징, 거기에서 얻은 교훈은 평생 잊지 않을 것이다.

표정이 밝다

버핏은 행복하다. 그는 인생과 사업을 낙관적으로 멀리 내다본다. 그에게는 무엇이든 잘될 거라는 믿음이 있다.

→ 열린 마음을 가지면 더 많은 기회를 만날 수 있다.

투자 위험을 계산하고 감수한다

버핏은 가치 투자자로서 자기만의 원칙에 따라 투자 여부를 결정하고 리스크에 접근한다. 그는 자신의 원칙을 어기지 않는다. 그는 버는 것보다 덜 쓰는 방법을 배운 보험 사업을 특히 좋아한다.

→ 원칙이 있으면 위험을 가늠할 수 있다.

자기답게 산다

버핏은 다른 사람처럼 되려고 하지 않는다. 그는 뉴욕이 아니라 오마하를 선택했고 여태껏 1958년에 3만 1,500달러를 주고 구매한 집에서 산다. 그리고 아이스크림을 띄운 음료수와 치즈버거를 좋아한다. 매일 오르락내리락하는 주식을 보며 일희일비하지 않고 멀리 본다. 그는 CEO보다 신문 배달원이 되고 싶다고 말한 적이 있다.

→ 남에게 의지하지 않을 때 자유를 누릴 수 있다.

자신이 무엇을 잘하는지 안다

버핏은 자기가 제일 잘하는 투자에 시간과 에너지를 쏟는다. 같은 맥락에서 자기가 제대로 이해하지 못하는 사업에는 투자하지 않는다.

→ 자신을 제대로 파악할 때 인생을 훨씬 효율적으로 살 수 있다.

엄청나게 일한다

버핏은 악수나 연설만 하는 허수아비 대표가 아니다. 실무자다. 자기 사업을 샅샅이 파악하고 직접 분석하며 세세한 부분까지 챙긴다. 그가 정상에 선 것은 과거에도 현재에도 엄청나게 일한 덕분이다.

→ 위대한 인생의 여정에는 지름길도 쉬운 길도 없다.

나는 워런 버핏이 성공한 원인을 곰곰이 생각했다. 누군가는 그가 운이 좋았다거나 그가 투자를 시작한 시절에는 성공하기가 더 쉬웠다고 말할 수도 있다. 하지만 경제력을 떼어 놓고 보면 그는 우리와 다르지 않다. 그의 인생은 자기 선택의 결과다. 마찬가지로 오늘도 우리 선택의 결과다. 당신이 스스로 내린 선택도 있고 남이 내려 준 선택도 있다.

우리의 내일은 어떨까? 우리에게는 하루도 빠짐없이 아침에 일어난 순간부터 잠이 드는 순간까지 내일의 삶을 정할 기회가 주어진다. 그러니까 우리에게는 하루하루가 원하는 삶을 선택할 기회인 셈이다.

성공을 보장하는
절대 법칙을 선택하라

이 책은 우리가 앞으로 어떤 삶을 살고 어떤 사람이 될지를 결정하는 일상의 크고 작은 선택을 다룬다. 인생에는 돈, 관계, 행복을 얻을 수 있는 절대 법칙이 있다. 성공은 이 법칙을 선택하는 데서 시작된다. 실패하는 사람은 이를 무시하면서 보상만 갈구하는 반면 성공하는 사람은 절대적인 법칙을 믿고 따르며 반복한다. 그리고 원하는 바를 계속해서 이룬다.

여기에서 성공하기 위한 5가지 절대 법칙을 안내한다. 이를 통해 인생에서의 현명한 선택법, 시야를 넓히는 법, 위험을 미리 계산하는 법, 유행을 추종하지 않고 자신의 길을 찾는 법, 무엇보다도 행동으로 옮기는 방법을 구체적으로 살펴볼 것이다.

나의 바람은 이 책을 읽는 사람이 지금보다 더 나은 삶을 사는 것이다. 오랫동안 조금씩 변화하는 사람도 있을 테고 순식간에 엄청나게 변하는 사람도 있을 것이다. 독자가 이 책을 공략집으로 삼아 앞으로 가야 할 길에 놓인 걸림돌을 뛰어넘고 어떤 상황도 차분하게 대처해서 삶을 행복하게 꾸리면 좋겠다.

이 책을 읽는 당신이 바닷가의 파라솔 밑에 있든, 비행기로 여행 중이든, 공원의 나무 아래 앉아 있든, 지하철 안 사람들 틈바구니 안에 섰든, 소파에서 담요를 덮고 있든, 침대에서 차를 홀짝이든, 기억하라. 오늘은 바로 당신의 날이다.

나는 당신이 성공하길 바란다. 바로 오늘부터 자신과 주변을 새로운 관점으로 보길 바란다. 아직 원하는 삶을 살고 있지 않다면 지금부터 용기 있게 자기 것을 챙기길 바란다. 장애물은 모조리 격파하고 두려움은 완전히 떨치길 바란다. 마음을 차분하게 가다듬고 틀에 갇힌 사고를 하지 않기로 마음먹길 바란다.

이제부터 오롯이 자신을 위한 선택을 내려라. 다른 누구도 아닌 당신을 위한 일을 하라. 당신의 인생이다. 그러므로 마땅히 헌신과 관심으로 삶을 돌봐야 한다. 당신을 위하는 데 자신 외에는 누구의 허락도 필요 없다. 작정하고 노력하는 한 운명을 좌지우지할 힘은 당신에게 있다. 이는 하룻밤 사이에 되는 일이 아니다. 성공은 평생에 걸친 과정이자 모험이다. 여기에는 희생하고 투쟁할 각오가 필요하다.

이제 당신이 누구인지, 어떤 사람이 되고 싶은지 생각할 시간이다. 이 책은 이미 성공했지만 여전히 성공에 목마른 사람을 위한 책이자, 악전고투하느라 지쳐 잠시 쉬고 싶은 사람을 위한 책이다. 모든 것이 가능하다고 믿는 사람과 모든 것이 불가능하다고 믿는 사람을 위한 책이다. 얽매인 사람과 자유로운 사람을 위한 책이다. 막 여정을 시작하려는 사람, 여정 중인 사람, 여정이 끝났다고 생각하는 사람을 위한 책이다. 마침내 사업을 시작해 보려는 창업가를 위한 책이다. 절대 포기하지 않는 배고픈 도전가를 위한 책이고 절대 도전하지 않는 포기자를 위한 책이다. 거절당한 사람을 위한 책이고 자신은 주기만 하는데 남은 취하기만 한다고 느끼는 사람을 위한 책이다. 지쳐서 힘이 필요한 사람, 힘이 넘쳐서 지치지 않는 사람을 위한 책이다. 삶에서 더 많은 행복, 만족, 성취감을 누리려는 사람을 위한 책이다.

바로 당신을 위한 책이다.

자신에게 헌신할 각오가 됐다면, 새로운 경지에 이르기 위해 필요한 모든 일을 할 작정이라면, 세상에 뛰어들어 역사를 쓰기로 마음먹었다면, 이제 본격적으로 시작해 보자. 아직 정상이 아니라면 곧 정상에 올라서게 될 것이다.

잭 프리드먼

· 차례 ·

PART 1
성공하는 사람은
절대 원칙을 반복한다

PART 2
첫 번째 절대 법칙
관점을 바꾸면 가능성이 열린다

PART 3

두 번째 절대 법칙

위험을 계산하면 선택지가 늘어난다

PART 4

세 번째 절대 법칙

집단주의에서 벗어나면
자유로워진다

PART 5

네 번째 절대 법칙

자신을 잘 아는 사람이 삶의 주인이 된다

PART 6
다섯 번째 절대 법칙
행동만이
상황과 결과를 바꾼다

PART 1

성공하는 사람은

절대 원칙을
반복한다

운명을 스스로 정하라. 그렇지 않으면 남이 정할 것이다.

_ 잭 웰치(Jack Welch)

오늘도 어제처럼
내일도 오늘처럼
살고 싶은가?

우리는 해마다 돌아오는 기념일로 인생의 진척 과정을 가늠할 때가 많다. 보통은 생일을 축하하고 몇 주년인지 기념한다. 한 살을 더 먹고 새 학년에 올라가고 한 해의 목표를 세운다. 매년 새롭게 인생을 환기하고 싶다면 이 방법도 좋다. 하지만 우리 각자에게는 인생을 정의하고 결정할 기회가 1년에 적어도 365번이 있다. 기회가 많아서인지 사람들은 이 황금 같은 기회를 간과한다. 이유는 끝도 없다.

'사는 게 팍팍해서, 돈이 없어서, 온종일 일해야 해서, 아이들 때문에 바빠서, 이미 때를 놓쳐서, 내년에 하면 되니까….'

매일 우리는 두 갈래 길에 선다.

'레몬같이 시디신 인생을 살 것인가, 레모네이드같이 달콤하고 상큼한 인생을 살 것인가?'

레몬 같은 인생이란 자신의 잠재력을 찾지도 않고 가능성을 보여 주지도 않으며 현재에 안주하는 삶이다. 한 상태에 머물러 있는 사람은 자기의 앞길을 주체적으로 개척하지 않아서 다른 이에게 운명을 맡긴다. 삶을 주어진 그대로 받아들이면 현 상태가 영원히 지속되는 인생을 산다.

또한 현 상태에 안주하는 사람은 자신이 성공할 수 없는 온갖 이유를 댄다. 그러면서 공짜 혜택을 받으려고 남의 꽁무니를 쫓아다니기 바쁘다. 겉치레만 중시하느라 자기가 원하는 바를 이루는 데 실질적으로 보탬이 되도록 변화할 생각이 없다. 바로 여기에서 별 볼일 없는 인생과 성공하는 인생으로 갈린다.

실패를 반복하는 사람의 인생은 과거와 현재와 미래가 같다.

더 나은 길도 있다. 스스로 성공의 기준을 세우고 절대 안주하지 않는 삶이다. 레모네이드 같은 인생이란 목표를 세우고 자신의 가능성을 발견해 원하는 것을 이루며 사는 삶이다. 목표란 삶을 살아가는 데 필요한 영감이다. 가능성이란 무한한 기회다. 우리는 목표와 가능성을 품고 살아갈 때 어떤 상황을 맞닥뜨려도 거뜬히 이겨 낼 수 있다.

변화하겠다고 마음먹었다면 우리가 5년 전에, 지난주에, 심지어 오늘 아침에 한 일은 앞날에 아무 영향도 미치지 않는다. 이 목표와 가능성을 서로 이어 주는 것은 무엇일까? 바로 행동이다.

계속 성공하는 사람은 과거와 현재가 같았을지라도 미래는 다르다.

지금부터 어떻게 하면 수동적인 인생에서 탈피해 능동적인 인생을 살 수 있는지 안내할 것이다. 일을 벌일 것인가, 일을 당할 것인가? 세상에 뛰어들어 자신의 유산을 창조할 것인가, 뒷짐 지고 있다가 인생의 뒤안길로 물러날 것인가? 이는 당신이 5가지를 해낼 수 있느냐에 달렸다.

돈, 관계, 행복을 거머쥐는
5가지 절대 법칙

인생을 바꾸는 5가지 절대 법칙이 있다. 성공하는 사람은 이 5가지 법칙을 믿고 따를 것을 고수해 왔다. 우리는 이 모든 법칙을 이미 알고 있으며 누구나 실천할 수 있다. 출신지가 어디든, 돈이 얼마나 있든, 인생의 어느 시기에 있든 상관없다. 이것으로 내면과 외면의 변화를 일으키고 빛을 밝힐 수 있다. 그러나 잠재력을 최대로 끌어올리고 성공을 일구고 행복한 삶을 이끄는 진짜 비결은 바로 이 5가지를 알아차리고 실행하는 것이다.

5가지 절대 법칙은 모두의 마음에 스위치의 모습으로 존재한다. 이 스위치가 모두 켜졌을 때 당신은 바뀐다. 인생관과 관점이 변하고 더 나은 선택을 내릴 수 있으며 자기 인생을 이끌 힘과 자유를 얻게 된다. 이 스위치를 어떻게 켜는지 배우면 성공을 이루고 내면의 위대함을 깨우며 무한한 가능성을 창조할 수 있다.

첫 번째 법칙 '관점(Perspective)'

관점은 세상을 바라보는 창이다. 이것이 인생의 전반과 가능성을 결정한다. 너무나 많은 사람이 부정적 관점에 갇혀 살면서 그 상태를 인지조차 못한다. 하지만 관점을 긍정적으로 바꾸는 순간, 더 많은 기회가 보일 것이다.

두 번째 법칙 '모험(Risk)'

스스로 정한 한계는 발전을 저해하고 가능성을 제한한다. 자기 안에 도사리는 두려움을 극복한다면, 도전의 크기만큼 보상이 따른다는 사실을 깨닫는다면, 위험을 신중하게 계산하고 감수하며 인생에서 더 많은 성취를 이룰 수 있다.

세 번째 법칙 '독립(Independence)'

많은 사람이 독립심을 바람직한 특성으로 높이 평가한다. 하지만 정작 독립적인 사람은 극히 소수다. 집단으로 움직여야 더 안전하고 무리 속에서 편안함과 연대 의식을 느끼기 때문이다. 독립이란 보편적 관념을 거부하고 설사 자기가 틀리더라도 감히 홀로 서는 것이다. 또한 자기 속도와 방식대로 자기만의 길을 가는 자유로움이다.

네 번째 법칙 '자의식(Self-Awareness)'

자아를 성찰할 때, 우리는 보고 싶은 것이 아니라 봐야만 하는 것을 보게 된다. 듣고 싶은 것이 아니라 들어야만 하는 것을 듣게 된다. 타인의 솔직한 의견을 참고해서 현 상황을 정확하게 파악하고 자신을 잘 이해한다면 최고의 인생을 사는 데 필요한 변화를 끌어낼 수 있다.

다섯 번째 법칙 '행동(Motion)'

당신이 원하는 삶을 살려면 노력해야 한다. 자신과 현재 상태를 바꾸려는 한, 이미 가진 능력과 기술로도 성공할 수 있다.

이 5가지 절대 법칙의 앞 글자를 따면 P-R-I-S-M, 즉 '프리즘'이다. 내면에 이 5개 스위치를 모두 켤 때 비로소 인생에 목표와 가능성이 생겨난다. 워런 버핏같이 성공하는 인생을 사는 사람은 이 5가지 절대 법칙을 통해 세상을 바라본다.

'관점' 스위치를 켜면, 더 많은 기회를 잡을 수 있다.
'모험' 스위치를 켜면, 더 나은 결정을 내릴 수 있다.
'독립' 스위치를 켜면, 더 많은 자유를 누릴 수 있다.
'자의식' 스위치를 켜면, 자신을 잘 이해할 수 있다.
'행동' 스위치를 켜면, 상황을 바꿀 수 있다.

오늘이 성공하기 가장 근사한 날이다

크게 성공한 사람, 자신의 잠재력을 알아차리고 온전히 발휘하는 사람, 최고의 모습에 다다를 때까지 절대 안주하지 않는 사람은 가슴 깊이 행복해한다. 이들의 성공 비밀, 행복의 비결은 앞서 소개한 스위치 5개를 모두 켠 데에 있다. 성공자가 전부 세계적인 리더, 재계 거물, 프로 운동 선수, 할리우드 스타는 아니다. 많은 수가 평범한 사람이다. 이들은 자기가 행복한 일을 선택하고 그 삶을 즐긴다. 이쯤에서 도대체 어떻게 성공하기 위한 스위치 5개를 모두 켜는지 궁금할 것이다.

영미권에서는 누구나 아는 오랜 속담이 있다.

"늙은 개에게 새로운 재주를 가르칠 수 없다."

자기의 생각과 방식을 고집하는 사람은 변하기가 쉽지 않다. 수년에 걸쳐 쌓인 습관, 행동, 생각이 깊게 박여서 바뀌지 못하는 것이다. 어차피 안 바뀔 테니 변화를 시도해 봤자 헛수고라고 생각한다. 그래서 자신이 원하고 바라는 모습으로 변할 수 없다.

하지만 늙은 개에게 새로운 재주를 가르칠 수 없다는 말은 그 개가 새로운 재주를 배우려 하지 않을 때만 진실이다. 이전과 달라지기가 두려운 사람은 어째서 자기가 변할 수 없고 변하는 게 절대로 불가능한지 끊임없이 변명할 것이다.

하지만 변하기로 작정하고 '관점', '모험', '독립', '자의식', '행동' 5개 스위치를 모두 컨다면 프리즘을 통해 삶을 새롭게 바라보고 성공하는 인생을 살 수 있을 것이다. 분명한 사실은 과거가 어땠든, 오늘은 당신의 날이라는 것이다. 오늘만큼은 완전히 당신 마음대로 할 수 있다.

"못 해"라고 말하는 것은 어제로 끝내라.
오늘부터는 "할 수 있어"라고 말하라.

내 인생이 온전히 내 손에 달렸다는 사실을 깨달으면 엄청난 힘과 권한을 느낄 수 있다. 이는 위대한 인생으로 향하는 첫걸음이다. 우리는 역사상 가장 근사한 시대에 살고 있다. 최고의 시대, 완벽한 시대는 아닐 수 있지만 지금이 가장 위대한 시대인 까닭은 모두에게 자신의 운명을 스스로 만들어 갈 기회가 있기 때문이다. 당신이 주인공인 시대다.

당신이 친구, 직장 동료, 부모님, 형제자매, 사회와 기싸움을 벌이고 있다

면 밑지는 장사를 하는 것이다. 특정 학교에 다녀야 하고 특정 직장에서 일
해야 하며 특정 브랜드의 제품을 사야 하고 특정 사람들과 어울려야 한다고
생각한다면 이 역시 당신이 밑지는 장사를 하는 것이다.

우리가 해야 하는 일은 자기 자신과 겨루는 것뿐이다. 오로지 자신만이
자기 인생을 좌지우지할 수 있다. 그러므로 노력해야 하는 사람도 나 자신
이다. 결정도 나 자신이 직접 내려야 한다. 나의 미래를 결정하는 힘은 나에
게 있다. 다른 사람과 나를 비교하는 덫에 빠진다면 이길 가망이 없는 게임
을 하는 셈이다.

즉각적인 만족을 추구하는 문화에서는 당장 결과를 보여 줘야 하는 분위
기가 형성돼 있다. 많은 사람이 인생의 목적지까지 지름길로 가고 싶어 하
고 노력 대비 성과가 좋기를 바란다. 그러나 정작 의지나 각오는 부족해서
결실을 위해 꼭 필요한 일은 하지 않는다. 더 좋은 사람이 되기 위해 기꺼이
고생하려는 사람이 너무 없다. 삶을 바꾸고 실천하려는 근면한 마음가짐과
태도가 없다면 그 누가 조언을 해 줘도 그저 지나가는 말로 그칠 뿐이다.

좋은 법칙을 습관으로 들이고 현명하게 선택하는 일에 집중하라. 여기에
서부터 모든 일이 시작된다. 의사 결정에는 인생관, 사고방식, 원칙, 자기
이해가 영향을 미친다. 그러므로 결과에 연연하기 전에 올바른 기틀부터
다져야 한다.

절대 법칙을 무시하는
실패자 유형 1
_변명쟁이

당신이 이미 아는 세 부류를 소개하겠다. 당신은 어디에선가 이들을 만난 적이 있다. 이 세 유형의 사람은 당신의 이웃이거나 직장 동료, 아이 학교에서 마주친 다른 학부모 혹은 친구의 친구, 가족 모임에서 만난 친척이다. 헬스장이나 독서 모임에서 알게 된 사람일 수도 있다. 어쩌면 당신이 이 셋 중 한 명일 수도 있다.

이 셋은 바로 성공의 절대 법칙을 무시하는 사람들이다. 이들은 어디에나 있기 때문에 어렵지 않게 만날 수 있다.

첫 번째 유형은 '변명쟁이'다. 이 사람은 자신이 성공할 수 없는 이유를 끝도 없이 늘어놓는다.

"일을 너무 많이 해야 하니까."

"시간이 오래 걸리니까."

"성공한 인생은 부자들에게만 해당되니까."

"실패하면 쏟은 시간이 아까우니까."

변명쟁이의 가장 큰 적은 비관적인 태도다. 이 사람은 무슨 일이든 실제로 해 보기 전에 겁부터 먹는다. '실패하면 어떡하나' 걱정만 하면서 아까운 시간을 허비한다. 동시에 뼛속까지 불만투성이다. 이 사람은 기어이 주변 사람들의 흥까지 깨 버린다. 화창한 날 먹구름을 찾고 해결책이 나온 문제를 굳이 지적하며 성공도 어쩌다 운이 좋았다고 생각한다. 현재의 편안하고 안락한 상태에서 벗어나려고 하지 않는 변명쟁이에게 변화를 위한 행동은 머나먼 이야기다.

또 변명쟁이는 남들이 원하지 않아도 간섭하기를 좋아한다. 모르는 게 없지만 이는 곧 제대로 아는 것도 없다는 뜻이다. 그러면서 정작 본인이 일에 나설 차례가 되면 뒷걸음질친다. 그는 바람직한 인생에 대한 기대치를 갖고서, 그 기대치가 충족되지 못하면 짜증을 낸다. 자기 마음속에 있는 장애물부터 없애고 사고방식을 바꾸지 않는 한, 변명쟁이는 성공적인 인생을 살지 못한다.

변명쟁이의 특징

"안 된다", "할 수 없다"라며 시간, 노력, 돈이 너무 많이 드니까 불가능하다고 말하는 비관적인 친구, 부모님, 직장 동료 등이다.

변명쟁이가 많이 하는 말

"이 나라 정책이 잘못됐다."

변명쟁이가 행복할 때

변명쟁이는 자신과 같은 부류와 성공한 사람을 편으로 나눈다. '우리 대 그들'이라는 울타리를 치고는 그 안에서 위안을 얻는다. 평상시에는 현관 계단, 발코니, 탕비실 등 자신만의 안전한 장소에서 다른 사람, 장소, 일 따위를 흉보며 기운을 얻는다.

변명쟁이가 많이 하는 질문

변명쟁이는 기본적으로 남의 일에 관심이 없기 때문에 당신에게 먼저 질문하지 않을 것이다. 하지만 당신이 무슨 말이든 꺼내면 제일 많이 토를 달 것이다.

"그렇기는 한데…."
"저도 그 일을 할 뻔했죠…."

변명쟁이의 말버릇

"복권에 당첨될 확률보다 벼락에 맞을 확률이 더 높다."

정작 본인은 계속 복권을 사면서, 아직 벼락에 맞지는 않았다.

변명쟁이가
버릇처럼 하는 말 5가지

변명쟁이는 온갖 핑계를 만들어 낸다. 그들이 가장 자주 하는 변명을 들어 보자.

"너무 어려워"

변명쟁이는 경기가 시작하기도 전에 포기한다. 미련도 두지 않는다. 장애물이 나타나면 쓸데없이 과장해서 쉬운 일은 어렵게, 어려운 일은 더 어렵게 만든다. 무슨 일을 하든 유난히 힘겨워하며 도전의 무게가 영혼이 으스러질 만큼 무겁다고 느낀다. 그러나 사실 그들의 생각만큼 어려운 일은 거의 없다.

첫 번째 변명은 창의력과 의지가 부족한 탓이다. 버거워 보이는 그 어떤 문제도 해결책은 있기 마련이다. 타개의 돌파구를 찾는 일은 자신에게 달렸다.

"힘이 달려"

변명쟁이는 삶에 활력을 잃고 기운이 없다. 그래서인지 작은 흙무더기를 산처럼 보고 그 산을 오르는 일이 엄청나게 힘들다고 생각한다.

두 번째 변명은 의욕이 부족한 탓이다. 변명쟁이는 자기가 생각하는 것보다 더 힘이 세다. 누구든 자신의 잠재력은 스스로 깨달아야 한다. 그래야 저력을 발휘할 수 있다.

"나는 학력이 좋지 않아"

어떤 학교에 다녔는지 혹은 다니지 못했는지는 인생의 성패를 가르는 유일한 척도가 아니다. 백만장자, 억만장자, 성공한 사람 중 얼마나 많은 이들이 대학에 가지 않았고 갔더라도 대학을 중퇴했거나 소위 '좋은' 대학을 나오지 않았는지 아는가?

세 번째 변명은 자신의 진가를 제대로 알아보고 소중히 여기는 마음이 부족한 탓이다. 변명쟁이는 자기가 어째서 무슨 일을 못하는지 잘 둘러댄다. 여기에 형식적인 자격증서가 없다는 것이 핑계 삼기에 참 편하다.

"어떻게 하는지 몰라"

다들 처음 하는 일에 미숙하기는 마찬가지다. 그런데 변명쟁이는 마치 다른 사람들은 모든 걸 다 알고 태어났다는 듯이 지식 장벽을 만들어 낸다. 마치 빌 게이츠는 걸음마를 할 때부터 메인 프레임 컴퓨터를 프로그래밍했다고 생각하는 것이다.

네 번째 변명은 자신을 믿지 못하는 탓이다. 변명쟁이가 똑똑하고 성공한 사람들에게 가장 크게 하는 오해는 그들은 자신과 달리 모든 걸 안다고 착각하는 것이다.

성공한 사람들은 담대하게 자신을 믿고 부족한 점이 있으면 더 배우려고 노력한다는 점에서 변명쟁이와 다르다. 그들도 모든 것을 다 알지는 못하며 자기가 전혀 모르는 것은 떳떳하게 인정한다. 그래서 읽고 질문하고 강좌를 듣고 다른 이에게 조언을 구해서 부족한 부분을 착실히 채워 나간다.

이런 노력들이 쌓여 나중에는 누구보다도 지식이 방대하지만 처음부터 다 알았던 것은 아니다.

"시간이 부족해"

변명쟁이들은 하나같이 시간이 없다고 핑계 삼으며 신경 써야 하는 다른 중요한 일이 무척 많은 것처럼 군다. 우리는 모두 하루 24시간을 산다. 중요한 건 그 시간을 얼마나 우선시하느냐다. 시간을 아껴 쓰는가? 간절히 바라는 일이 있다면 그 일을 해낼 시간을 어떻게든 만들 것이다. 얻고 싶은 것을 위해 다른 것을 포기하며 일정을 조정할 것이다. 목표를 달성하기 위해 시간과 공을 들이고 관심을 쏟고 의지를 불태우며 온 마음을 바칠 것이다.

다섯 번째 변명은 잘못된 우선순위와 부족한 자기 관리 탓이다. 변명쟁이는 자신이 가장 중요한 일에 가장 많은 시간을 할애하는지 스스로 점검해야 한다.

나의
변명쟁이 기질
진단하기

변명쟁이가 자주 하는 변명을 알아봤다. 혹시 나도 변명쟁이가 아닐까? 변명쟁이 기질을 나타내는 신호를 살펴보자.

내 탓이 아니라 남 탓이다

'나에게 일어난 일은 모두 다른 사람들 탓이다. 그 사람들이 나를 부당하게 취급했다. 내가 원하는 걸 얻지 못하도록 방해했다.'

이런 마음가짐의 문제점은 뭘까? 바로 사기 몫의 책임을 지지 않는다는 것이다. 자기의 역할을 인정하지 않기 때문에 행동에 무책임하며 잘못은 언제나 다른 사람이 했다고 생각한다. 본인의 선택과 결정에 책임을 느끼기 전까지는 남을 탓하며 책임을 회피하는 것이 편리한 전략이다. 방어적인 자세를 취해서 힘든 일을 부담하지 않으려는 태도다.

책임을 인정하는 것보다 다른 사람을 손가락질하는 편이 단기적으로는 더 쉽고 편하다. 그런데 아이러니하게도 우리가 부담을 더는 순간은 잘못을 인정하고 받아들이고 나서부터다. 책임감은 가장 위대한 자유다. 당신이 스스로 운명을 결정하고 당신이 한 행동에서 비롯된 모든 결과를 책임져야 한다.

일개 소시민이 성공하는 것은 불가능하다

'모든 게 조작됐다. 주식 시장, 정치, 직장, 모조리 다. 이 나라를 굴리는 건 윗사람들이지 내가 아니다. 돈을 버는 건 큰손들이지 내가 아니다. 공치사를 듣는 건 난사람들이지 내가 아니다. 그들은 이기기만 하고 나는 지기만 한다. 나에게는 그들이 만들어 놓은 세상을 살아가는 것 말고는 다른 선택지가 없다. 내가 세상에 불만이 있는 것이 아니라 세상이 나를 못살게 구는 것이다.'

이런 태도는 절망적이지만 흔히 볼 수 있다. 이런 마음가짐으로는 결코 성공할 수 없다. 당신은 본인을 일개 소시민으로 여겨 스스로의 위상을 깎아내렸다. 또한 자신이 실제보다 더 약하고 느리고 힘이 없다고 믿었다. 끝없이 불평불만을 늘어놓으며 제 발목을 잡았고 삶이 당신에게 어떤 짓을 하든 그저 수용하도록 자신을 길들였다. 당신은 삶에 끌려다니며 수동적인 인생을 살았다.

한 발짝 물러난 상태에서 조언하는 것이 좋다

'나는 어떤 주제가 나오든지 할 말이 많다. 스스로 아는 것이 많다고도 생각한다. 누구라도 들으려고만 한다면 기꺼이 나의 식견을 이야기해 주고 싶다.'

하지만 당신의 조언을 듣고 기분이 좋아진 사람은 거의 없다. 정확히 말하면 당신은 비판하고 지적하고 놀리는 걸 좋아한다. 그런데 직접 나서야 할 순간이 오면 황급히 손사래를 친다. 앞에 나서는 건 당신의 스타일이 아니기 때문이다. 당신은 배후에 있는 편이다. 뒤에서 이것저것 참견하는 일이 더 편하다.

할 수도 있었는데 하지 않았다

당신이 할 수도 있었던 일을 전부 떠올려 보라. 너무 많아서 헤아릴 수도 없다. 사업을 시작하려던 때, 못다 한 학업을 이어 가려던 때, 세계 여행을 계획했던 때, 완전히 새로운 곳에서 살아 보려고 준비했던 때….

'글쎄, 이제 그 시절은 지난 것 같다. 나이를 더 먹었고 빡빡한 일정에 시달려서 여유가 없다. 나는 지금 생활에 정착했고 인생의 전성기는 끝났다고 생각한다.'

탕비실에서 꼭 차만 끓이는 건 아니다

"커피 마실까? 15분 전에 마셨다고? 에이, 한 잔 더 마셔."

"퇴근하기 전까지 5시간 14분밖에 안 남았어."

당신은 아무리 쉬어도 더 쉬고 싶다. 사실 일만 안 할 수 있다면 무슨 일이라도 할 기세다. 당신은 쉬는 시간에만 행복해한다. 그 시간만큼은 임원, 동료, 상사에게 일을 떠맡길 수 있다. 일하는 것은 별로지만 쉴 때는 더없이 기쁘다. 직장에서 일하는 것보다 동료들과 수다 떠는 게 더 재미있다. 당신은 휴식 대장 역할을 자처해 다른 사람도 쉬도록 부추기고 휴게실을 자기 무대로 삼는다.

절대 법칙을 무시하는
실패자 유형 2
_범생이

범생이는 현실에 안주하며 익숙한 터전에 포근한 보금자리를 마련한다. 그는 사회, 친구, 부모, 주변 사람 등 남들이 골라 준 진로, 즉 사회적으로 통상 장려되고 대우받는 진로를 선택한다. 범생이는 완전한 순응주의자이며 진짜 자신의 꿈이 아닌 다른 사람이 바라는 꿈을 대신 이루며 산다.

범생이는 겉보기에 적극적으로 보인다. 그러나 행동한다고 해서 자기가 진정 원하는 삶을 향해 의미 있게 나아가는 것은 아니다. 모험을 싫어하는 범생이는 안전한 길을 선택한다. 본인은 인정하지 않을 수도 있지만, 그는 미지와 실패를 두려워한다. 범생이의 목표는 이기는 것이 아니라 '지지 않는 것'이다. 또한 융통성을 발휘해야 하는 순간에 몸을 사린다.

대부분 범생이에게는 다른 사람들의 눈에 어떻게 비치는지가 제일 중요하다. 그는 자신의 삶이 완벽하다고 남들이 인정해 주길 바라기 때문에 자랑을 많이 늘어놓는다. 또한 자기가 하는 일을 사랑한다고 남들이 생각해 주길 바란다.

그에게 이직은 선택지에 없다. 범생이들은 집이나 별장을 자주 언급하고 변명쟁이와 달리 자신의 불행을 드러내지 않는다. 자기 삶이 멋지게 보이길 바라지만, 사실 그들은 거짓 인생을 사는 것이다. 꼭 그 정도가 아니더라도 불안과 타협하며 살아간다.

범생이는 일주일에 85시간을 일한다. 그래서 그들이 '이 정도 낳으면 적당하다'고 생각한 2.5명의 자식을 볼 시간이 없다. 자기가 하는 일을 좋아하느냐와는 별개의 문제인데, 사실 대부분은 좋아하지 않는다. 그러면서도 현재의 직장에 계속 다니는 이유는 그 덕분에 남들이 부러워하는 직함을 달고 주택 담보 대출을 갚으며 사회적 위치를 유지할 수 있기 때문이다.

대부분 범생이가 자신의 삶을 주도한다고 생각한다. 사실은 흘러가는 대로 산다. 그들은 정해진 길에서 벗어나는 것을 두려워한다. 그나마 마땅하다고 여기는 것이 현재 다니는 직장이다. 사람들이 자신에게 거는 기대에 그 정도 조건이면 합당하다고 결론 내린 것이다.

범생이는 자기에게 익숙하고 편한 환경에서 벗어나려고 하지 않기 때문에 자신의 운명을 스스로 정하지 못하며 대부분이 진정한 꿈을 이루지 못한다. 그들은 안일하고 심지어 인위적인 삶, 그리고 끝나지 않을 것 같은 겉치레의 굴레에 갇혀 산다.

범생이의 특징

고향 근처에서 살고 싶어 하면서도 대도시에 있는 회사에서 일해야 높은 자리에 올라갈 수 있다고 믿는 당신의 형제자매, 동창, 자녀가 다니는 학교에서 만난 다른 학부모 등이다.

고객을 상대하는 업무나 근무 시간을 못 견뎌 하면서도 퇴사는 미친 짓이라고 말한다. 지금 사는 동네를 싫어하면서도 이사하려는 사람을 이해하지 못한다.

범생이가 많이 하는 말

"남이 하는 것은 나도 하고 남이 가진 것은 나도 갖겠다."

범생이가 행복할 때

범생이는 익숙한 공간이 주는 확실함에서 만족을 느낀다. 그 공간 자체를 못 견디게 싫어할 때조차 그렇다. 그들은 마음에 들지 않는 일도 계속한다. 그리고 다른 사람의 인정이 있어야 자기가 한 선택을 확신한다.

범생이가 초면에 던지는 질문

"무슨 일 하세요?"

범생이의 버릇

"'않 된다'가 아니라 '안 된다'야."

범생이는 틀린 맞춤법을 지적하길 좋아한다.

범생이가 행복할 때도 있지만 마음속 깊은 곳에서는 불행하다고 느낀다. 말하지 않더라도 그렇다. 자기가 하는 일을 싫어해도 승진하거나 보너스를 받으면 1년에 한 번쯤은 기뻐한다. 이것으로 안정과 지위를 갈망하는 그들의 욕구는 충족된다.

범생이는 변화를 불편해한다. 이 점이 가장 큰 함정이다. 세상은 변하는데 자기만의 고치 안에서 나오지 못하는 나머지 새로운 기회를 놓치고 외부 변화에 적응을 실패한다. 좀 더 열린 마음으로 변화를 받아들여도 가족 관계, 정체성, 핵심 신념, 가치 등이 변하는 것은 아닌데 말이다.

나의
범생이 기질
진단하기

범생이는 자신의 우월함을 남들에게 보여 줘야 한다.
혹시 나도 범생이가 아닐까? 범생이 기질을 나타내는 신호를 살펴보자.

인생은 거대한 체크리스트다

'체크리스트의 목적이 인생이라는 점만 빼면, 내가 벽에 걸어 둔 달력형
일정표와 같다. 나는 어떤 일을 달성하고 성취했는지 여기에 체크한다. 상
받은 것도 모조리 쓰고 새로운 직함도 전부 적어 둔다. 이 체크리스트에 무
언가 저으려고 마카 뚜껑을 열기만 해도 아드레날린이 치솟는 걸 느낀다.'

누군가가 예술품을 수집하듯이 당신에게는 이력서가 최고의 작품이다.

당신은 이력서에 온 힘을 쏟느라 정신이 팔린 나머지 인생을 살면서 함께 발전시켰어야 할 긍정적인 습관이나 인생살이의 기술에는 시간을 거의 투자하지 못했다. 당신은 다양한 것을 배우고 경험하기보다 스펙을 쌓는 데 더 시간을 들인다.

여보시오, 여보시오, 내 잘난 이력서를 보시오

'내가 무슨 일을 하는지, 어느 회사에서 일하는지, 그 회사에 어떻게 들어갔는지, 어쩜 나의 모든 게 완벽한지 제발 다른 사람들이 알아주면 좋겠다.'

당신은 새로운 사람을 만나면 30초 안에 당신의 직위, 회사 이름, 족보까지 떠벌린다. 그 사람이 묻지도 않고 별로 듣고 싶어 하지도 않았는데. 당신을 정의하는 것은 커리어다.

아이가 어느 유치원에 다니는지가 중요하다

'하버드에 들어가려면 좋은 고등학교에 들어가야 한다. 좋은 고등학교에 들어가려면 좋은 중학교에 들어가야 한다. 좋은 중학교에 들어가려면 좋은 초등학교에 들어가야 한다. 그럼 좋은 초등학교에 들어가려면 어떻게 해야 할까? 좋은 유치원에 들어가야 한다.'

그렇다. 모든 시작은 유치원에서부터다. 그런데 이 시점을 좋은 유아원, 심지어 좋은 영아 시설로 더 앞당기는 이도 있다. 남의 눈에 어떻게 비치는지가 중요하기 때문이다. 당신도 그리고 당신의 자녀도.

일을 끔찍이 사랑하는 척하지만 사실 끔찍이 싫어한다

'솔직히 일을 포기하는 것은 생각만 해도 두렵다. 일을 그만두면 95프로가 은행 빚인 주택 담보 대출을 어떻게 갚는다는 말인가?'

터놓고 말해 보자. 당신은 지금 하는 일이 너무 싫지만, 별다른 대책 없이 다른 핑계만 대고 있다. 그 까닭은 일을 그만두면 현재 생활 수준을 유지할 수 없기 때문이다.

사람은 체면이 가장 중요하다

'사실은 거짓말이다. 나는 많은 사람이 바란다고 생각한 인생에 정착했고 체면 유지라는 끝없는 쳇바퀴에서 벗어나지 못하고 있다. 지금의 나는 원치 않는 자리에 있다. 그 자리는 나의 동창과 유년 시절 친구, 부모님이 바랐지, 내가 바란 것이 아니다. 하지만 친구들에게 절대 이 사실을 인정하지 않을 것이다. 비웃음을 사고 조롱당하고 위신이 땅에 떨어질까 봐 겁나기 때문이다.'

당신과 똑같은 생각을 하는 친구들이 많지만, 당신처럼 두려운 나머지 마음을 털어놓지 못한다.

절대 법칙을 무시하는
실패자 유형 3
_한탕주의자

한탕주의자는 몹시 원하는 게 있다면서 자기 삶이 더 나아진다면 무슨 일이든 하겠다고 말한다. 하지만 그들은 그것을 쟁취하려고 노력하지 않는다. 목표를 이루고 싶다면서 여정을 시작할 마음은 없다. '사업가'라는 직업, '사장님'이라는 직함을 좋아하면서 수고스러운 일은 질색한다.

변명쟁이, 범생이와 달리 한탕주의자는 위험을 쫓아다닌다. 리스크가 큰 일을 선호하면서 충분히 조사하지 않는다. 반짝 유행을 찾아다니고 시장 트렌드를 좇으며 충동구매를 한다. 과정이 아닌 결과에만 관심을 쏟는다. 그들에게는 포모(FOMO, Fear Of Missing Out: 놓치거나 제외되는 것에 대한 두려움) 증후군이 있어서 뭐라도 놓칠까 봐 전전긍긍한다.

한탕주의자의 특징

매번 일확천금을 벌 계획을 늘어놓는 철없는 삼촌.

한탕주의자가 많이 하는 말

"사람들이 몰리는 곳으로 가라."

한탕주의자가 행복할 때

한탕주의자는 유행을 추종할 때 마음이 편안하다. 자기의 위상도 올라가기 때문이다. 최신, 최고라면 어디든지 끼려고 한다.

한탕주의자가 초면에 던지는 질문

"잠깐, 방금 누가 '다음 대박 칠 물건'이라고 말하지 않았어요?"

한탕주의자의 버릇

금값이 폭등했을 때 금을 팔아 돈을 엄청나게 번 이야기를 들려줄 텐데, 그다음에 전자 화폐 거래로 돈을 홀라당 까먹은 사실은 슬쩍 감출 것이다.

겉보기에 한탕주의자는 독립적이고 사업가 기질을 갖춘 듯하다. 사실은 전혀 아니다. 그는 유행을 맹목적으로 좇을 뿐이다. 그들에게 중요한 것은 '경제적 성공이 겉으로 드러나 보이느냐'다.

한탕주의자는 시작한 일을 제대로 마무리 짓는 경우가 거의 없다. 돈이 빨리 벌리지 않으면 금세 흥미를 잃고 다음 대박 사업을 찾아 나선다.

나의
한탕주의자 기질
진단하기

한탕주의자는 인생의 한 방에 목을 맨다. 혹시 나도 한탕주의자가 아닐까? 한탕주의자 기질을 나타내는 신호를 살펴보자.

시장이 후끈후끈하다

"핫할 때 기회를 잡아야 해! 시장이 뜨거워. 지금 당장 뛰어들지 않으면 기회는 날아가. 친구들, 바로 지금이야. 이런 기회는 한 번뿐이야. 20년 후에 지금을 되돌아보면 어째서 일생일대의 기회를 잡지 않았는지 자신을 원망할 거야."

이런 당신에게 좋은 소식이 있다. 시장은 앞으로도 계속 뜨거울 것이다.

그런데 나쁜 소식도 있다. 시장은 원래부터 뜨거웠다.

그야말로 돈을 찍어 내는 사람들이 있다

"사방팔방에 돈 벌 기회가 널려 있어. 골드러시가 다시 시작된 것 같아."

뭐든지 돈을 왕창 벌 기회로 착각하는 당신에게는 투기와 도박을 걸러 내는 필터가 꺼져 있다.

치고 빠져야 한다

"일확천금할 수 있는 진짜 비결은 없다고 하지만, 이건 진짜다. 이 상태가 계속되지 않을 거야. 비결은 치고 빠지는 거야. 장기전으로 가면 안 돼. 이렇게 완벽한 타이밍은 자주 오지 않아."

어떤 일에 헌신하려면 시간을 쏟고 공을 들여야 하기 마련이다. 이 2가지야말로 한탕주의자가 못하는 일이다.

우버가 나오기도 전에 우버를 생각해 냈다

"나는 중학교 1학년 때 사방팔방에 카페를 지어야겠다고 이미 생각했지. 내가 마카롱하고 레고를 진작에 발명했고 다들 헤르미온느가 누군지 알기도 훨씬 전에 해리포터를 구상했다니까."

한탕주의자는 아이디어가 끝없이 샘솟지만 직접 해 본 것은 거의 없다.

또한 창의적이지만 창의성을 발현하는 데 필요한 일은 하지 않는다. 무슨 일이든 거창하게 시작하지만 끝은 흐지부지하다. 상황이 조금만 힘들어지면 즉시 흥미를 잃고 다른 일로 넘어간다.

위험을 가늠해 보지 않는다

"이기려면 올인해야 해. 뒤는 돌아보지 말고 뛰어!"

당신은 기회는 무조건 도박이라고 생각한다. 큰 위험을 무릅쓰면서 위험을 계산하지 않는다.

세 사람을 만나 봤다. 이제 소개해 주고 싶은 네 번째 인물이 있다. 변명쟁이, 범생이, 한탕주의자는 당신이 이미 알고 지낸 사람이라면 이 네 번째 인물은 당신이 꼭 알아야만 하는 사람이다.

삶이
당신을
시험할 때

"이 레몬을 어떻게 나눌 건가요?"

와튼 스쿨에 입학한 첫 주, 수업에서 들은 질문이다. 두 사람이 레몬 한 개를 나눠야 하고 방법은 자유다. 당신이라면 어떻게 할 텐가? 두 사람의 생각이 다르다면 합의점에 이를 수 있을까? 다른 사람들은 어떻게 할까?

첫 번째 팀은 레몬을 반으로 갈라서 절반씩 나눠 가졌다. 그저 시키는 대로 간단히 해냈다.

두 번째 팀은 레몬의 껍질을 벗기더니 한 명이 껍질을 갖고 다른 한 명이 과육을 가졌다. 한 사람은 내용을, 다른 사람은 형식을 챙긴 것이다.

세 번째 팀은 레몬의 껍질을 벗긴 뒤에 과육을 갈랐다. 한 사람이 씨를 챙기자 다른 한 명이 나머지 전부를 가져갔다. 한 사람이 레몬을 다 가져갔지만 다른 한 명은 씨를 심을 수 있었다.

마지막 팀은 독특했다. 두 사람은 레몬을 반으로 자르고 씨를 버리더니 물이 반쯤 든 병을 가져왔다. 한 명이 조심스럽게 레몬즙을 짜서 물병에 흘려 넣자, 다른 한 명이 커피에 넣고 남은 설탕을 그 안에 털어 넣었다. 그 팀은 물병을 몇 번 흔들고는 머리 위로 들어 올리며 이 유명한 격언을 읊었다.

"삶이 당신에게 레몬을 준다면 레모네이드로 만들어라." (나쁜 일을 전화위복 삼으라는 뜻 - 옮긴이)

강의실은 웃음소리로 가득 찼다. 그 일은 나의 뇌리에 깊이 박혔다. 레몬은 나누는 방법은 많다. 자를 수도 있고 껍질을 벗기거나 씨를 빼거나 즙을 짤 수도 있다. 그런데 이 두 학생은 남들과 다르게 생각했다. 주어진 재료에 얽매이지 않고 지침만 따르거나 옆 사람을 흉내 내지도 않았다. 자기들만의 방식으로 문제를 해결했다. 레몬을 레모네이드로 만든 것이다.

이 학생들 같은 사람을 당신에게 소개하고 싶다. 한번 만나 볼 만한 사람이고 당신이 꼭 알아야 하는 사람이다. 바로 대담한 혁신가다.

성공하는
사람의 표본
_대담한 혁신가

대담한 혁신가의 특징

자기만의 방식으로 창의성, 혁신, 변화를 몰고 오는 대담한 혁신가는 판도를 뒤흔드는 사람이다. 독창적으로 사고하며 본인의 능력을 최고치로 발휘하기 위해 능동적으로 리스크를 계산하고 감수한다.

대담한 혁신가가 많이 하는 말

"성공하는 인생을 살라."

대담한 혁신가가 행복할 때

대담한 혁신가는 경쟁에서 승리한다. 과감하기 때문이다. 그는 틀에 박힌 생각을 하지 않는다. 부족한 점, 하고 싶은 일은 끊임없이 배우기 때문에 원하는 일을 해낸다. 기회를 잡기 위한 도전을 하기 때문에 다른 이들을 능가한다.

대담한 혁신가가 초면에 던지는 질문
"당신에 대해서 더 이야기해 줄 수 있나요?"

대담한 혁신가의 버릇
'하루를 시작하는 데 도움이 되는 아침 습관을 공유할 테니 당신에게도 보탬이 되면 좋겠다'고 말할 법하다.

대담한 혁신가의
5가지 아침 습관

대담한 혁신가들의 아침 습관이 모두 같지는 않다. 만약 그랬다면 범생이나 한탕주의자였을 것이다. 변명쟁이는 아침 습관을 만들려고 하지도 않는다. 그러려면 일찍 일어나야 하는데 시간도 없고 귀찮기 때문이다.

대담한 혁신가는 자신에게 가장 잘 맞는 아침 습관을 찾고 실천한다. 명상이 잘 맞을 수도 있고 조깅이나 수영이 좋을 수도 있다. 하루 일정을 미리 정리할 수도 있다. 아침 습관의 목적은 새로운 하루를 위해 마음에 활력을 불어넣고 정신을 맑게 하는 것이다.

다음은 대담한 혁신가가 실천하는 아침 습관이다.

마크 트웨인은 니콜라스 샹포르의 말을 살짝 비틀어 이렇게 말했다.

"아침에 일어나서 제일 먼저 생개구리를 먹으면 남은 하루 동안 무슨 일이 일어나도 그보다는 덜 끔찍하게 느껴진다."

일과 중에서 가장 어려운 일부터 끝내라. 그럼 그 일을 빨리 떨쳐 내고 더 쉬운 일로 넘어갈 수 있다. 힘든 일부터 해치우면 일을 질질 끌지 않아도 되고 나머지 할 일이 한결 만만하게 느껴진다.

아침에 일어나자마자 생개구리를 먹는 게 싫으면 순서를 뒤집어서 생개구리를 나중 일로 남겨 둬도 괜찮다. 그리고 간단한 일로 아침을 시작하라. 쉬운 일을 성취하고 나면 자신감이 쌓여서 나중에 처리할 어려운 일이 덜 버겁게 느껴진다.

프란체스카 지노와 브래들리 스타츠 교수가 〈하버드 비즈니스 리뷰〉에 기고한 글에 따르면, 자잘한 과업을 일찍 끝내 놓으면 보람을 느낄 뿐만 아니라 나중에 어려운 과업을 처리하는 능력도 향상된다. 작은 목표만 달성해도 뇌는 신경 전달 물질인 도파민을 분비하기 때문이다. 이는 집중력과 기억력, 동기를 높여서 다음 과업도 수월하게 해결할 수 있도록 돕는다.

자기만의 생활 리듬을 파악하고 어떻게 해야 동기를 얻을 수 있는지 살펴보라. 자기에게 잘 맞는 방법을 찾고 꾸준히 실천해 나가라.

벤자민 프랭클린이 가장 좋아하는 아침 습관은 자문자답하는 것이었다.

"오늘은 무슨 좋은 일을 할까?"

하루가 힘들기만 할 필요는 없다. 세상을 좀 더 아름답게 만들 방법을 찾아라. 사소해 보이더라도 괜찮다. 팁 바구니에 돈을 조금 더 넣거나 좋은 글을 적은 쪽지를 아이 가방에 넣어 두거나 도움이 필요한 친구에게 고민 상담을 해 줘라. 자신에게 어떤 좋은 일을 할지 묻는 아침 습관을 들이면 타인과 사회에 선한 영향력을 행사하고 가치 있는 일을 실천할 수 있다.

더 나아가 이타적인 행동을 삶의 목적에 반영하라. 우리가 다른 사람에게 덕을 베풀고 세상에 보탬이 되는 행동을 할 때 비로소 존재의 이유가 생긴다. 일본에서는 이를 '이키가이'라고 부른다.

오사키 국민 건강 보험 공단과 도호쿠 의과 대학 연구진은 일본 성인 응답자 4만 3,391명에게 "당신의 삶에는 이키가이가 있습니까?"라고 물었다. 그리고 7년 동안 피실험자들의 건강을 추적 조사한 결과 이키가이가 없다고 응답한 사람들이 이키가이가 있다고 응답한 사람들보다 사망 확률이 훨씬 높다는 결과를 얻었다.

이키가이란 삶의 목적이고 소명이자 원동력이다. 우리 각자가 자신의 일을 하는 진짜 이유다. 자기만의 이키가이를 찾는 것은 더욱 큰 행복을 찾고 보람차고 긴 인생을 누리는 비결이다.

사랑하는 사람과 교감하라

당신이 사랑하는 사람과 교감하며 하루를 행복하게 시작하라. 배우자와 아침 식사를 하라. 아이에게 뽀뽀하고 아이를 안아 줘라. 문자 메시지나 전화로 사랑하는 사람에게 그들이 얼마나 소중한 존재인지 말하라.

노스캐롤라이나 대학교 연구 팀에 따르면, 스트레스를 받을 때 올라가는 심박수와 혈압이 연인을 껴안을 때 다시 떨어진다. 애정을 주고받으며 하루를 시작하면 하루를 살아가는 데 목표를 되새기고 필요한 기운을 듬뿍 얻을 수 있다.

감사한 일 3가지를 적어라

매일 아침 5분만 시간을 내서 감사한 일 3가지를 적어 보라. 예를 들면 아끼는 사람들, 자신의 특별한 성격, 어제 한 일에 관해 쓰는 것이다. 감사 일기 쓰는 습관은 삶에 행복감과 만족감을 끌어올리는 비결 중 하나다. 우리를 단단하게 만들고 세상에 감사하게 한다.

관련 연구자들에 따르면, 사람들은 부정적 감정을 느끼거나 아무 감정도 느끼지 않은 일보다 감사함을 느낀 일에 관해 일기를 쓸 때 기분이 좋아지고 행복감과 긍정적인 감정을 느낀다. 감사한 기분으로 하루를 시작하는 경험은 무척 황홀하다.

여기에서 한발 더 나아가 감사하는 습관이 주는 장점을 극대화할 수 있다. 친구, 가족, 동료에게 고맙다고 편지를 쓰고 그들이 얼마나 소중한 존재인지 표현하는 것이다. 예를 들면 구직할 때 도와준 친구, 차고 페인트칠을 함께 해 준 사촌, 발표 준비를 도와준 동료에게 감사 편지를 쓸 수 있다. 글쓰기 실력보다 중요한 건 진심이다.

직접 얼굴을 보고 고마운 마음을 전하면 더 좋다. 시카고 대학교에서 실시한 연구에 따르면, 감사 편지를 주는 사람과 받는 사람 모두 행복감을 느낀다. 이 연구는 우리가 감사를 표현하는 일의 장점은 과소평가하면서 상대방이 얼마나 멋쩍어할지는 과대평가한다고 지적한다.

또 다른 연구에 따르면, 감사 일기에서 언급한 사람들에게 고마웠던 일을 직접 자세히 이야기하는 효과가 크다. 그때 상대방의 반응과 자기가 느낀 감정을 나중에 다시 떠올리면 부정적 감정과 우울감이 줄어든다.

감사하는 습관을 기르면 건강에도 좋다. 감사에 대해 과학적으로 연구하는 분야의 최고 전문가인 로버트 에몬스에 따르면, 감사는 혈압을 낮추고 면역 기능을 끌어올리며 숙면을 돕는다. 우울, 불안, 약물 남용 장애를 경험할 확률을 줄이고 자살을 예방하는 데 중요한 회복 탄력성을 구성한다.

스티브 잡스를 따라 하라

2005년 스탠퍼드 대학교 졸업 연설에서 스티브 잡스는 자신이 실천하는 아침 습관을 소개했다. 그는 30년 동안 매일 아침 자신에게 한 가지 질문을 던졌다고 한다.

"오늘이 내 인생의 마지막 날이라도 지금 하려는 일을 하고 싶을까?' 며칠이나 연달아 '아니'라는 대답이 나올 때마다 변화가 필요한 시점이라는 것을 알았습니다."

　　매일 아침 우리는 자기가 원하는 일, 행복을 느낄 일을 하기로 선택할 수 있다. 물론 의무적으로 할 일들은 여전하다. 그래도 앞날을 정하는 건 자신의 몫이다. 잘못된 길로 가고 있다면 방향을 바꿀 권한도 자신에게 있다. 많은 사람이 자기가 행복한지, 기쁜지, 보람을 느끼는지 살피지 않고 수개월, 수년을 보낸다. 당신은 그러지 마라. 매일 아침 자신을 세심하게 돌봐라.

PART 2

첫 번째 절대 법칙

관점을 바꾸면
가능성이 열린다

행복, 성공, 자신감은 모두 올바른 관점에서 비롯된다. 변명쟁이, 범생이, 한탕주의자의 이야기가 당신 같
디고 느꼈다면 지금이야말로 변신하고 관점을 바꿀 때나. 늦는 때란 없다. 열린 마음과 바뀌려는 용기만 있
으면 당신도 할 수 있다.

변명을 그만둔 변명쟁이를 환영한다. 독립적으로 살려고 애쓰는 범생이를 응원한다. 장기적 목표에 헌신하
려고 마음먹은 한탕주의자를 지지한다. 대담한 혁신가가 되는 길은 누구에게나 열려 있다. 관점 스위치를
언제 켜는지는 상관없다. 인생을 바꿀 힘은 오로지 당신 안에 있다.

인간은 자기 생각의 산물일 뿐이다.
우리 생각이 우리가 된다.

_ **마하트마 간디**(Mahatma Gandhi)

누가
어떻게
성공하는가?

       변명쟁이, 범생이, 한탕주의자, 대담한 혁신가, 이 네 명을 모두 만났으니 이 중 한 명만 성공하는 까닭을 알아보자. 각 유형마다 2가지 특징이 있다. 이 2가지 특징에 따라 성공 여부가 결정된다.

       첫 번째, 인생을 사는 데 관습적인가, 독창적인가?
       두 번째, 삶을 변화시키는 데 수동적인가, 능동적인가?

       성공하지 못하는 세 사람의 성창은 이렇게 분류할 수 있다.

    • 변명쟁이: 관습적, 수동적

- 범생이: 관습적, 능동적
- 한탕주의자: 독창적, 수동적

삶의 방식을 바꾸지 않는 한, 이들은 성공할 수 없다. 성공하는 인생을 살려면 독창적이면서 능동적이어야 한다. 대담한 혁신가가 인생을 사는 방식은 그래프 오른쪽 상단이다. 바로 우리가 원하는 자리다.

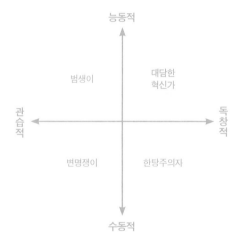

대담한 혁신가는 외부에서 행복을 구하지 않는다. 그들이 느끼는 행복과 보람은 자기 내면에서 나온다. 이는 자기가 인생을 결정하고 정의하며 그 선택을 사랑하기 때문이다. 성공하는 사람들이 언제나 행복하다고 오해하지 않으면 좋겠다. 그것은 사실이 아니다. 다만 성공하는 인생이 그렇지 못한 인생과 다른 점은 P-R-I-S-M 스위치를 활용해 인생에서 맞닥뜨리는 폭풍우를 훌륭하게 이겨 낸다는 데 있다.

행복이란 삶의 가능성이다. 이 강력하고 근본적인 진리를 가슴에 새기길 바란다. 최고의 행복은 이미 당신 안에 존재한다. 그 행복을 끄집어내기로 하면 당신은 언제든지 무엇이든 해낼 수 있다. 삶의 목적과 가능성을 향해 마음을 활짝 여는 순간 행복을 훨씬 생생하게 느낄 것이다.

변명쟁이가
버리면
얻는 것

      어떻게 하면 세상을 보는 관점을 바꿀 수 있을까? 변명쟁이, 범생이, 한탕주의자에서 대담한 혁신가로 변하려면 어떻게 해야 할까? 사실 생각보다 간단한 이 변화는 '주고받기'에서 시작한다.

    주고받는 관계를 모르는 사람은 없다. 뭔가를 주면 대가를 받는 것, 선행을 베풀면 내게도 선행이 되돌아오는 것이다. 많은 사람이 결과물, 즉 '무엇을 받는가'에만 관심을 쏟는다. 그러나 성공이란 원하는 것을 얻기 위해 우리가 포기한 것들을 말한다.

    자기 자신과의 주고받기를 통해 당신이 성공하면 좋겠다. 당신은 뭔가를 포기할 때마다 다른 뭔가를 얻을 것이다. 인생에서 포기하고 싶은 것 5가지를 적고 그 대가로 무엇을 얻을 수 있을지 생각해 보라. 이 연습으로 우리는 해로운 습관을 포기하는 대신에 자신감과 자제력을 가져다줄 유익한 습관을 얻을 수 있다. 그리고 이것이 자신에게 얼마나 도움이 되는지 눈으로 확인할 수 있다.

먼저 변명쟁이의 입장에서 주고받기 연습을 해 보자.

- 변명쟁이가 버려야 할 것: 변명, 비관적 관점, 불평, 남 탓, 걱정
- 변명쟁이가 얻는 것: 사명감, 맑은 정신, 활력, 책임감, 자신감

변명쟁이가 변명을 그만두면 사명감을 갖고 행동할 수 있다. 사명감을 가져야 한다는 데 겁먹을 필요는 없다. 사명감은 우리에게 힘을 실어 주고 삶을 주도하도록 한다.

비관적 관점을 바꾸면 마음이 탁 트인다. 생각이 명료해지고 자유로워져서 건강한 관점을 키울 수 있다.

불평을 멈추면 활력을 얻는다. 변명쟁이는 자신이 부정적인 기운을 내뿜느라고 얼마나 많은 시간과 노력을 허비하는지 잘 의식하지 못한다. 부정적인 기운을 제거하면 긍정적인 기운이 흘러나와 생산적이고 보람찬 일을 많이 해낼 수 있다.

변명쟁이가 남 탓을 하지 않고 직접 책임질 때 더 많은 자유와 자율을 얻을 수 있다. 다른 사람을 탓할 때 우리는 어떤 의미로는 그 사람에게 매여 있는 셈이다. 변명쟁이는 자신의 행복을 다른 사람에서 구하려고 하는 경우가 많다. 심지어 그 상대가 자기가 싫어하는 사람일 때에도 마찬가지다. 자기가 한 행동에 책임을 지면 행복도 자기 안에서 찾을 수 있다. 실수

했을 때도 마찬가지로 책임져야 한다. 어차피 실수는 당사자밖에 바로잡을 수 없기 때문에 자기 내면에서 해결책을 찾는 것이 낫다.

마지막으로 걱정을 버리면 자신감을 얻을 수 있다. 걱정이란 자기 자신을 충분히 믿지 않아서 앞으로 담대하게 나아가지 못하는 상태다. 넘어지더라도 다시 일어날 수 있다고 자신을 믿지 않는 것이다. 걱정을 완전히 놓는다면 자기 자신, 자신의 능력, 자기의 행동에 자신감이 생긴다.

범생이가
버리면
얻는 것

범생이의 입장에서 주고받기 연습을 해 보자.

- 범생이가 버려야 할 것: 안주, 위험 기피, 조심성, 관습성, 편협한 마음
- 범생이가 얻는 것: 가능성, 기회, 창의력, 독립심, 적응력

범생이가 현실에 안주하지 않는다면 가능성이라는 완전히 새로운 세상을 마주할 수 있다. 안일한 태도는 자신의 가능성을 스스로 제한하고 잠재력을 완전히 발휘하지 못하게 막는다. 모험을 시작하기도 전에 앞길을 가로막는 장벽을 스스로 세우는 셈이다.

범생이는 정상에 채 오르기도 전에 발걸음을 멈추는데, 이는 이미 정상에

도착했다고 착각하기 때문이다. 이런 사람은 가짜 안정감으로 주변을 둘러싸고 위험 요소를 덮어 버린 진공 상태에서 삶을 건설한다.

　범생이는 위험을 기피하는 태도를 버려야 기회가 찾아온다. 기회는 우리에게 새로운 삶을 열어 주고 더 많은 것을 성취할 수 있도록 안내한다. 가능성과 기회에 집중한다면 범생이는 자처했던 그저 그런 인생에서 벗어나 더 높은 곳으로 도약할 수 있다.

　범생이는 조심성이 지나치지만 이것이 신변의 안전이나 안보와는 상관이 없다. 그들의 조심성은 마음에 깊이 뿌리 내린 삶의 태도이자 관점이기 때문이다. 편협한 세계관을 유지할 구실이기도 하다. 과도하게 조심하는 태도를 바꾸면 생각을 환기할 수 있다. 새로운 생각이 새로운 기회를 포착한다. 이로써 문제를 빠르게 해결하고 인생에서 더 많은 일을 성취하는 데 보탬이 될 것이다.

　범생이는 선뜻 통념을 따른다. 만들어진 탄탄대로를 따라갈 때 편안함을 느끼기 때문이다. '예전에 괜찮았으니 이번에도 괜찮으리라'고 생각하는 것이다. 사회적 관습이라면서 익숙한 것에 집착하면 남들이 만든 규칙에 계속 순응하며 살게 될 뿐이다. 때로 자신만의 개성을 만들어도 다른 범생이 무리에 묻혀서 금세 개성을 잃기 마련이다.

　무조건 동조하는 버릇을 고치려고 의식적으로 노력해야 독립심을 기를 수 있다. 독립심은 자기의 운명을 스스로 결정하는 힘이자 자유다. 범생이의 내면에는 자기만의 길을 개척할 힘이 존재하지만 자기와 생각이 비슷한 사람들 사이에 가만히 머무는 데에만 정신이 팔려 있다.

　끝으로 편협한 사고방식을 바꾸면 적응력을 얻을 수 있다. 우리가 한 단계 성장할 기회를 놓치는 까닭은 자신을 둘러싼 세상에 마음을 걸어 잠그고 있기 때문이다. 그 문을 열어야만 적응력을 발휘할 수 있으며 세상을 바라보는 관점을 바꾸고 세상과 교류할 수 있다.

한탕주의자가
버리면
얻는 것

한탕주의자의 입장에서 주고받기 연습을 해 보자.

• 한탕주의자가 버려야 할 것: 겉치레, 쫓아다니기, 따라 하기, 지름길, 즉각적 만족

• 한탕주의자가 얻는 것: 독립심, 자아 성찰, 개성, 끈기, 성장

한탕주의자는 번드르르한 외양을 유지하기 위해 무척이나 노력한다. 겉모습으로 위신을 세우기 때문이다. 남들에게 자신이 어떻게 비칠지 너무 신경 쓰지 않으면 독립심을 기를 수 있다. 한탕주의자는 독립 스위치를 켜기도 한다. 어쨌든 돈을 빨리 벌고 싶다는 의욕이 있고 어느 정도 자기 문제

를 극복하려고 노력하기 때문이다. 그런데 문제는 남들이 하는 대로 사느라 바빠서 자기를 성찰할 시간이 없다는 것이다. 한탕주의자는 남의 꽁무니만 쫓아다닐 것이 아니라 자신의 삶을 살피고 자기 내면을 바라보는 데 재능을 발휘해야 한다.

한탕주의자는 유행을 좇는 데 사로잡혀, 남들을 쫓아다니고 따라 하는 데 너무나 많은 시간과 기운을 허비한다. 한탕주의자는 남들을 모방하면서도 개성을 갈망하는데, 그들이 자기 개성대로 살면 비로소 삶에 목적의식을 가질 수 있다.

한탕주의자는 지름길을 좋아한다. 그들에게 지름길이란 떼돈을 버는 길이다. 그래서 새로운 일을 계속 벌이는데 상황이 조금만 힘들어지면 금세 그만둔다. 중도에 포기하는 버릇 때문에 삶에 일관성 없는 것은 말할 필요도 없고 많은 문제가 발생한다. 지름길을 포기해야 인생을 끌고 가는 끈기를 기를 수 있다. 또 어떤 일이든 끝을 맺으려면 헌신, 목적의식, 신념, 계획이 필요하다는 사실을 배울 수 있다.

마지막으로 한탕주의자는 빨리빨리 변하기를 바란다. 그들은 결과가 바로바로 나오면 득의양양하다. 하지만 진정한 변화는 시간이 걸리기 마련이다. 성장은 점진적인 과정이기 때문에 장기적 안목으로 노력해야 역량을 키울 수 있다.

네 유형을 요약하면 다음과 같다.

변명쟁이는 일이 일어나기를 기다린다.

범생이는 일이 일어나는지를 주시한다.

한탕주의자는 일이 일어나기를 바란다.

대담한 혁신가는 직접 일을 일으킨다.

변명쟁이, 범생이, 한탕주의자, 대담한 혁신가. 이들을 기억하면서 일상에서 만나는 사람들을 유심히 살펴보라. 네 유형의 특징이 명료하게 보일 것이다. 우리 주변에는 성공으로 나아가지 않는 인생들로 가득하다. 그저 그런 인생, 실패를 거듭하는 인생은 어디든지 존재하고 성공하는 인생보다 훨씬 흔하다. 친구, 가족, 지인, 동료, 동창, 낯선 사람 등 주변에 있는 사람들을 둘러보라. 누가 성공하지 못한 인생을 사는지 알 것 같지 않은가?

행복과 성공을
30년 뒤로
미루지 마라

숀 아처는 성공이 행복을 부르는 게 아니라 행복이 성공을 부른다고 주장한다. 이를 '행복의 특권'이라 명명하며 이렇게 설명했다.

"행복은 성공의 징조지, 성공의 결과가 아니다."
"현대 경제에서 최고의 경쟁력은 긍정적 사고와 몰입하는 능력이다."

예를 들어 긍정적인 태도로 일하면 생산성이 31퍼센트가 향상하고 승진할 확률이 40퍼센트 증가한다. 스트레스에 시달릴 확률이 23퍼센트 줄고 영업 이익이 37퍼센트 향상된다. 수많은 연구에서 긍정적 태도가 우리의 몰입 능력, 활력, 창의력, 의욕에 보탬이 된다고 증명했다.

심리학자 소냐 류보머스키, 로라 킹, 에드 디너가 총 27만 5,000명을 대상으로 한 225개의 연구를 메타 분석했다. 그 결과 행복한 사람들은 커리어, 경제력, 인간관계, 결혼 생활, 건강 관리 등 삶의 다양한 영역에서 더 성공적인 것으로 드러났다.

그런데 아직 성공해 보지 못한 사람은 성공하면 행복해진다고 생각한다. 특히 변명쟁이와 범생이는 가족, 친구, 취미 생활보다 일을 우선시하는 경우가 많다. 왜냐하면 그래야 은퇴한 뒤에 행복한 인생을 즐길 수 있다고 믿기 때문이다. 그런데 정말로 그럴까? 행복이 진짜로 온다면 그때는 인생의 말년이다. 이것이 솔깃한 조건 같은가? 이렇게 생각하면, 은퇴 이후가 인생의 황금기처럼 느껴지지 않는다.

성공하는 사람은 아직 성공하지 못한 사람들이 성공과 행복을 반대로 생각하고 있다는 사실을 알고 있다. 성공하는 사람은 행복해질 돈을 벌기 위해 일하지 않으며 유예된 행복을 믿지 않는다. 그들은 인생의 황금기가 꼭 은퇴 후라고 생각하지 않는다. 성공한 인생에서 행복은 오늘부터다. 30년이나 기다릴 필요가 없다.

오늘 행복해야 위대한 인생을 살 수 있는 힘과 자유를 얻는다. 위대함을 어떻게 정의하든 상관없다. 행복이 위대함으로 이어지는 것이지, 위대함이 행복을 가져다주는 것이 아니다. 행복하면 더 자유로워지는 까닭은 행복이 북돋워 준 용기와 자신감으로 주체적인 결정을 내릴 수 있기 때문이다. 장기적인 행복과 유예된 행복은 다르다. 장기적인 행복이란 현재 습관과 행동을 장기적, 구조적, 영구적으로 바꿔서 원하는 삶을 사는 것이다.

이 변화는 단순하지만 영구적이다. 오늘 행복했다가 내일 불행해지는 단기적인 행복이 아니다. 참호를 헤치고 나아가는 마음으로 오늘 불행을 견디면 내일 행복해지는 것도 아니다. 오늘 당장 변화해서 오늘도 내일도 행복을 누리는 것이다. 그럼 어떻게 해야 행복할까?

지금 당장 행복해지는 간단한 5가지 방법

더 자주 웃어라

행복할 때 웃음이 나온다는 사실은 누구나 안다. '행복해야 웃는다'는 통념이다. 하지만 심리학자 타라 크라프트와 사라 프레스먼의 연구에 따르면, 웃어야 기분이 좋아지고 스트레스가 풀린다. 이 연구는 통념을 뒤집고 웃음이 행복을 가져다준다고 시사한다. 〈사이콜러지컬 사이언스〉에 발표된 그들의 연구는 웃음이 심리적, 육체적 건강에 모두 좋다고 주장한다.

억지로라도 웃으면 스트레스 받는 상황을 헤쳐 나가는 데 도움이 된다. 또 스트레스를 받는 순간에 진짜 웃음(듀셴(Duchenne) 미소, 혹은 눈으로 웃는 웃음)을 지으면 심박 수가 감소한다.

뇌와 면역 체계의 상관관계를 살핀 정신 신경 면역학 연구에서는 행복이 몸의 면역력을 증진한다는 사실을 발견했다. 웃음은 뇌의 화학 반응을 촉진해 행복감을 증진하는 도파민과 스트레스를 낮추는 세로토닌 같은 호르몬을 증가시킨다.

세계 7대 불가사의를 아는가? 고대의 가장 놀라운 자연물 혹은 건축물을 칭한다. 고대 그리스인에게 숫자 7은 그들이 알던 행성 5개에 태양과 달을 더한 상서로운 숫자였다. 다음은 세계 7대 불가사의다.

- 로도스의 크로이소스 대거상
- 이집트 기자의 피라미드
- 메소포타미아 바빌론의 공중 정원
- 알렉산드리아의 파로스 등대
- 할리카르나소스의 마우솔로스 능묘
- 올림피아의 제우스 상
- 에페소스의 아르테미스 신전

세월이 흐르면서 세상에는 다른 불가사의들이 생겨났다. 뉴욕의 엠파이어 스테이트 빌딩, 인도의 타지마할, 샌프란시스코의 금문교, 중국의 만리 장성, 로마의 콜로세움, 터키의 아야 소피아 성당, 페루의 마추픽추, 영국의 스톤헨지, 두바이의 부르즈 할리파 등.

당신의 7대 불가사의는 무엇인가? 여행할 때 본 멋진 건축물이나 경이로운 자연 경관이 아니어도 좋다. 당신에게 감동, 놀라움, 영감을 선사하고 당신에게 희망을 심어 준 것, 당신이 세상을 보는 방식을 바꾼 7가지를 떠올리고 꼽아 보라.

당신 인생의 7대 불가사의는 자녀일 수도 있고 부모나 배우자일 수도 있다. 말로 설명할 수 없는 기적적인 경험일 수도 있다. 혹은 당신이 살면서 감사하게 여기는 것들일 수도 있다. 무엇을 꼽았든지 이 7가지는 당신의 삶을 더욱 완전하게 만든다.

인생의 7대 불가사의란, 말 그대로 불가사의할 만큼 감사한 일들이다. 이것은 곧장 행복과 연결된다. 자신이 누리는 것들을 당연하게 여기는 잘못된 태도에는 감사함이 약이다. 자기가 가진 것, 살아온 환경, 친구, 가족에게 감사하라.

물건이 아니라 경험을 사라

최근에 산 구두와 알래스카에서 탄 개썰매 중에서 무엇을 더 오래 기억할 것 같은가? 캘리포니아 대학교 샌프란시스코 캠퍼스와 코넬 대학교 연구팀에 따르면, 소유하기 위해 돈을 소비하는 '물질 구매'보다 체험하기 위해 돈을 소비하는 '경험 구매'를 할 때 행복감이 오래 지속된다. 또한 구매한 물건을 기다릴 때보다 경험을 기대할 때 행복감이 커진다.

평생 남을 경험을 수집하라. 경험을 기대하면서 즐기고 체험하면서 또 즐겨라. 경험을 공유한 사람들과 끈끈한 유대를 쌓아라. 경험을 통해서 영감을 얻고 도전하고 전진하라. 어떤 소유물보다 경험을 통한 활력, 사람들과의 교류에서 더 많은 것을 얻을 수 있다.

친절을 베풀어라

다른 이와 마음을 나누고 싶은가? 누군가를 위해 문을 열어 주고 그 사람이 먼저 지나갈 수 있게 하라.

누군가의 하루를 멋지게 만들어 주고 싶은가? 돈이 다 떨어진 주차 요금 징수기에 대신 돈을 넣어 줘라.

누군가의 기운을 북돋고 싶은가? 생필품 꾸러미를 만들어 불우한 이웃에게 건네라.

이렇게 간단하게 작은 친절을 베풀고 다른 사람의 하루를 기쁘고 빛나게 해 줄 수 있다. 우리가 사람들과 교감하고 그들의 마음을 어루만질 때 사회도, 우리의 영혼도 더욱 강해진다.

시카고 대학교와 노스웨스턴 대학교에서 실시한 연구에 따르면, 우리는 무언가를 받을 때보다 줄 때 더 큰 행복을 느낀다. 일반적으로 똑같은 사건이나 활동을 반복해서 경험하면 행복감이 줄어든다. 심리학자들은 이를 '쾌락 적응'이라고 한다. 그러나 우리가 무엇을 받기보다 줄 때는 이 쾌락 적응이 적용되지 않는다.

한 실험에서 피실험자들이 5일 동안 5달러를 받았다. 첫 번째 집단은 자신을 위해 돈을 썼고 두 번째 집단은 다른 사람을 위해 썼다. 실험을 시작할 때는 모든 피실험자가 비슷한 정도의 행복감을 느꼈다. 그런데 5일이 지나자 첫 번째 집단의 행복감은 줄어든 반면 두 번째 집단의 행복감은 일정하게 유지됐다.

이에 대한 설명은 다양하지만, 연구자들에 따르면 우리가 자신에게 집중할 때는 자신과 타인을 비교하게 되고 그 결과 자기 경험을 의미 있게 느끼지 못한다. 반면 돈을 팁으로 쓰거나 기부한 경우에는 사회적 비교를 하지 않아서 베푸는 경험 자체에 주목하고 행복감을 느낀다.

다른 사람에게 힘을 줘라

싱어송라이터 돌리 파튼의 아버지는 문맹이었다. 불우한 환경에서 자란 그는 가족의 생계를 위해 어린 나이부터 일해야 했다. 돌리 파튼은 자신의 아버지가 세상 누구보다 명석하지만 글을 몰라서 자기 꿈을 이루지 못했다고 생각해 왔다.

컨트리 음악 분야의 세계적인 아이콘이자 성공한 사업가가 된 파튼은 사람들이 아버지처럼 글을 모른다는 이유로 꿈을 이루지 못하는 것이 안타까웠다. 그래서 아버지 리 파튼을 기리며 도서 기부 기관인 '상상 도서관'을 설립했고 모든 아이가 글을 읽고 쓰는 것을 목표로 삼았다.

상상 도서관은 가계의 소득 수준에 상관없이 출생 직후부터 취학 전까지의 아이들에게 엄선한 책들을 보내 준다. 전 세계 아동들에게 매달 책을 백만 권 이상 보내 주고 현재까지 1억 권이 넘는 책을 전달했다.

글을 읽을 수 있다는 것은 꿈을 꾸고 가능성을 넓히고 새로운 기회를 잡을 수 있다는 뜻이다. 파튼에게 자신의 행동은 수백만 명의 아이들에게 더 나은 인생과 미래를 가져다준다는 의미가 있었다. 돌리 파튼처럼 살 때 우리는 행복을 나누고 다시 돌려받으면서 다른 사람들에게 헤아릴 수 없는 힘을 준다.

사람마다 느끼는 행복과 보람이 다르다. 그러므로 이 5가지 방법 중에 당신 마음에 가장 와닿는 것 하나를 골라라. 골랐다면 기다릴 필요가 없다. 행복을 싹틔우고 가꿔라. 행복한 삶은 바로 오늘부터다.

PART 3

두 번째 절대 법칙

위험을 계산하면 선택지가 늘어난다

당신이 감행하는 모험은 당신에게 유익해야 한다. 위험 혹은 보상만 보고 내리는 결정은 불완전하다. 이는 범생이나 한탕주의자가 결정을 내리는 방식이다. 잠재력을 최대치로 발휘하지 않고 안주하면 원하는 궤도에 올라서지 못한다. 결국에는 자기가 가질 수 있던 것보다 적게 갖게 될 것이다. 반면 보상과 위험을 함께 고려하면 판단력을 예리하게 기를 수 있다. 선택지에 대한 정보가 부족하고 상황을 제대로 꿰뚫어 보기가 어려울 수도 있지만 현명한 결정을 내리려고 노력한다면 엄청난 기회들을 발견하고 보상을 누릴 수 있을 것이다.

어렵기 때문에 감히 도전하지 않는 것이 아니다.
감히 도전하지 않기 때문에 어려운 것이다.

_ 세네카(Seneca)

당신을
방해하는
주변 환경

　　비관의 구렁이란, 주변 사람들이 당신의 성공을 방해하고 당신이 이룰 성취에 훼방을 놓는 환경을 일컫는다. 이런 상황은 가족 관계, 친구 관계, 직장 생활 등 일상의 전반에서 일어난다. 비관의 구렁에서는 비관론자들이 대장 노릇을 한다. 자기만의 규칙으로 당신이 가진 가능성을 제한하며 간혹 당신을 규정하려 든다. 이것이 지속되면 당신도 능력에 한계가 생기고 발전이 정체되며 성과가 줄어든다.

　비관의 구렁은 변명하고 안주하며 유행을 추종하는 사람들의 원동력이자 성공하지 못하는 주된 이유다. 이들은 리스크를 감당하는 일이 두려운 나머지 자신의 판단보다 남의 판단을 더 중시한다. 주도적으로 인생을 개척하지 않기 때문에 타인이 자기의 운명까지 좌지우지하도록 내버려 둔다.

이런 태도 또한 자기의 잠재력을 온전히 발휘하는 데 방해가 된다.

출신지가 어디든, 돈을 얼마나 가졌든, 인생의 어느 시기를 살든 상관없이 누구나 '안 돼'라는 말을 들어 봤을 것이다.

"그 학교는 입학하기가 하늘의 별 따기라서 너는 못 들어갈 거야."

"네 스펙으로 그 직장에 취직 못 할걸?"

"아는 사람도 없잖아. 거기로 이사하지 마."

"그 사업은 이미 레드 오션인데 시작하면 안 되지."

이런 말을 들어 본 적이 있는가? 나는 있다. 몇 번이나 '안 된다'는 말을 들어 봤는가? 몇 번이나 당신의 꿈이 비웃음을 샀는가? 몇 번이나 당신의 능력을 의심받았는가? 몇 번이나 신뢰받지 못했는가?

'안 돼'라고 듣는 순간 숨이 막히고 갑갑한 기분이 든다. 하지만 누군가가 당신에게 어떤 일을 해낼 수 없을 것이라고 단언할 때, 그의 비관적 태도는 당신과 상관없는 경우가 많다. 사실은 자기의 두려움을 당신에게 투사하는 것이다.

이들은 불합격 통지를 받을까 봐 지원을 겁낸다.

고용되지 않을까 봐 이직을 겁낸다.

어떻게 하면 새로운 사람들을 사귈 수 있는지 모르기 때문에 이사를 겁낸다.

경쟁하는 법을 모르기 때문에 사업을 겁낸다.

이들은 바로 '변명쟁이'의 유형에 딱 들어맞는다. 변명쟁이는 어디에든 존재한다. 부모님, 선생님, 상사, 친구, 배우자, 가족 중에도 있다. 누구든지 비관의 구렁에 빠질 수 있지만 특히 변명쟁이가 가장 쉽게 빠진다. 안타깝게도 이들은 비관의 구렁에서 안락함을 느낀다. 모든 변명쟁이의 마음속에는 울타리가 있다. 크고 견고하며 전기가 흐르고 사방을 에워싸는 울타리다.

변명쟁이는 여태껏 자신이 혹은 누군가가 세워 둔 울타리를 넘어 보려고 하지 않았다. 긴 시간 동안 울타리를 기어오르거나 뛰어넘거나 주변을 서성이면 안 된다고도 배웠다. 그건 시간과 노력이 너무 많이 드는 일이기 때문이다.

비관의 구렁에서 탈출하라

현실은 변명쟁이의 생각과 아주 다를 때가 많다. 마음속의 울타리는 가까이에서 보면 생각보다 훨씬 작고 허술하며 전기도 전혀 흐르지 않는다. 그 근처를 거닐어 보면 울타리가 계속 이어지지 않는다는 사실을 발견할 것이다. 군데군데 바깥으로 뚫려 있는 것이다.

울타리를 이렇게 살펴보지 않는 것은 자신에게 손해다. 시도라도 한다면 말이지만, 울타리를 제대로 보기 전까지는 탈출할 생각조차 못 하고 꼼짝없이 그 인에 긴히 실아야 한다. 변명쟁이에게 울타리는 곧 세상의 선부나. 낡은 변명쟁이가 당신 또한 그 안에서 살기를 바란다.

변명쟁이들이 자신의 불안을 당신에게 떠넘기도록 두지 마라. 인생을 살아가는 데 엄격한 전제가 필요한 일은 거의 없다. 물론 공을 시속 145킬로미터로 빠르게 던질 수 없다면 프로 야구 투수는 될 수 없다. 그러나 성공한 사업가가 되는 데 필요한 조건은 없다. 가장 좋은 아이디어가 세상에 주목받고 그 아이디어는 바로 당신이 떠올릴 수 있다. CEO가 되기 위해 경영 대학원에 갈 필요도 없다. 정치 경험이 있어야만 선거에서 승리하는 것이 아닌 것과 마찬가지다.

이 점을 기억하라. 인생에는 당신을 응원하고 지지하고 사랑하는 사람들이 있다. 그러나 어떤 이들은 당신을 이해해 주지 않는다. 인생이란 그런 것이다. 당신이 무슨 일을 하든 얼마나 좋은 사람이든 얼마나 친절을 베풀든 상관없이 당신 편에 서지 않는 사람들이 있다. 애쓰고 노력할 수 있겠지만 무슨 수를 써도 그들에게 칭찬을 들을 수는 없을 것이다. 당신을 시기하는 것일 수도 있다. 그들의 탓일 수도, 당신의 탓일 수도 있다. 그런데 그것 아는가? 누구 탓인지는 상관없다.

이 진리를 받아들이면 살면서 아주 많은 시간과 에너지를 아낄 수 있다. 그리고 매일 이 진리대로 살아갈 때, 당신은 원하는 대로 삶을 주도하고 다른 사람에게서 인정이나 허락을 구하지 않아도 된다. 남들이 어떻게 생각하는지 걱정하지 않아도 된다. 또 최고의 인생을 사는 데만 집중하게 된다. 그건 정말 기분 좋은 일이다.

반면에 비관의 구렁이 당신의 인생을 좌지우지하도록 내버려 둔다면 당신은 스스로 삶을 제한하는 울타리를 만드는 꼴이다. 발목에 모래주머니를 다는 일과 같다. 그럼 당신은 걸을 수도, 뛸 수도, 하다못해 기어오를 수도 없다.

외부의 누군가가 당신에게 말한 '안 돼'라는 말이 당신이 내적으로 회의감을 느끼며 '난 안 될 걸'이라는 독백으로 변하는 순간 당신은 위험 지역에 발을 들인 셈이다. 우리가 자신에게 안 될 것이라고 말하기 시작할 때, 혹은 자꾸만 일이 뜻대로 풀리지 않을 때, 바로 그 순간에 우리는 비관의 구렁에 빠진다.

비관의 구렁을 경제적 맥락에 놔 보자.
"나는 돈을 별로 못 버니까 내가 꿈꾸는 삶을 살 수 없어."

비관의 구렁을 직업적 맥락에 놔 보자.
"나를 채용할 일이 없을 테니까 나는 그 일을 할 수 없어."

한계는 우리를 규정할 뿐 아니라 한계를 만들어 틀에 가둔다. 이왕 틀이라는 단어가 나왔으니 종이와 펜을 들고 너비와 높이가 각각 5센티미터인 상자를 그려 보라. 이때 상자 테두리를 두껍게 그려라.

이제 이 상자 안에 당신의 인생 목표를 모두 적어라. 개인적으로, 직업적으로, 경제적으로, 정신적으로 무엇을 성취하고 싶은가?

상자에 맞춰 인생 목표를 모조리 적어 넣으려니 어떤가? 다 적어 넣지 못했을 것이다. 상자의 테두리는 삶의 한계를 상징한다. 이 가로세로 5센티미터짜리 테두리는 변명쟁이가 그 안에서 매일 살아가는 울타리다. 마찬가지로 우리가 목표 주위로 한계선을 그을 때 목표를 성취할 확률도 즉각 제한된다. 목표를 위해 내줄 자리를 두꺼운 테두리가 차지하기 때문이다.

이제 상자를 지워라. 상자를 지우고 나면 함께 사라지는 걸림돌이 무엇인지 생각해 보라. 당신의 발목을 붙잡고 있던 것, 삶을 힘겹게 만들던 것을 지워라. 종이에서 상자를 깨끗이 지우며 지금 무엇을 치우고 있는지 생각하라. 당신은 벽을 쓸어 내고 목표를 세울 깨끗한 도화지를 만들고 있다.

이제부터는 훨씬 수월하다. 공간이 더 생겼으니 인생의 목표를 쓰고 생각하고 상상할 자유도 커졌다. 상자는 존재하지 않고 너른 평원뿐이다. 사는 동안 이 점을 늘 기억하길 바란다. 앞길을 막아선 장애물은 없애야 한다는 것을.

비관의 구렁에
빠지지 않는 방법 1
_당신의 지원군을 만들어라

어떻게 하면 비관의 구렁에서 탈출한 뒤 다시 빠지지 않을 수 있을까? 다음 3가지 전략을 활용하라.

- 지원군을 제대로 만들어라.
- 백만장자의 수표를 써라.
- 발명가의 비밀을 배워라.

비관의 구렁에서 탈출하는 첫 번째 방법은 당신의 지원군을 점검하고 제대로 만드는 것이다. 보통 지원군은 우리가 시간과 마음을 쏟고 관심을 두는 친밀한 사람들로 구성돼 있다. 친구나 가족, 직장 동료 등 삶에서 중요한 역할을 하는 사람이라면 누구든 당신의 지원군이 될 수 있다.

작가 짐 론은 "사람은 자기가 가장 자주 어울리는 다섯 사람의 평균이다"라고 말했다. 그의 견해는 평균값이 곧 결과가 된다는 평균의 법칙과 의미가 비슷하다. 이것으로 보아 지원군은 우리에게 강력한 영향을 끼치는 중요한 인물들이며 우리의 관점, 행동, 기분, 심지어 건강에도 영향을 미친다.

모든 연령대의 성인 30만 명 이상을 대상으로 메타 연구를 한 결과, 좋은 지원군을 가진 사람은 수명이 50퍼센트 증가한 반면에 그렇지 못한 사람은 심장 질환, 고혈압, 비만을 겪을 위험이 컸다.

최근 당신에게 가장 많은 영향을 주는 사람들에 대해 냉정하게 생각해 본 적이 있는가?

지원군 5명을
정하는 법

당신의 지원군에 속한 사람들은 누구인가?

이름을 소리 내 읊어 보라. 나열한 이름들을 곰곰이 생각해 보고 자신에게 물어라.

당신은 그 사람들을 모두 곁에 두고 싶은가?

그 사람들은 당신을 일으켜 세워 주는가, 주저앉히는가?

더 중요한 질문이 있다.

그 사람들과 어울리며 시간을 보낼 때, 당신은 더 좋은 사람이 되는가?
그들은 당신이 꿈을 이루도록 도와주는가? 아니면 당신의 앞길을 가로막
는 것 같은가?

지원군 중 누군가가 당신을 아래로 끌어내리는 것 같다면 그 사람은 당신
곁에서 떠나야 한다. 더 정확히 말하면 당신이 그를 지원군에서 빼야 한다.
우리에게 인생에 불필요한 짐을 놓을 여유 공간은 없다. 우리가 원하는 것
은 짐이 아니라 자산이다.

당신이 동경하는 사람, 당신에게 조언하고 충고해 주는 사람, 당신에게
도전하는 사람, 당신에게서 최고의 모습을 끌어내는 사람과 함께 시간을 보
내라. 마케팅 분야에서 일하고 싶다면 사람, 상품, 시장을 간파하는 타고난
이야기꾼과 시간을 보내라. 음악에 조예를 기르고 싶다면 창의적 영감을
나눌 연출자, 연주가, 작곡가와 시간을 보내라. 의료계에서 종사하고 싶다
면 의사, 간호사와 시간을 보내라. 그들에게서 문제 해결 및 의사 결정 방법
을 배워라.

지원군은 일방통행식 관계가 아니라 공생 관계다. 누군가가 당신을 돕고
가르치고 달라지게 했다면 당신도 받은 만큼 세상에 돌려줘라. 다른 사람
이 꿈을 이룰 수 있도록 도와라.

변명쟁이는 곁에 둘 사람을 신중하게 고르지 않는다. 그저 자기와 생각이

비슷한 변명쟁이들을 찾는다. 반면에 대담한 혁신가는 누구에게 곁을 내줄지, 혹시 넘어지는 순간이 오면 누구에게 일으켜 달라고 부탁할지 고민한다. 그들은 사람을 고르고 선택하는 능력, 즉 지원군 구성의 중요성을 잘 알고 있다.

지원군을 만드는 일, 그리고 누구와 시간을 보낼지 결정하는 일은 큰 힘이 들지는 않지만 당신의 삶에 엄청난 영향을 미친다. 제대로 된 지원군이 생길 때 비관의 구렁에서 탈출하기가 더 쉬워진다. 지원군은 당신을 방해하거나 동여매는 게 아니라 당신을 지지하고 일으켜 세우기 위해 당신 곁을 지키기 때문이다.

그렇더라도 지원군이 당신의 일을 대신해 주는 역할은 아니다. 지원군은 당신이 대담하게 혁신할 수 있도록 조언하고 상담하고 충고하고 격려해 줄 수 있다. 또 목표를 이루는 데 필요한 긍정적인 기운을 불어넣어 줄 수 있다. 하지만 장벽을 오르는 일은 당신이 직접 해야 한다. 남이 세운 한계는 말 그대로 남이 세운 한계일 뿐이므로 영향을 받을 필요가 없다. 자신의 한계는 자기가 정한다.

이제 두 번째 지원군을 만들어라. 첫 번째 지원군과 달리 두 번째 지원군은 직접 관계는 없지만 당신이 알면 좋겠다고 생각하는 사람들로 구성하라. 이들은 당신이 우러러보며 믿고 따를 수 있는 사람들이다. 이 지원군은 역사상 가장 위대한 인물들로 구성된 올스타 팀이라고 생각하라. 최정예 선수 다섯 명으로 팀을 꾸려 보자. 누구를 왜 뽑겠는가?

'이 상황에서 넬슨 만델라는 어떻게 했을까?'

'엘리자베스 케이디 스탠턴은 비관론자들에게 어떻게 맞섰을까?'

'마틴 루터 킹 주니어라면 나를 어떻게 격려했을까?'

드림팀의 다채로운 아이디어, 능력, 재능에 힘입어 당신은 재능에 깊이를 더할 수 있고 몹시 어려운 일도 해낼 수 있다. 당신은 더 넓게 뻗어 나갈 수 있을 것이다.

이제 당신에게는 두 지원군이 있다. 당신이 언제든지 기댈 수 있는 친구와 멘토, 그리고 당신이 닮고자 하는 선구자들이다.

5X 규칙

5X 규칙은 삶의 핵심 영역을 빠르게 살피고 진단하고 조정하는 간단한 도구다. 우리는 지금 바로 지원군을 확정하지 않아도 된다. 앞서 언급한 '지원군 5명을 정하는 법칙'을 좀 더 발전시켜서 5X 규칙을 어떻게 활용할지 살펴보자.

종이 위에 큰 상자를 그리고 각 상자에 다음 5가지 항목을 적어라.

상자 1: 당신의 조력자 5명을 적어라.

상자 2: 당신과 가장 많은 시간을 보내는 사람 5명을 적어라.

상자 3: 당신이 가장 자주 하는 활동 5가지를 적어라.

상자 4: 지난 1년 동안 당신이 진정으로 행복했던 순간 5가지를 적어라.

상자 5: 지난 1년 동안 당신이 위험을 감수했던 순간 5가지를 적어라.

각 상자마다 적은 답변을 살펴보라. 이제 중요한 질문에 대답할 수 있다.

'이것이 내가 원하는 모습인가?'
'나열된 내용을 봤을 때 한눈에 나의 최고의 모습이 보이는가?'

대답이 '아니오'라면 당신이 시간, 노력, 관심을 쏟는 대상에 변화가 필요한 시점이다.

5X 규칙을 활용해 삶의 모든 영역을 분석할 수 있다. 지원군을 포함해 삶의 다른 영역도 영원불변한 것이 아니다. 그러므로 5X 항목이 현재 안주하는 삶이 아니라 앞으로 원하는 삶을 반영할 수 있도록 하라. 한계 대신 가능성을 선택하면 새로운 길이 열리고 삶에 무한한 기회가 생길 것이다.

비관의 구렁에 빠지지 않는 방법 2 _백만장자의 수표를 써라

        올바른 태도는 우리가 잠재력을 펼치도록 뒷받침해 주고 성실성과 투지는 우리가 목표에 가닿도록 밀어 준다. 그런데 수많은 사람이 무작정 행동부터 하려고 한다. 과업을 완수하려면 행동해야 하기 때문이다. 이 또한 일리가 있지만 행동하기 전에 탄탄한 기반을 마련하는 것이 먼저다. 당신이 둘째가라면 서러운 행동파라고 해도 잘못된 태도로 일에 착수한다면 시작부터 삐걱거릴 것이다.

  태도가 올바르면 모든 일이 순조롭게 흘러간다. 대담한 혁신가는 자기가 못 하는 일보다 할 수 있는 일에 집중해서 잠재력을 발휘한다. 그는 걸림돌을 치우고 기회를 만든다. 그리고 원하는 삶을 산다. 또한 겁내지 않고 울타리 너머에 있는 원대한 꿈을 꾼다. 이 원대한 꿈은 백만장자의 수표에서 시작된다.

수표를 한 장 뜯어 받는 이에 자기 이름을 쓰고 금액란에 '1,000만 달러'라고 써라. 진짜로 돈이 들지는 않으니 걱정하지 않아도 된다. 그 수표를 매일 볼 수 있는 곳에 안전하게 보관하라. 이 수표는 이제부터 꿈의 인생을 상징하고 당신에게 삶의 가능성을 끊임없이 일깨울 것이다.

짐 캐리가 할리우드에 처음 입성했을 때에는 일이 잘 풀리지 않아서 원하는 배역을 맡을 일이 요원했다. 돈도 없었다. 짐 캐리는 밤마다 멀홀랜드 도로 한구석에 주차해 두고 자신을 다잡고 응원했다. 수년 뒤 〈오프라 윈프리 쇼〉에서 그가 한 이야기에 따르면, 그때 짐 캐리는 감독들이 자기를 좋아하고 그가 존경하는 사람들이 자기를 인정해 줄 것이며 곧 유명해질 거라고 스스로 격려했다.

짐 캐리는 자신의 꿈을 생생하게 그리면서 자기에게는 사람들을 웃게 만드는 천부적인 재능이 있다고 거듭 되뇌었다. 그렇게 훨씬 나아진 기분으로 하루를 마무리하면 또 다음 날을 살아갈 힘을 얻을 수 있었다고 한다.

쇼에서 말한 것처럼 그는 자신에게 이렇게 말하곤 했다.

"이 역할들은 다 내 거야. 이미 결정됐는데 대본이 아직 내 손에 들어오지 않았을 뿐이야."

그러던 어느 날, 짐 캐리는 수표에 '1,000만 달러, 출연의 대가로 지급하는 돈'이라고 쓰고 그 기한을 1995년 추수감사절로 정했다. 그는 수표를 지갑에 보관했다. 그 후 짐 캐리는 할리우드에서 경력을 쌓았고 그의 코믹 연기도 점점 좋아졌다. 그는 텔레비전이나 영화에 출연하게 될 때마다 지갑 속의 수표를 확인하며 목표를 절대 잊지 않았다.

짐 캐리가 출연한 〈에이스 벤츄라(Ace Ventura: Pet Detective)〉, 〈마스크(The Mask)〉, 〈덤 앤 더머(Dumb and Dumber)〉가 흥행에 성공했고, 그는 1996년에 영화 〈케이블 가이(The Cable Guy)〉의 출연료 2,000만 달러를 선지급 받으며 자기가 세운 목표를 훌쩍 뛰어넘었다.

짐 캐리처럼 꿈을 생생하게 그려 보라. 방금 쓴 1,000만 달러 수표를 보며 삶의 가능성을 언제나 기억하라. 수많은 사람이 1,000만 달러 수표를 손에 쥐겠다는 원대한 꿈을 꾸지만 정작 목표를 이루기 위해 열심히 노력하지는 않는다. 물론 목표가 반드시 돈일 필요는 없다. 목표가 돈이 아닌 사람들도 많다. 그러므로 자기만의 수표가 무엇인지 찾아라.

비관의 구렁이 당신 인생을 잠식하느냐 마느냐는 오로지 당신에게 달렸다. 짐 캐리는 자기를 뽑지 않은 감독이나 캐스팅 담당자를 탓하는 대신 내일의 자신에게 득이 되는 선택을 내렸다. 자신이 처한 환경을 뛰어넘는 원대한 목표를 세울 때 꿈의 인생은 시작된다. 그리고 그 목표가 삶의 중심이 될 때 꿈의 인생은 계속된다. 남들에게 불가능해 보이는 목표지만 실은 가능하다고 매일 자신에게 일깨울 때, 꿈의 인생은 활짝 꽃피운다.

비관의 구렁에
빠지지 않는 방법 3
_발명가의 비밀을 배워라

발명가들은 가능성을 창조하는 힘을 안다. 가능성의 세계에 살면서 가능성을 새롭게 정의하는 게 발명가의 일이다. 틀에 갇히지 않고 한계에 매이지 않는 사고방식 덕분에 발명가는 판도를 흔들고 뒤집을 수 있다. 우리는 발명가에게서 많은 것을 배울 수 있다.

이제부터 성공하고 싶다면 반드시 해야 할 일을 이야기하려고 한다.

'성공하려면 기꺼이 실패하라.'

세상에 일부러 실패하려는 사람은 없기 때문에 이 말이 이상하게 들릴 지도 모른다. 우리는 뼛속 깊이 승부에서 이기길 원한다. 세상에는 승자와 패자가 있지만 모든 사람이 승자가 되고 싶고 승승장구하고 싶어 한다. 어린 시절 우리는 축구 경기에서, 형제와의 말싸움에서 이기고 싶어 했다. 직장에서는 영업 전략 발표를 멋지게 해내고 경쟁사를 이기고 싶어 한다.

인간은 본능적으로 지는 것을 싫어한다. 실패하면 낙담, 굴욕, 조롱이 따라오기 때문이다. 그런데 이런 실패에 대한 두려움으로 인해 우리는 과감하게 도약하지 못한다. 당신이 실패의 진정한 의미를 알았더라면, 진작 멋지게 도약할 수도 있었을 것이다.

바로 이것이 발명가들만 아는 비밀이다. 비관의 구렁에서 탈출하는 세 번째 방법은 실패를 피하지 않고 받아들이는 것이다. 언뜻 이해되지 않을 것이다. 언제나 승리하는 게 목표라면 어째서 실패를 받아들여야 할까?

우리는 언제나 성공을 최우선으로 생각해야 한다. 그러나 이기려면 질 각오도 해야 한다. 성공하려면 굳게 마음먹고 실패할 수도 있는 일을 시도해야 한다.

성공을 갈망하면서도 모험을 감행하지 않을 때, 안락함에서 빠져나와 더 발전할 기회를 찾지 않을 때, 위대한 일을 성취하기 위해 위험을 무릅쓰지 않을 때 우리는 실패하기 때문이다. 실패 자체는 실패가 아니다. 감히 도전하고 열망하고 행동하고 전진하지 않는 것이 실패다.

실패를 친구처럼 대하라는 말은 이상하게 들린다. 실패란 당신이 성공하지 못했다는 뜻이기 때문이다. 당신이 진 것이다. 일이 제대로 풀리지 않았고 엉망진창이 된 것이다. 하지만 이는 실패를 바라보는 고정 관념이며 성공하지 못한 사람이 실패를 생각하는 방식이다. 못 믿겠다면 변명쟁이에게 가서 물어보라.

변명쟁이들은 제대로 시작해 보기도 전에 포기한다. 결과를 지레짐작하고 시작을 알리는 총성이 울리기도 전에 경주에서 기권한다. 변명쟁이도 범생이처럼 다른 사람들 눈에 어떻게 비칠지가 걱정되기 때문이다. 놀림감이 되고 평가받을 일이 두려워서 위험을 감수하지 못하고 안주하는 상태에서 벗어나지 못한다.

이제 성공하는 사람의 관점에서 실패를 바라보자. 대담한 혁신가에게 실패는 막다른 골목이 아니라 목표로 통하는 길이다. 이들은 남들을 감명시키기 위해서가 아니라 자기 자신을 위해서 과감하게 도약한다. 시간이 흐르면 이 도전이 그의 명성을 끌어올린다. 대담한 혁신가는 자신을 세상에 던져서 결국 하고자 하는 일을 해내기 때문이다. 그들은 얻어맞고 생채기가 나고 멍들 각오를 한다.

물론 대담한 혁신가도 실패를 두려워한다. 그들이 슈퍼맨은 아니다. 미지를 두려워하는 건 괜찮다. 차이는 이 다음부터다. 대담한 혁신가는 실패에 대한 두려움 때문에 혁신으로 나아가는 일을 주저하거나 행동을 망설이지 않는다. 실패해도 괜찮다는 사실을 알기 때문이다.

실패라는 원치 않는 결과를 맞이하더라도 현재 안주하는 곳에서 벗어나 모험을 시작해야 한다. 당신이 대담한 혁신가라면 실패가 당신을 밀어내기 위해서가 아니라 당신을 일으켜 세우기 위해서 손을 뻗는다는 것을 알아야 한다. 성공을 찾아가는 길 위에서는 실패해도 괜찮다. 더 중요한 것은 실패에 어떻게 대처하는가다. 대부분 사람의 생각과 달리, 실패는 성공의 반대가 아니다. 실패는 배우고 시도하는 일이다.

　당신에게 소개할 두 발명가를 알면 인생을 바라보는 관점이 완전히 바뀔 것이다. 두 사람 모두 발명가의 비밀 덕분에 큰 성공을 거뒀다.

실패는
성공의 반대말이
아니다

5,000번 실패한 발명가
다이슨을 만들다

먼지 봉투가 없는 듀얼 사이클 진공청소기로 대박을 터뜨린 제임스 다이슨. 그는 15년 동안 5,126개의 시제품을 만들었다. 그 당시에는 먼지 봉투가 없는 진공청소기가 생소했다. 진공청소기에 먼지 봉투가 없으면 먼지를 어디에 어떻게 담는다는 말인가?

다이슨의 아이디어를 비웃었을 수많은 변명쟁이를 상상해 보라. 그 당시 청소기에는 당연히 먼지 봉투가 있었다. 그것은 다른 사람들이 세운 한계다. 다이슨은 먼지 봉투가 있는 좋은 청소기를 만들려 하지 않았다. 지금 우리가 아는 것처럼 먼지 봉투가 없는 청소기를 만들려고 했다. 그는 한계가

.

아니라 가능성에 집중했다.

다이슨 같은 발명가들은 다른 사람들보다 더 큰 꿈을 꾼다. 가장 원대한 비전을 가진 사람이 성공한다는 뜻이 아니다. 대담한 혁신가는 현재 상황이 아니라 미래의 가능성을 보고 비전을 세운다. 혁신을 주도하고 기술 발전을 촉진하며 문제의 돌파구를 찾아 우리의 삶을 바꿔 놓는다.

원대한 꿈은 실현하는 데 시간이 오래 걸리기 마련이다. 그 과정에서 시행착오를 겪다 보면 계획이 틀어지고 무참히 실패할 수도 있다. 다이슨 같은 발명가도 자신의 도전에 실패가 거듭되리라는 사실을 알지만 그르친 일을 원동력 삼아 다음번에 더 잘하려는 새로운 시도를 하고 앞으로 나아간다. 대담한 혁신가는 실패가 무익하지 않다는 사실을 안다. 모든 일이 처음부터 완벽하게 성공하는 경우는 거의 없다. 처음부터 성공한다면 목표를 높게 잡지 않은 것이다.

발명가로서 다이슨은 평생 실패했다. 그러나 현재는 기사 작위를 받은 억만장자다. 사람들은 다이슨의 창의력과 행보를 존경한다. 그를 현재 위치로 이끈 것은 바로 실패다.

대담한 혁신가는 성공보다 실패를 더 자주 하기도 한다. 그 덕분에 남들은 미처 보지 못한 것을 발견할 수도 있다. 그 결과 어째서 실패했는지 점검하고 고민하고 다시 도전할 수 있다. 바로 이 '어째서'가 해결책을 가져다준다. 실패는 새로운 기회를 가로막는 걸림돌이 아니라 더 좋은 기회로 이끄는 잠재적 발판이다. 옷을 버릴까 봐 겁내지 않고 과감하게 뛰어드는 사람이 유리한 고지에 선다.

할 수 있는 일은 모두 했는데 자꾸 실패할 때가 있다. 이때 대담한 혁신가는 변명쟁이와 달리 인생이 자기에게만 불공평하다고 투덜대지 않는다. 일이 예상대로 풀리지 않을 때 낙담하지 않고 긍정하는 태도가 그를 남다르게 만든다.

가진 걸 몽땅 잃은 발명가
억만장자가 되다

샘 월턴은 27세에 아칸소주 뉴포트에서 '벤 프랭클린 잡화점'을 열었다. 월턴은 5년 만에 가게의 연 매출을 7만 2,000달러에서 23만 달러로 3배 넘게 늘렸다. 그런데 월턴이 임대 계약을 갱신하려고 했을 때 예상치 못한 일이 벌어졌다.

월턴은 임대 계약서에 계약 갱신 조항이 없다는 사실을 뒤늦게 알았다. 그가 미처 챙기지 못한 사항이었다. 월턴의 가게가 장사가 잘됐는데도 불구하고 건물주였던 폴 홈스는 계약을 갱신해 주지 않았다. 그 지역에 백화점을 소유하고 있던 홈스는 자기 아들이 잘나가는 잡화점을 운영하길 바란 것이다.

월턴은 뉴포트의 다른 지역으로 가게를 이전할 방법이 없었고 홈스는 그점을 악용해서 월턴이 가게를 팔도록 압박했다. 월턴은 결국 자신이 노력한 대가로 얻은 뉴포트에서 가장 성업하게 된 가게를 통째로 뺏겼다.

당신이 월턴이었다면 어떻게 할 것인가? 대부분 사람은 그런 상황에 부닥쳤을 때 좌절하고 아예 다른 일을 하거나 같은 지역에서 다른 종목의 가게를 열었을 것이다. 실제로 월턴은 어떻게 했을까? 그는 돌파구를 찾았다. 뉴포트에서 440킬로미터 정도 떨어진 아칸소주의 벤턴빌에서 셀프서비스 마트를 연 것이다.

시간이 흘러 월턴은 미국에서 가장 큰 독립 마트를 세우게 됐다. 능동적이고 독창적으로 상황에 접근한 덕분이었다. 대부분의 소매상과 달리 월턴은 제조사의 지역 물류 창고에서 가까운 소도시에 주목했다. 그는 셀프서비스 모델을 새롭게 도입했는데, 결과적으로 소비자들이 돈을 더 쓰게 만들었다.

리처드 테들로우의 저서 《거대 기업(Giants of Enterprise)》에 따르면, 월턴은 상품 가격을 낮추기 위해 제품을 대량으로 구매하고 계산원을 한 명만 두어 인건비를 줄였다. 혁신적 변화를 도입해 비용을 절감하고 그 혜택이 소비자들에게 돌아가게 한 덕분에 월턴은 사업을 키울 수 있었다.

이때 세운 원칙이 월턴의 다음 사업에 중요한 뼈대가 됐다. 44세에 사업 아이디어를 고심하던 중 월턴은 '월마트'라고 이름 붙인 더 큰 규모와 수익성을 갖춘 사업을 시작했고, 그 덕분에 억만장자가 됐다.

월턴은 불리한 계약 때문에 가게를 뺏기고 살던 동네에서 억지로 떠나야만 했다. 아쉽지만 훌훌 털고 또 하루를 열심히 살아가는 것으로 해결될 상황이 아니었다. 하지만 월턴 같은 대담한 혁신가는 과거의 실수에 집착해 봤자 소용도 없고 걸림돌만 된다는 사실을 안다.

대담한 혁신가는 문제를 정면으로 돌파하고 타인이 자신의 인생을 좌지우지하도록 내버려 두지 않는다. 월턴은 홈스에게 가게를 뺏겼지만, 일시적인 문제라고 생각했고 상황을 바꾸고 극복할 수 있다는 사실을 알았다. 대담한 혁신가는 혁신하는 법을 안다. 월턴은 선견지명을 갖고 파격적인 장소에서 사업을 다시 시작했고 물류, 판매, 재고 관리를 탁월하게 수행했다. 그는 뛰어난 직관력으로 세계에서 가장 위대한 유통 제국을 건설했다.

월마트가 뉴포트에 18번째 지점을 내면서, 월턴은 떠난 지 19년 만에 뉴포트로 되돌아왔다. 뉴포트 고객들이 금세 월마트로 몰리면서 한때 월턴이 소유했고 그때까지 건물주의 아들이 운영 중이던 벤 프랭클린 잡화점은 문을 닫아야만 했다.

실패를 받아들이는 일과 실패에 굴복하는 일은 다르다. 다이슨과 월턴 같은 대담한 혁신가들은 실패를 일시적인 문제로 대한다. 그래서 바닥을 치는 순간에 가장 높이 도약할 수도 있다. 실패는 찾아오고 지나간다. 그다음에 어떻게 대응하느냐가 인생을 결정한다.

최상의 결정법 1
_위험과 보상을 따지는 능력을 키워라

    이제 막 구워 낸 따끈따끈한 초코칩쿠키가 쟁반 위에 놓여 있다고 상상해 보라. 10분 동안 가파른 언덕을 오르기만 하면 이 맛있는 쿠키를 공짜로 먹을 수 있다. 어떻게 하겠는가?

당신이 생각에 잠긴 동안 실패자들은 벌써 대답을 내놓는다. 한탕주의자는 '초코칩쿠키'를 듣는 순간 등산에 참여하기로 한다. 변명쟁이는 '가파른 언덕'을 듣는 순간 등산에 불참하기로 한다.

한탕주의자: "초코칩쿠키를 싫어하는 사람도 있어?"

변명쟁이: "언덕이라고? 농담이지?"

한탕주의자는 보상에만 정신이 팔려서 위험을 간과한다. 변명쟁이는 위험에만 신경 쓰느라고 보상을 놓친다. 이렇듯 실패하는 사람은 위험 혹은 보상에만 근거해 결정을 내린다. 보상이 좋기 때문에 기회를 좇거나 위험이 크기 때문에 꽁무니를 뺀다. 반면에 대담한 혁신가는 3가지 원칙에 따라 위험과 보상에 접근한다.

- 위험과 보상 비율을 따져 본다.
- 손실을 보호한다.
- 위험을 감수하고 보상을 얻는다.

대담한 혁신가는 위험과 보상을 저울질해 보기 위해 더 많은 정보를 요구하기도 한다. 언덕이 얼마나 가파른지, 등산을 얼마나 오래해야 하는지, 초코칩쿠키는 몇 개인지 등을 알아본다. 그는 위험에만 집중하거나 혹은 보상에만 집중해서 결정을 내리지 않는다. 대담한 혁신가는 위험과 보상의 관계에 주목한다. 이것이 현명한 선택을 내리는 비결이다.

변명쟁이, 한탕주의자, 대담한 혁신가가 투자 기회를 평가하는 방식이 서로 어떻게 다른지 살펴보자.

변명쟁이: "저는 투자 안 합니다. 투자로는 돈을 못 벌거든요."
→ 보상을 과소평가하고 위험을 과대평가한다.

한탕주의자: "이 생명 공학 분야 주식은 2개월 안에 가치가 50프로 이상

오를 거예요. 바보도 아는 사실이죠."

　　→ 보상을 과대평가하고 위험을 과소평가한다.

　　대담한 혁신가: "이 주식은 연말까지 가치가 3배 오를 수도 있고, 25프로 떨어질 수도 있습니다."

　　→ 잠재적인 보상과 위험을 함께 파악한다.

　　현명한 의사 결정을 위해 대담한 혁신가는 '위험과 보상 비율'을 활용한다. 위험과 보상 비율이란 잠재적인 보상에 비례해서 위험을 얼마만큼 감수할 수 있는지 나타낸다. 위험과 보상은 불가분하게 연결돼 있다. 이 지표가 비관적이거나 위험을 회피하는 수단은 아니다. 최고의 선택을 내리기 위해 각 선택지의 파급 효과를 모두 헤아려 보는 것이다.

　　어떻게 위험과 보상 비율을 활용해 현명한 선택을 내릴 수 있을까? 당신에게 손해를 끼칠 수도 있는 도전을 감행할 때, 그 결정으로 얻을 잠재적 보상이 잠재적 손실의 몇 배가 되는지 확인하라. 위험과 보상 비율은 전통적으로 경제 분야에서 활용했다. 투자 기회에 내재한 잠재적 득(수익을 얼마나 올릴 수 있을까?)과 실(손해를 얼마나 입을 수 있을까?)을 따져 보고 투자로 얻을 총이익을 따져 보는 것이다.

　　비경제 분야에서도 위험과 보상 비율을 활용할 수 있다. 예를 들어 새롭게 제안받은 일자리를 간단하게 평가해 보자. 먼저 장단점 목록을 만든 다음 그 직무의 긍정적 특성과 부정적 특성을 모두 나열하라. 그리고 각 특성에 점수를 매겨라. 이때 최고점이 5점, 최저점이 1점이다.

제안받은 일자리의 위험과 보상 비율 표

장점	점수	단점	점수
급여	5	일과 삶의 균형	3
복지	4	통근	3
조직 문화	5		
팀	4		
합계	18	합계	6

이 직무의 긍정적 특성, 보상의 총점은 18점이다. 부정적 특성, 위험의 총점은 6점이다. 그 결과 보상과 위험 비율은 18 대 6이다. 18을 6으로 나누면 3 대 1이 된다. 기회는 보상과 위험 비율이 최소 3 대 1 이상일 때 잡으라고 한다. 즉 잠재적 보상이 잠재적 위험보다 3배 이상이면 좋다는 것이다.

사람마다 위험을 감수하고자 하는 정도가 다르기 때문에 더 안전하게 보상 비율을 높일 수도 있다. 예를 들어 보상과 위험 비율이 5 대 1이라면 잠재적 보상이 잠재적 위험보다 5배 높은 것이다. 다만 보상과 위험 비율이 얼마든 이는 신중한 예측이지 정확한 과학이 아니며 전체적인 의사 결정 과정의 일부일 뿐이다.

선택을 저울질할 때 긍정적인 면과 부정적인 면을 대등하게 고려하라. 긍정적인 면에만 집중하는 사람이 꽤 많다.

'할리우드에서 레오나르도 디카프리오나 스칼렛 요한슨 같은 영화배우가 되고 싶어. 대박만 터지면 여생이 보장되는 거야. 일이 잘 안 풀려도 최소한 후회 없는 삶을 산 거야.'

후회 없이 모험을 무릅쓰는 것, 담대하게 목표를 성취하는 것 모두 좋다. 하지만 이 사람은 위험과 보상 비율을 간과했다. 보상을 파악하는 건 쉽다. 대박이 터지면 부자가 되고 유명해진다는 긍정적인 면을 모를 사람은 없다. 하지만 부정적인 면은 어떤가? 이 결정으로 무엇을 포기해야 하는가?

수년을 허비할 수도 있고 가족과 지내지 못할 수도 있으며 고정 수입이 없을 수도 있다. 그래도 무릅쓰고 이 모험을 하겠는가? '그렇다'고 대답하는 사람도 있을 테고 잠재적 보상에도 불구하고 이만큼 위험을 감수할 가치가 없다고 느끼는 사람도 있을 것이다.

보상과 위험을 치우침 없이 저울질하고 현명한 결정을 내려라. 즉 보상만큼 위험도 참작하라. 그렇지 않으면 보상과 위험을 모두 파악했다고 착각하면서 실제로는 보상만 생각할 것이다. 많은 경우에 보상을 생각하는 편이 더 쉽다. 특히 낙관주의자는 보상에 이끌리기 마련이다. 반드시 한쪽으로 치우쳐 있으면서 공명정대하게 결정했다고 생각하는 꼴을 경계하라.

현명하게 결정을 내렸는지 객관적으로 파악할 수 있는 한 가지 전략은 미래로 가서 현재를 돌아보는 것이다. 상상해 보라. 대배우가 되려고 30년 동안 오디션을 봤는데 아직 대박은 터뜨리지 못했다. 이제 60살인데, 한 번도 주연을 맡지 못했다면 그렇게까지 고생해야 했을까? 커리어 인생의 끄트머리로 가서 현재를 돌아본다면 상황을 좀 더 객관적으로 바라볼 수 있다.

투자를 평가하든, 일자리를 고르든 위험과 보상 비율을 능숙하게 활용할 수 있다면 현명한 선택을 내릴 수 있을 것이다.

최상의 결정법 2
_손해 위험을 줄이는 3가지를 기억하라

수익이 얼마나 될지 궁금한 것은 인지상정이다. 하지만 마음을 가라앉히고 잠재적 수익에 비례한 잠재적 손실이 얼마나 되는지에 신경 써야 한다. 의사 결정 과정에서 중요한 원칙 중 하나는 손실을 보호하는 것, 즉 위험 요소를 줄이는 것이다. 그런데 수익을 창출할 기회에 들뜬 나머지 위험 요소를 객관적으로 판단하지 못하는 사람이 너무 많다.

위험과 보상에는 2가지 요소, 즉 손실과 수익이 있다. 수익에 집중하기는 쉬운 반면 손실은 부차적으로 여겨질 때가 많다. 손실은 중요하다. 투자 수익을 해칠 수 있기 때문이다. 손실을 통제하고 제한해야 노력의 결실을 보전할 수 있다.

그렇다면 어떻게 해야 손실을 보호할 수 있을까? 위험 요소를 줄일 수 있는 쉽고 간단한 방법 3가지를 소개하겠다.

- 돈을 쓰면서 벌어라
- 차등 투자하라
- 그만둘 때를 알아라

돈을 쓰면서 벌어라

대부분 사람은 무언가 팔 때 돈을 번다고 생각한다. 그때 자산을 현금화하고 이익을 산출하기 때문이다. 하지만 돈이 벌리는 것은 무언가 사들일 때다. 더 정확히 말하면 구매를 완전히 결정하기 전에 발품을 팔 때다.

예를 들어 집을 산다고 생각해 보라. 집을 사겠다고 결정하기 전에 집의 구조와 상태, 동네의 치안, 학군 수준을 조사하면 다른 구매자들보다 많은 정보를 수집할 수 있다. 보통 구매 의사를 밝힌 후보다는 밝히기 전에 거래에서 발을 빼기가 더 쉽다.

모든 정보를 완벽하게 수집할 수도 없고 위험 요소를 모조리 예측하는 것도 불가능하지만 할 수 있는 만큼 최대한 조사하고 부지런히 발품을 팔아서 당신이 사려는 것을 잘 파악해야 한다. 그럼 나중에 돌발 변수가 생겨도 현명하게 대처할 수 있다.

투자의 인풋, 즉 구매에 관심을 쏟는 것이 단기저인 사고로 보일 수도 있다. 하지만 이는 투자의 아웃풋, 즉 판매에서 성공을 거두기 위해 선행 투자를 하는 셈이다. 투자를 장기적으로 보호하기 위해 단기적으로 신경을 써야 하는 부분이다. 인생에서 어떤 결정을 내리든 중차대한 순간은 아웃풋이 아니라 인풋에 있다. 돈은 쓰면서 벌어라.

차등 투자하라

차등 투자란, 무엇이 중요한지 우선순위를 매겨서 시간과 에너지를 안배하는 것이다. 차등 투자는 분산 투자와 다르다. 분산 투자란 단순히 여러 종목에 자금을 나눠 투자하는 것으로, 바구니 하나에 계란을 몽땅 넣어 두지 않는 것과 같다.

투자할 때는 가장 자신 있는 최고 확신 종목에 돈을 더 분배하고 가장 자신 없는 최저 확신 종목에 돈을 덜 분배함으로써, 각 종목에 얼마를 투자할지 조정한다. 처음부터 우선순위를 정해 놓으면 자신감을 갖고 투자할 수 있다. 돈을 많이 투자한 종목에서 이익을 얻으면 투자 실적이 올라가고 돈을 적게 투자한 종목에서 손실을 보면 상대적으로 타격이 작기 때문이다.

반대로 돈을 많이 투자한 분야에서 손실을 보고 돈을 적게 투자한 분야에서 이익을 얻을 수도 있지 않을까? 그럴 수도 있다. 하지만 차등 투자를 하는 근본 목적은 수익을 확신하는 종목에 우선 투자해 전반적인 위험도를 낮추는 것이기 때문에 후자의 경우는 드물다.

대담한 혁신가는 자기가 잘 아는 분야에 돈을 많이 투자하고 잘 모르는 분야에 돈을 조금 투자한다. 반면 한탕주의자는 여기저기에 투기를 한다.

인생에도 차등 투자를 할 수 있다. 기쁨을 주는 사람들과 더 많은 시간을 보내고 영감을 주는 기회에 더 많은 노력을 쏟아라. 개인적, 직업적, 경제적, 감정적으로 당신에게 보탬이 되는 사람들과 기회에 투자하라. 마찬가지로 당신의 기분을 아래로 끌어내리는 사람과 일에는 시간과 힘을 조금만 할애하라. 단순하게 들리겠지만 당신은 이 원칙을 얼마나 자주 체계적으로 실천하는가?

차등 투자를 하려면 우선 선택지를 정확히 파악해야 한다. 어디에 시간과 힘을 더 투자할지 우선순위를 정해 두면 언제나 완벽한 결정을 내리지 않아도 된다. 얼마나 철저하게 준비하든 완벽한 결정이란 없다. 그러므로 처음부터 목표의 선택지를 제대로 파악하고 삶에 가치를 더해 준다는 확신이 드는 사람들과 기회에 시간과 노력을 쏟아야 한다.

이것이 우리의 성공 가능성을 높이고 실패 위험을 줄이는 것이다. 우선순위를 정하고 최고 확신 종목에 시간과 노력을 집중한다면 체계적이고 주도적으로 운명을 만들어 갈 수 있을 것이다.

그만둘 때를 알라

우리는 어떤 일을 한번 시작하면 절대로 그만두지 말고 상황을 끝까지 지켜보며 절대 포기하지 말라고 배운다. 하지만 그만둘 때를 아는 것과 포기하는 것은 다르다. 패배자를 붙들고 있으면 실패만 거듭한다. 아무 소득 없이 스트레스만 받는 일이다.

우리는 수년 전에 끝냈어야 할 관계를 지금까지 질질 끌기도 하고 우리를 지지해 주지 않는 사람을 지원군으로 두고 괴롭혀하기도 한다. 포기하기 싫어서 참고 견디며 수용하기도 한다. 그렇게 하라고 배웠기 때문이다. 실패할까 봐, 남에게 나쁘게 비칠까 봐, 중도 포기자라는 딱지가 붙을까 봐 초조해한다. 지금 나의 행복이 아닌 혹시 모를 후폭풍에 신경을 쓴다. 그래서 온갖 짐을 짊어지고 응석을 받아 주며 진작 껐어야 할 관계의 불씨를 다시 살린다.

"잠깐 방황하는 거야."

"앞으로 나아질 거야."

"그 사람 잘못이 아니야."

하지만 당신이 붙들고 있는 그 패배자는 앞으로도 나아지지 않을 것이다. 패배 상황에서 벗어나려면 자기 관리가 필요하고 스스로 시간, 노력, 돈을 들여야 하기 때문이다. 언제 손을 뗄지 아는 것은 이익을 보호하고 최대화하는 가장 좋은 방법이다. 빠를수록 좋지만 더 손해를 보기 전에 나아갈 방향을 조정해도 늦지 않는다.

최상의 결정법 3
_위험을 계산하고
보상 기회를 보라

손실을 보호하는 게 퍼즐의 절반이라면 나머지 절반은 위험을 감수할 가치 있는 투자 기회를 찾아내는 것이다.

기회만 찾는 사람들은 냉큼 실리콘 밸리나 월 스트리트로 몰린다. 그곳이 부와 권력의 중심지이기 때문이다. 또 냉큼 기술 벤처 기업으로 몰린다. 돈을 많이 벌 수 있기 때문이다. 이런 대다수 사람과 다른 방향으로 움직인다면 당신은 이상하고 튀어 보일 것이다. 어떤 사람은 다르게 행동하는 당신을 보고 고개를 저으며 기회를 놓치는 바보라고 생각할 것이다.

대박을 터뜨리기 위해 벤처 기업을 창업하거나 헤지 펀드에 투자하지 않아도 된다. 토머스 에디슨이나 알베르트 아인슈타인이 아니어도 세상에 큰 영향을 미칠 수 있다. 골드러시 때 일확천금을 벌기 위해서 반드시 광부가 될 필요는 없었다. 광부들이 묵을 숙박업소를 운영하거나, 광부들이 식사할 식당을 열거나, 광부들이 쓸 장비를 팔아서 큰돈을 번 이들도 있다.

누구나 빌 게이츠, 제프 베조스, 스티브 잡스를 안다. 세 사람이 이렇게 유명해진 까닭은 아무도 하지 않은 일을 최초로 해냈기 때문이다. 이들이 도전을 감행한 덕분에 오늘날 수많은 사람이 몸담고 싶어 하는 산업 분야가 생겨났다. 그들이 사업을 시작할 당시에는 이들 기업이 위치한 팰로앨토나 시애틀에 지금처럼 사람이 몰리지 않았다.

당신은 이 사실을 기억하면서 새로운 기회를 만들어 보라. 지금부터 소개할 발명가들이 바로 이렇게 했다. 당신은 이들의 이름을 들어 본 적 없겠지만, 이들의 발명품을 사용하고 있다.

어니 프레이즈: 알루미늄 캔 뚜껑 발명가

캔 뚜껑을 딸 때 세상에서 가장 청량한 소리를 들을 수 있는데, 이게 다 어니 프레이즈 덕분이다. 1959년, 공학자였던 프레이즈는 나들이를 하러 갔다가 음료수 캔 따개를 안 가져왔다는 사실을 깨달았다.

예전에는 전용 따개나 열쇠로 음료수 캔을 딸 수 있었다. 그날 도구가 없던 프레이즈는 어떻게 캔을 땄을까? 언제나 해결책을 찾아내는 어느 발명가처럼 프레이즈도 캔 따개 대체물을 찾았다. 바로 자동차 범퍼였다.

몇 개월이 지난 어느 날, 프레이즈는 잠이 안 오는 밤에 캔 뚜껑 문제를 고심했다. 고리형 캔 뚜껑은 이미 다른 발명가가 만들었지만, 고리 부분이 쉽게 망가졌다. 프레이즈는 고리를 캔에 고정하는 못을 만들면 문제를 해결할 수 있다는 점을 발견했다. 캔 중심에 금을 내서 못을 박아 고리를 고정하자 고리를 끊어뜨리지 않고 캔 구멍 덮개를 들어 올릴 수 있었다.

프레이즈는 이 발명품을 미국 알루미늄 회사인 알코아에 팔았고 훗날 캔 뚜껑 기계 공급업체를 세워 매년 5억 달러 이상을 벌었다.

여기에서 얻을 교훈은 평상시 생기는 문제에 과감하게 도전하라는 것이다. 다른 전문가들이 이미 도전해서 실패했다면 어떤 방법이 효과가 없는지 밝혀 준 그들에게 감사하고 당신은 효과가 있는 방법을 열심히 찾아라.

샘 본: 막대 사탕 제조 기계 발명가

러시아 이민자였던 샘 본은 사탕이나 막대 사탕을 발명하지는 않았다. 하지만 막대 사탕 제조 과정의 효율성을 끌어올리는 기회를 만들었다. 사탕에 막대를 자동으로 꽂아 넣는 기계였다. 1912년에 본은 자기 이름을 딴 '본 사탕 기계'를 발명했다.

본은 '저스트 본'이라는 사탕 제조 업체를 세우고 피프스, 마이크앤아이크, 핫 타말레 등 유명한 사탕 브랜드를 만들었다. 그는 막대 사탕 제조 기계를 발명한 공로를 인정받아서 1916년에 샌프란시스코 명예 시민증을 받았다.

여기에서 얻을 교훈은 일을 더 낫게, 빠르게, 쉽게 처리하는 방법을 찾아서 효율성을 제고하라는 것이다. 대담한 혁신가는 이런 일을 한다.

하이먼 립맨: 현대식 지우개가 달린 연필 발명가

1850년대에 이미 연필도, 지우개도 있었다. 하지만 지우개가 달린 연필은 없었다. 지우개가 달린 연필은 1858년에 등장했다. 문방구 주인이었던 하이먼 립맨이 연필에 지우개를 달아서 특허를 등록했다. 립맨은 이 특허를 조셉 레켄도르퍼에게 10만 달러에 팔았다.

1875년에 미국 대법원은 '레켄도르퍼 대 파버' 소송에서 지우개 연필은 발명품으로 보기에 적합하지 않다고 판결했다. 워드 헌트 판사의 판결문은 이러했다.

"조합물이 특허를 받기 위해서는 각 구성물의 힘이나 효과를 합침으로써 전혀 다른 힘, 효과, 결과를 창출해야만 한다. 구성물의 조합은 새로운 결과를 생성해야 한다. 그렇지 않다면 분리된 요소의 집합체일 뿐이다."

그 결과 파버 같은 다른 연필 제조사들도 레켄도르퍼에게 특허 사용료를 내지 않고 지우개가 달린 연필을 만들어 팔 수 있었다.

여기에서 얻을 교훈은 두 사업가가 승부를 펼쳤다는 것이다. 한 명은 이겼고 한 명은 졌다. 하지만 두 사람 모두 대담했다.

찰스 브래녹: 신발 크기를 재는 브래녹 기구 발명가

1925년, 신발 사업가의 아들이었던 찰스 브래녹은 신발 치수를 정확히 재기 위해 발의 길이, 너비, 발바닥 아치를 측정하는 브래녹 기구를 발명했다.

시러큐스 대학교 학생이었던 브래녹은 기구를 만드는 데 총 2년이 걸렸는데, 그 후 브래녹의 발명품은 거의 1세기 동안 미국에서 표준 신발 측정 기구로 쓰였다.

브래녹 기구가 발명되기 전에 사람들은 나무 조각으로 신발 치수를 쟀다. 브래녹 기구는 그의 아버지가 운영하던 파크 브래녹 신발 가게에 엄청난 이익을 가져다줬다. 세계 2차 대전 때, 미국군에 고용된 브래녹은 군인용 부츠와 신발이 정확한 치수로 만들어졌는지 확인하는 임무를 맡기도 했다.

여기에서 얻을 교훈은 무엇인가 미흡하다면 개선하라는 것이다. 기존 방식이 부정확하다면 정확하게 만들어라.

베트 네스미스 그레이엄: 수정액 발명가

베트 네스미스 그레이엄은 고등학교를 중퇴하고 텍사스 신탁 은행 회장의 비서실장으로 일했다. 전동 타자기가 출시된 후, 네스미스와 동료 비서들은 이 새로운 기계의 사용법에 미숙해서 서류에 오타를 많이 냈다. 그림 그리기가 취미였던 네스미스는 실수한 부분 위에 간단히 덧칠하는 화가들처럼 오타 위에도 덧칠을 하면 어떨까 생각했다.

1956년에 네스미스는 주방용 믹서기로 템페라 염료를 사용한 하얀색 혼합물을 섞어서 회사에서 사용하는 종이와 비슷한 색의 용액을 만들었다. 그리고 작은 붓으로 오타가 난 부분에 덧칠을 해서 실수를 감췄다. 자기만의 '오타 지우개(Mistake Out)'를 만든 것이다. 네스미스가 동료 비서들에게 샘플을 나눠 주고 수정액 만드는 부업에 시간을 더 쏟기 시작했을 때, 그녀는

예기치 않게 해고됐다.

네스미스는 낙담하지 않고 부업을 전업으로 삼아 자기가 만든 수정액 이름을 '액체 종이(Liquid Paper)'로 바꾸었다. 한 달에 수정액을 100병 정도 파는 것으로 사업을 시작한 네스미스는 20년이 지난 후에 4,750만 달러를 받고 사업을 질레트(Gillette)에 넘겼다.

여기에서 얻을 교훈은 당신에게 일어난 최고의 일이 실직일 수도 있다는 것이다.

보상의 크기보다
자신에게 중요한 의미를 찾아라

세상에 영향을 미치기 위해서 유명해질 필요는 없다. 막대 사탕 제조 기계 발명가를 벤치마킹하라는 것을 기억하라.

중요한 사실이 하나 더 있다. 보상의 성취감을 느끼기 위해서 돈을 무한정 벌어야 하는 것은 아니라는 것이다. 억만장자를 목표로 삼지 않아도 된다. 우리 사회가 부를 유달리 중요하게 생각되면서 많은 사람에게 경제적 만족감이 곧 삶의 보람이 돼 버렸다. 하지만 삶을 오로지 돈으로 정의할 필요는 없다. 억만장자의 기준에 따를 필요도 없다. 당신은 다양한 방법으로 세상에 영향을 미치고 자기만의 성공을 이뤄 성취감을 느낄 수 있다.

다른 사람이 정의한 행복대로 살지 마라. 당신이 감수하는 모험이 유일무이한 만큼 당신이 얻는 보상도 유일무이해야 한다. 성공한 인생을 사는 것은 남의 행복이 아니라 자신의 행복을 위한 일이다. 대부분 사람은 무엇이 자신을 행복하게 하는지 알고 있다. 그저 외면하는 것뿐이다. 성취감은 아이디어, 행동, 노력에서 비롯된다.

　또한 당신은 무엇을 창조했는가, 어떻게 다른 사람의 삶을 바꿨는가로 평가받을 것이다. 경제적 이익과 무관한 방법으로 세상에 영향을 미칠 수 있다. 영향력의 크기는 영향을 미쳤다는 사실 자체보다 중요도가 덜하다. 치명적인 질병의 치료법을 개발할 수 있지만 환자 한 명의 목숨을 살릴 수도 있다. 수백만 명의 학습을 돕는 새로운 교수법을 개발할 수 있지만 학생 한 명의 삶을 어루만지고 그에게 평생 남을 영감을 줄 수도 있다. 10억 명 인구의 생활에 편리함을 더해 줄 새로운 기술을 개발할 수 있지만 10명에게 인터넷 사용법을 가르쳐 줄 수도 있다. 자기만의 자리를 찾아라. 남들이 지나친 곳을 유심히 살펴라. 세상에 어떻게 영향을 미칠지 궁리하면 어떤 모험을 감행해야 하는지도 보인다.

실패를
반가워해도 되는
5가지 이유

위험을 감수하지 않는 이유는 다양하다. 당신이 들이는 시간, 노력, 돈에 맞먹는 결과를 얻지 못할 거라고 판단하기 때문이다. 즉 위험에 합당한 보상을 얻지 못하리라 생각한다. 이보다 더 큰 이유는 우리가 위험을 실패와 연결 짓기 때문이다. 실패의 영향은 지속적이다. 경제적뿐만 아니라 감정적, 정신적으로도 영향을 미친다. 그리고 실패는 고통스럽다.

실패하면 어떻게 해야 할까? 앞서 이야기했듯이 실패는 생각보다 삶에 보탬이 된다. 물론 우리가 실패도 삶의 일부이며 실패해도 괜찮다는 말을 자주 듣는 것에 비해 실제로 받아들이기는 어렵다. 하지만 실패는 마지못해 받아들여야 하는 먹구름이 아니다. 대담한 혁신가에게 물어본다면 그는 실패를 적이 아니라 친구처럼 여긴다고 대답할 것이다.

실패는 당신을 강인하게 만들어 준다. 게다가 성공만큼, 아니 어쩌면 성공보다 더 유익하고 값진 정보와 피드백을 제공해 줄 것이다. 성공이 우리에게 위대함을 일깨워 준다면 실패는 성공했을 때 펼쳐질 가능성을 일깨워 준다.

기억할 점은 모든 사람에게 패자 부활전의 기회가 주어진다는 것이다. 실패를 어떻게 극복하느냐에 따라 당신이 어떤 사람인지 스스로 증명할 수 있을 것이다. 실패와 친구가 될 수 있는 이유를 소개하겠다. 발명가의 비밀에서 살펴봤듯이 대담한 혁신가는 실패를 친구로 생각한다. 이제 당신도 그래야 한다.

실패는 상황을 객관적으로 보여 준다

실패를 통해서 성공하지 못한 원인을 분석하라. 그동안 성공만 거듭했다면 몰랐을 자기 모습을 발견하라. 성공했을 때 우리는 얼마나 자주 '왜?'라고 질문하는가? 절대 안 한다. 성공하면 그저 행복하고 만족스럽기 때문이다. 범생이가 바로 이렇게 산다. 하는 일마다 잘되면 자아 성찰을 할 기회도 부족하기 마련이다.

반면 실패했을 때 원인을 분석하기가 더 쉽다. 충분히 노력하지 않았을 수도 있고 연습이 부족했거나 경쟁력 있는 전략을 짜지 못했거나 단순히 일진이 나빴을 수도 있다. 무엇부터 잘못됐는지 살피면서 준비, 행동, 실행, 실수, 결과 등 여러 실패 원인을 찾아라. 자책하는 게 아니다. 나쁜 습관, 잘못된 선택, 미흡한 전략을 바로잡는 것이다.

실패에 맞서라. 실패했다고 도망가지 마라. 실패에 파묻히지도 마라. 실패를 분석하고 교훈을 얻어라. 무엇이 잘못됐고 왜 잘못됐으며, 어떻게 잘못됐는지 파악하라.

기억하라. 자아 성찰을 하는 동안 패배감에 젖을 수도 있다. 하지만 다음 싸움에 임하는 데 필요한 새롭고 귀중한 피드백을 얻을 것이다.

실패는 우리가 새로운 모험에 도전하게 한다.

우리는 실패할 때 배우고 성장하며 용기를 내고 위험을 감수한다. 늘 성공만 한다면 무언가 잘못되고 있는 것이다. 담대함이나 과감함 없이 모험하지 않고 범생이가 돼 무사안일하게 사는 것이다.

어째서 안주하게 될까? 실패는 자기의 한계를 확인하는 일이다. 차라리 실패를 회피하는 편이 마음이 편하다. 하지만 우리는 넘어지고 멍들고 부딪쳐야 한다. 경기장에 들어서라. 지저분해져도 괜찮다.

기억하라. 실패는 부끄러운 일이 아니라는 것이다. 첫발을 떼라. 각오를 다지고 도전하라. 자주 도전할수록 많은 기회를 잡을 수 있다.

실패는 새로운 시작으로 도약하는 발판이다

우리는 실패하면 인생이 무너진다고 생각한다. 졌는데 기분이 좋은 사람은 없다. 실패 후에는 자연스럽게 부끄러움, 패배감, 민망함이 따라온다.

'나는 끝났다. 게임에서 졌다. 사업이 망했다. 영업을 못 했다. 승진에서 떨어졌다. 투자금을 날렸다….'

그런데, 그렇지 않다. 지금 당장은 슬프다. 하지만 실패는 새로운 시작으로 통하는 창이 된다. 실패 뒤에 숨은 실패의 원인을 찾아낸다면 다시 일어서는 데 발판으로 삼을 수 있다. 결코 실패는 최종 승부가 아니다. 우리는 또 다른 날을 살아갈 것이며 다음번에는 더 제대로 준비할 것이다. 실패를 연습 경기로 생각하라. 상황을 미리 살피고 어떤 방법이 효과가 있고 어떤 방법이 효과가 없는지 사전 조사를 한 셈이다.

기억하라. 실패는 다음번에 어떻게 하면 더 잘할 수 있는지 가르쳐 주는 공짜 피드백이다.

실패는 당신을 겸허하게 한다

언제나 이기기만 하면 안일함에 빠지기 마련이다. 하는 일마다 잘되면 어째서 새로운 시도를 하고 새로운 도전을 하겠는가? 이대로 시간을 보내면 단지 안일한 상태를 넘어서 실패뿐만 아니라 현 상태를 위협하는 모든 일에 겁내게 된다. 더 멀리 나아가려고 하지 않고 도전 의식 없이 살면 게을러지고 날마다 습관처럼 살게 된다. 그런 하루하루가 모여 금세 몇 달이 되고 몇 년이 된다.

성공하는 사람은 최정상과 밑바닥을 모두 보고 세상을 정확하게 조망한다. 언제나 안주하는 사람은 추락을 생각하지 않는다. 추락을 생각하지 않으면 밑바닥으로 떨어진 삶도 절대 알지 못한다.

수많은 사람이 최정상에 머물고 싶어 한다. 그곳에서의 삶이 더 쉬우리라고 생각하기 때문이다. 최정상의 삶에는 2가지 문제가 있다. 첫째, 최정상에만 머물면 현실 감각이 무뎌지고 자기만의 경쟁력이 떨어질 수 있다. 둘째, 최정상에 서면 그 자리를 지키거나 내려가거나 둘 중 하나다. 반면 밑바닥에 있으면 전체를 조망할 수 있다. 밑바닥에서는 올라갈 일만 있기 때문이다.

기억하라. 밑바닥에서는 나쁜 상태가 지속될 수는 있지만 그보다 더 나빠질 수는 없다. 고개를 들어라. 이제부터 올라갈 일만 남았다는 사실을 알게 될 것이다.

실패는 자주 할수록 덜 무서워진다

실패에 대한 두려움이 실패 자체보다 끔찍할 때가 많다. 두려움에 정복당하면 기회를 놓치는 법이다. 변명쟁이와 범생이가 이 경우에 속한다. 이들은 의식적이든 무의식적이든 도전에는 긍정적 기회보다 위험이 더 크다고 판단한다. 그래서 움직이기보다 가만히 있기로 결정하고 경기장에 들어서기도 전에 백기를 든다.

첫 시도에서 실패할 수 있다. 실패를 극복하는 법을 배운다면 두 번째 시도부터는 두려움이 덜할 것이다. 두 번째 시도에서 또 실패할 수도 있다. 그러나 그때 느끼는 두려움은 첫 번째 시도 이전보다 훨씬 덜하다. 실패가 당신에게 도움의 손길을 내밀 것이다. 넘어졌다면 다시 일어나서 실패가 내

민 손을 잡아라.

기억하라. 일단 경기장에 들어서기만 하면 미지는 더 이상 미지처럼 느껴지지 않는다. 자신을 세상에 내놓고 나면 적응하는 건 시간문제다.

실패할수록 두려움이 사라진다. 두려움이 사라질수록 자신감이 쌓인다. 자신감이 쌓일수록 새로운 기회가 보인다. 새로운 기회가 보일수록 당신은 성공할 수 있다.

PART 4

세 번째 절대 법칙

집단주의에서 벗어나면 자유로워진다

자신을 성찰하고 생활 속 패턴을 찾아보라. 우리에게는 습관을 분해해서 바꾸고, 원하는 모습으로 변신할 힘이 있다. 타인이 아니라 자신에게 의지할수록, 자신이 얼마나 근사하게 자급자족할 수 있는지 깨달을 것이다. 우리가 손을 들고 목소리를 낼 때, 남들을 따라잡으려고 애써 발맞춰 걷지 않을 때, 자기만의 길을 걸을 수 있다.

무리를 따라가는 사람은 무리보다 멀리 나아가지 못한다.
반면에 혼자 걷는 사람은 아무도 도달하지 못한 곳에 가닿을 때가 많다.

_ **알베르트 아인슈타인**(Albert Einstein)

당신의 인생을
안내하는
알파와 베타

그리스 알파벳이 당신이 성공적인 커리어를 쌓는 데 중요한 역할을 하는 것을 아는가? 그리스 알파벳의 처음 두 글자인 알파(α)와 베타(β)는 보통 투자자들이 투자 수익을 계산하고 비교하고 예측할 때 사용한다.

주식 시장에서 베타는 해당 주식이 주가 지수에 비해서 얼마나 변화에 민감하게 반응하는지를 나타낸다. 예를 들어, 신생 기술 회사는 주가 지수에 비해서 베타 계수가 높은 편이다. 회사의 기술이 검증되지 않았거나 실적이 증명되지 않았기 때문이다. 안정적이지 않은 회사는 변화에 요동친다.

알파는 해당 주식이 주가 지수에 비해서 실적이 얼마나 좋은지를 나타낸다. 당신이 자산 관리자라면 당신은 주가 지수에 비해서 얼마나 투자를 잘

했는가로 평가받는다. 평균을 상회한 실적이 당신의 알파 계수다. 주가 지수의 수익률이 10퍼센트이고 당신이 15퍼센트의 수익률을 냈다면 당신의 알파는 5퍼센트다. 이 점이 중요하다. 알파는 저절로 생기지 않으며 능동적으로 만들어야 한다.

알파와 베타 개념을 활용하기 위해 주식 시장을 빠삭하게 알 필요는 없다. 그런데 투자할 때만 알파와 베타를 사용하는 것이 아니다. 당신의 커리어에도 알파와 베타가 존재한다. 이제부터 알파와 베타가 어떻게 당신 커리어를 극적으로 발전시키는지 설명하겠다.

알파, 베타와 커리어

당신에게 꼭 맞는 직업을 찾고 싶다면 알파와 베타를 떠올려라. 직업의 베타도 고려해야 하지만 진짜 중요한 것은 알파다. 간단히 말하자면 일 자체에 집중하지 말고 당신이 잘할 수 있는 일에 집중하라.

알파는 당신이 어떤 사람인지 말해 준다. 또한 당신이 다른 사람들보다 얼마나 뛰어난 성과를 낼 수 있는지 나타낸다. 그러므로 단순히 재미있어 보이는 직업, 인기 있는 직업을 선택하지 마라. 당신의 재능과 역량에 맞는 직업을 선택하라. 일에서 알파를 창조한다는 것은 이런 뜻이다.

- 당신의 진정한 소명인가?
- 당신이 잘하는 일인가?
- 동료들보다 성과가 좋은가?
- 당신의 재능을 최대한 발휘할 수 있는가?

베타는 당신의 소명, 능력, 재능과 상관없이 해당 직업이 다른 직업과 비교해 어떤지 말해 주는 지표다.

- 임금 체계가 어떤가?
- 근무 시간이 몇 시간인가?
- 직원 복지 제도가 어떤가?
- 무슨 직무를 맡는가?

한탕주의자, 범생이, 변명쟁이는 베타에 집중한다. 직업 자체에 관심을 두고 돈을 많이 주는 직업이나 유명한 회사에 매력을 느낀다. 인기가 많은 산업이나 권위 있는 위치에서 일하면 곧 그 직업이 자신에게 성공을 안겨 주리라고 생각한다.

반면 대담한 혁신가는 알파에 집중한다. 즉 자기가 잘하고 다른 사람들을 능가할 수 있으며 세상에 최대한 영향을 미칠 수 있는 일을 찾는다. 연봉이나 매력적인 직업에 관심이 없는 것은 아니다. 다만 자기만의 원칙에 따라서 알파를 창조한다. 바로 적성에 꼭 맞는 직업을 찾겠다는 것이다. 해야만 할 것 같은 직업, 돈을 많이 주는 직업, 신문에 오르내리는 직업에 집착하지 않는다.

한탕주의자는 투기를 일삼으며 베타를 좇고 변화로 요동치는 직업을 선택한다. 일확천금을 노리며 초단기 주식 매매처럼 큰 수익을 낼 수 있는 투기 활동에 돈을 붓는다.

범생이는 안정적인 직업과 연봉을 좋아한다. 편안한 직장 생활을 영위하며 연봉이 시장의 평균 수익률만 돼도 만족한다. 위험하거나 불안정한 직업을 싫어하는 범생이에게는 공무원이 제격이다.

변명쟁이는 자신이 해야 할 일에 집중하지 않는다. 대신 그는 회사, 임원진, 동료, 일에 대해 불평한다. 다른 사람을 끌어올리는 게 아니라 끌어내리는 데 에너지를 낭비한다. 그 결과 동료들보다 성과가 떨어지고 커리어에 중요한 기회를 놓친다. 변명쟁이는 9시부터 6시까지 근무하는 회사, 생활비 정도의 월급을 받는 회사면 아무 직업에나 정착한다.

대담한 혁신가는 베타가 아니라 알파에 집중한다. 그들은 범생이의 발자취를 무작정 따라가지 않고 월 스트리트나 실리콘 밸리에서 일하고 싶어 하는 한탕주의자처럼 무조건 베타를 좇지도 않는다. 한탕주의자가 거기서 일하고 싶어 하는 이유는 그쪽 일에 열정을 느낀다거나 투자 혹은 기술 벤처 사업을 하고 싶어서가 아니라 그저 돈 냄새를 맡았기 때문이다.

대담한 혁신가는 다음 원칙을 거쳐 알파를 만들어 낸다.

- 좌절하지 말고 더 크게 생각하라.
- 다른 사람들이 놓친 기회를 잡아라.
- 자기만의 '에지(edge)'를 가져라.

어떻게 하면 당신의 커리어에서 알파를 만들어 낼 수 있을까? 3가지 원칙을 안내한다.

대담한 혁신가가 알파를 만드는 3가지 원칙

첫 번째 원칙
좌절하지 말고 더 크게 생각하라

한때 교사로 일했던 마윈의 말을 빌리자면, 그는 '자기 고향에서 가장 안 좋은 대학교'를 나왔다. 마윈이 아무리 이력서를 내도 어느 회사에서도 그를 고용하지 않았다.

KFC가 그의 고향에 생겼을 때, 24명이 지원해서 23명이 뽑혔는데 뽑히지 않은 한 사람이 마윈이었다. 또 그의 마을에서 5명 중 4명이 경찰이 됐는데 낙방한 한 사람이 바로 마윈이었다. 그는 대학 입학 시험에서 3번이나 떨어지고 하버드에서 10번이나 입학을 거절당할 정도였다.

이렇게 거절 폭격을 당하면 변명쟁이는 어떻게 반응할까? 분노하고 기가 죽고 좌절할 것이다. 하지만 마윈은 기회를 포착할 줄 알았다.

1972년에 리처드 닉슨 대통령이 중국 항저우에 방문한 후 항저우는 유명 관광지가 됐다. 항저우에서 살던 10대 소년 마윈은 영어를 배우고 싶었지만 영어로 된 책을 구할 수 없었다. 그래서 자전거를 타고 항저우 호텔로 가서 외국인들을 만나 영어를 연습하고 공짜로 관광 가이드 노릇을 했다. 이 일을 9년 동안 했다. 마윈은 중국 밖을 여행해 본 적은 없었지만 그 경험을 통해 세상의 가능성에 눈뜨게 됐다고 말했다.

1995년, 마윈은 무역 대표단의 통역사로 뽑혀 시애틀에 가서 영어 실력을 발휘했다. 마윈은 시애틀에서 처음으로 인터넷을 접했다. 동행한 사람이 마윈에게 인터넷 검색창에 아무 단어나 입력해 보라고 했다. 마윈은 혹시나 컴퓨터를 만지다가 망가뜨리고는 변상할 수 없을까 봐 겁났지만 용기를 내서 야후 검색창에 '맥주'라고 입력했다. 독일 맥주, 미국 맥주, 일본 맥주 등이 검색 결과로 떴다. 중국 맥주에 대한 정보는 찾아볼 수 없었다. 그래서 마윈은 '중국 맥주'라고 다시 입력했다. 그런데 검색 결과가 나오지 않았다. 다른 검색어도 입력해 봤지만 중국에 관한 정보는 거의 찾을 수 없었다.

마윈은 중국과 외국의 인터넷 기술의 공백을 메우기 위해 귀국해서 '차이나 페이지'라는 웹 사이트를 출시했다. 여기에 해외 시장에 진출하려고 하는 중국 기업 목록을 실었다.

안타깝게도 마윈의 차이나 페이지는 실패했다. 하지만 차이나 페이지를 정리한 이후 베이징시로부터 전자 상거래를 촉진하는 정부 사업을 도와 달라는 제안을 받았다. 그 일을 하면서 전자 상거래에 관해 배운 마윈은 전자 상거래 사업을 시작할 기회를 노렸다.

자본금, 사업 계획, 기술력 모두 부족했지만, 마윈은 '알리바바'라는 새로운 벤처 기업을 만들겠다는 비전을 세우고 자신의 작은 아파트에서 17명의 직원과 함께 일했다. 오늘날 알리바바는 중국에서 가장 큰 전자 상거래 플랫폼이며, 마윈은 억만장자가 됐다.

'크게 생각하라'는 뜻은 현재 자신의 한계를 넘어서 가닿고 싶은 영역, 구축하고 싶은 영역으로 생각을 확장하라는 뜻이다. 진짜 세계는 당신의 주변 세계보다 훨씬 더 크다. 크게 생각할수록 더 많은 기회가 열리고 알파를 창조해 다른 사람을 능가할 수 있다.

마윈은 영어를 못했지만 영어를 배울 기회를 포착했다. 컴퓨터를 사용해 본 적이 없었지만 인터넷 사업 기회를 포착했다. 직장 한곳에서 전자 상거래 실무를 약간 접한 수준이었지만 곧바로 전자 상거래 사업을 시작할 기회를 포착했다.

마윈은 어떻게 하면 자신이 가진 능력과 시야를 뛰어넘어 사고하고 탁월한 존재가 될 수 있는지 보여 주는 완벽한 본보기다.

두 번째 원칙
다른 사람들이 놓친 기회를 잡아라

1960년대 중반, 구식 호텔 보수업자이던 돈 피셔는 캘리포니아 새크라멘토에 있는 캐피톨 파크 호텔을 샀다. 그 호텔에 리바이스 청바지 판매업자가 쇼룸을 열어서 돈은 거기에서 청바지와 슬랙스 두 벌을 샀다. 그는 나중에서야 바지가 자신에게 맞지 않는다는 것을 알았다. 그에게는 둘레 34인치, 길이가 31인치인 바지가 필요했는데, 구매한 바지의 길이는 모두 30인치였다.

돈은 판매원에게 바지를 다른 치수로 교환할 수 있는지 물었다. 판매원은 그렇게 하려면 '끔찍한 서류 작업'을 해야 한다며, 샌프란시스코에 있는 백화점에 가서 바지를 교환하라고 부탁했다. 돈의 아내인 도리스가 바지를 대신 교환하려고 메이시스 백화점에 갔다. 지하층 리바이스 진열대에는 엉망으로 쌓여 있는 홀수 치수는 한 벌도 없이 짝수 치수뿐인 청바지가 5벌씩 있었다. 메이시스 백화점에서도 청바지를 교환하지 못한 돈은 엠포리엄 백화점에 갔지만 거기에서도 자신에게 맞는 치수를 찾을 수 없었다. 돈에게 문득 이런 생각이 들었다.

'리바이스에서 나온 모든 청바지를 스타일, 색깔, 치수별로 분류해서 팔면 어떨까?'

그래서 돈과 도리스 피셔 부부는 직접 '갭(Gap)'이라는 가게를 차렸다. 갭에서는 리바이스 청바지를 모든 스타일을 각 치수와 스타일별로 팔았다. 12세부터 25세까지를 주 고객층으로 겨냥해 주로 바지를 팔면서 음악 레코드와 테이프도 곁들여 팔았다.

소매업에 종사해 본 경험이 없던 피셔 부부는 그 일이 좋아서 선택한 것이 아니었다. 다만 시장에서 다른 사람들이 미처 못 본 기회를 발견해 놓치지 않고 그 기회를 활용해 새로운 분야의 소매 사업을 특화한 것이다. 부부가 차린 갭으로 백화점과의 정면 승부에서도 이길 수 있었다.

머리가 비상한 사람도, 널리 인정받는 기업도 기회를 놓친다. 당신은 다른 사람들이 놓친 기회를 포착해서 알파를 만들 수 있다. 알파는 사람들이 우르르 몰려든 곳이 아니라 자기가 주체적으로 행동하는 곳에서 탄생한다.

세 번째 원칙
자신만의 에지를 가져라

로렌스 윈은 1927년에 컬럼비아 로스쿨을 졸업한 뒤, 뉴욕에서 개인 법률 사무소를 차려서 부동산 전문 변호사로 경력을 쌓았다. 그 후 4년 동안 윈은 법조계에 종사하는 것 이외에 어떻게 하면 자신의 전문 법 지식을 활용할 수 있을지 고민했다.

부동산을 매입할 돈이 없었던 윈은 소액 주주 여러 명에게서 투자금을 유치해 필요한 자금을 모으는 아이디어를 떠올렸다. 이런 생각으로 그는 자신의 부동산과 세금법 전문 지식을 활용해 부동산협동조합이라는 새로운 투자 모델을 개발했다. 소규모 투자자들이 큰 부동산을 공동으로 매입할 수 있게 만든 것이다.

1931년, 윈과 공동 투자자 3명은 각자 2천 달러씩 투자해서 할렘에 자리한 작은 아파트를 샀다. 그 첫 번째 투자를 시작으로 50년 동안 윈은 1만

5,000명이 넘는 공동 투자자와 함께 약 100개의 부동산 협동 조합을 구성했다. 그리고 매입 혹은 장기 임대 방식으로 엠파이어 스테이트 빌딩, 더 플라자 호텔 등 뉴욕을 상징하는 여러 부동산을 관리했다.

그의 손을 거친 부동산으로는 이퀴터블 빌딩, 더 피프스 애비뉴 빌딩, 가먼트 캐피톨 빌딩, 그레이바 빌딩, 링컨 빌딩뿐만 아니라 뉴욕의 랜드마크인 거버너 클린턴 호텔, 렉싱턴 호텔, 생모리츠 호텔, 태프트 호텔, 타운 하우스 호텔도 있다.

원의 '에지'는 부동산과 세금법에 관한 전문 지식이었다 그는 지식을 융합해 뉴욕 최고의 부동산 투자자가 됐다.

에지란 우리에게 경쟁력을 더하는 전문 지식이나 기술이다. 누구에게나 에지가 있다. 당신만의 에지를 찾아라. 성과를 끌어올리고 알파를 창조하고 싶다면 당신만의 에지로 다른 사람이 할 수 없거나 미처 생각하지 못한 일을 하라. 당신의 에지 때문에 사람들이 당신을 찾게 하라.

당신의 알파를 만드는 첫걸음, 성취감 높이기

앞서 3가지 사례에서 모두 유명한 인물을 다뤘지만 당신이 어디에서 무슨 일을 하는지는 중요하지 않다. 돈을 얼마나 벌고 얼마나 유명한 곳에서 일하는지도 중요하지 않다. 중요한 것은 당신의 일에서 알파를 창조할 수 있는가다. 그렇다면 어떻게 해야 알파를 창조할 수 있는 직업을 제대로 찾을 수 있을까?

'좋아하는 일을 하면 성공은 따라온다'는 말을 자주 접한다. 일로 성공하는 것이 말처럼 쉽다면 얼마나 좋을까? 당신이 알아야 할 것이 있다. 좋아하는 일이 곧 꿈의 직업은 아니라는 것이다. 자기가 하는 일을 좋아하는 마음은 필요 조건의 일부이지 전부가 아니다. 일에서 알파를 창조하려면 남들을 능가해야 한다. 그리고 다른 사람들을 능가하려면 당신이 꿈꾸는 직업이 3가지 기준을 충족해야 한다.

일을 좋아할 것

일할 생각에 설레는 마음으로 아침에 눈을 떠야 한다. 일하면서 진실된 동기를 받지 못한다면 그 일은 당신에게 맞지 않으며, 결코 다른 사람들을 능가할 수 없다.

일을 잘할 것

일을 정말로 잘해야 한다. 직무 관련 시험을 본다면 아주 좋은 성적을 거둬야 한다. 당신이 일을 정말 잘한다면 사람들은 당신에게 일 좀 해 달라며 돈을 쥐어 줄 것이다. 일을 못한다면 어떻게 남들을 능가하겠는가?

일을 하면서 성취감을 느낄 것

당신의 사적인 욕구, 공적인 욕구를 일을 통해 충족해야 한다. 어떤 욕구든 상관없다. 경제적 욕구, 정서적 욕구, 정신적 욕구, 종교적 욕구 등 당신에게 가장 중요한 욕구를 만족시킬 직업을 선택하라. 무엇이 당신에게 성취감을 주는지는 스스로 찾아야 한다. 사람마다 직업을 다르게 정의한다.

가령 당신에게는 직업이 경제적 수익을 의미할 수 있다. 당신 주변의 누군가에게는 직업이 타인을 돕는 일을 의미할 수도 있다. 또 누군가에게는 일이 정서적, 정신적으로 건강한 상태를 의미할 수도 있다. 사람마다 성취감을 느끼는 면과 방식이 모두 다르다. 그러므로 당신을 만족시키고 충족시키는 직업을 선택하라. 성취감을 느끼지 못하면 일을 잘 해내고 싶은 열정을 잃기 때문에, 남들을 능가할 수 없다.

이 3가지를 더하면 알파를 창조할 수 있다. 즉 꿈의 직업을 찾는 비밀 공식은 다음과 같다.

'좋아하는 일 + 잘하는 일 + 성취감을 느끼는 일 = 꿈의 직업'

알파를 창조하는 이 공식은 행복에 필요한 요소 2가지가 뼈대를 이룬다.

'좋아하는 일을 할 것.'
'일에서 성취감을 느낄 것.'

좋아하는 일을 하라는 말은 설명할 필요가 없다. 일에서 성취감을 느끼라는 말은 무슨 뜻일까? 성취감은 굉장히 주관적이다. 일에서 만족을 얻으려면 자기만의 기준을 세워야 한다. 자기만의 기준을 포함한 직업 성취감 체크리스트를 만들어라. 다음은 직업 성취감 체크리스트다. 이 예시를 보고 자신에게 중요한 기준을 세워라.

● **직업 성취감 체크리스트**

□ 배울 점이 많은 상사   □ 경력 개발 및 발전 가능성
□ 재미있는 동료   □ 도전적인 조직 문화
□ 목표 지향적 조직   □ 알파를 창조할 기회
□ 협동하는 분위기   □ 적성에 맞는 일
□ 탄력적 일정   □ 조언자

자신에게 어떤 성취감이 필요한지 찾는 것은 오로지 당신의 몫이다. 성취감 체크리스트를 미리 만들어 두면 기회가 있을 때마다 각 기준을 하나씩 달성하기도 훨씬 수월하다.

'꿈의 직업 공식'과 '직업 성취감 체크리스트'를 알았으니 이제 완전히 반대의 경우를 살펴보자.

얼마나 많은 사람이 자기의 직업을 끔찍이도 싫어하는지 아는가? 보통 사람들은 평생 7만 시간 이상을 일한다. 그런데 많은 사람이 싫어하는 일을 시작하면 채 15분도 견디지 못하면서 어찌 된 일인지 같은 일을 몇 년씩이나 참고 한다.

자신이 비참해지는 일은 하지 않아도 된다. 수많은 사람이 자기가 싫어하는 형편없는 일을 하면서 '힘내라', '참고 견뎌라' 같은 말에 기댄다. 늘 그렇게 하라고 들었기 때문이다. 일할 의욕이 나지 않고 동료들이 싫고 함께 일하는 상사가 비합리적이고 자신도 사기 싫은 상품을 만들어야 하고 공감되지 않는 회사 미션을 따라야 할 때도 마찬가지다. 그런데 사람들은 이런 걸 매일 견디며 산다.

당신을 비참하게 하는 직업에 안주하고 싶은가? 오늘 하루는 또 어떤 시간을 보낼지 겁내면서 출근하고 완전히 파김치가 돼서 퇴근하는 삶을 계속 이어 가고 싶은가? 그것은 삶이 아니라 종신형이다.

관심도 없고 참담한 기분이 드는 일을 하면서 일주일에 40, 60, 80, 100시간을 보내야 할 만큼 끔찍한 삶을 살 까닭이 무엇인가? 직업이 행복한 인생을 가로막는 고통스러운 존재일 필요는 없다. 우리 모두 먹고살아야 하고 가족을 부양하기 위해서 어느 정도 희생도 해야 하지만 매일 벌 받듯이 일하며 비참하게 살지 않아도 된다.

당신에게는 선택권이 있다. 일어나자마자 일에 달려들 준비가 된 대담한 혁신가가 되고 싶지 않은가? 대담한 혁신가는 일하는 시간에 연연하지 않는다. 일주일에 40시간을 일하든 100시간을 일하든 신경 쓰지 않는다. 그 일을 좋아하고 잘하며 성취감을 느끼기 때문이다. 대담한 혁신가는 일에서 알파를 창조한다.

혹시 비참하게 불평을 늘어놓는 변명쟁이가 되고 싶은가? 일 때문에 기분을 망치고 스트레스를 받고 중압감을 느끼며 살고 싶은가? 어떤 삶을 택하고 싶은가?

신중하게 지원군을 꾸렸다면, 당신의 지원군 중 자기 직업을 좋아하고 알파를 창조하는 사람이 있을 것이다. 없다면 그런 사람을 찾아라. 찾아서 당신의 지원군에 넣어라. 자기 일에서 영감을 받는 사람이 곁에 있으면 좋다.

그런 사람이 없다면 당신은 변명쟁이, 범생이, 한탕주의자로 지원군을 꾸린 셈이다. 어떤 사람은 자기 일을 좋아하는 반면 어째서 당신은 그렇지 못한지 파악하라. 그들의 비결을 배우고 그들의 영감을 통해 당신도 영감을 얻어라.

알파 전략 1
_멍청이 피라미드를
무너뜨려라

알파를 창조하고 싶다면 당신이 승승장구하는 데 버팀이 될 조직 문화가 필요하다. 조직 문화는 중요하다. 대담한 혁신가는 엄격한 기준을 세워서 해로운 조직 문화를 열심히 일하는 조직 문화와 혼동하지 않는다.

회사는 스스로 돌아가지 않는다. 일이 힘들 것을 각오하라. 편안함을 느끼는 수준보다 한 단계 버거울 것을 각오하라. 친구들보다 열심히 일하겠다고 각오하라. 높은 성과를 요구하는 조직 문화와 리더십이 부족한 상사가 변덕을 부리는 조직 문화는 다르다.

그런데 변명쟁이는 두 조직 문화가 같다고 생각한다. 범생이는 두 조직 문화를 모두 받아들이고 둘 다 의심하지 않는다. 한탕주의자는 두 조직 문화 모두 견디지 못한다. 오로지 대담한 혁신가만 두 조직 문화가 다른 것을 알고 도전적인 조직 문화를 가진 회사에 매력을 느낀다.

당신이 해로운 조직 문화에 갇혀 있거나 혹은 경고 신호를 감지하지 못하고 갇힐까 봐 두렵다면 5가지를 기억하라.

- 멍청이 피라미드를 피하라.
- 당신이 상사를 해고할 수 있다.
- 대담한 혁신가로 변장한 변명쟁이를 경계하라.
- 최악의 직장을 최고의 직장으로 바꿀 수 있다.
- 우두머리 개는 최소 5번 짖는다.

이제부터 각 경고가 현실에서 어떻게 나타나는지 살펴보자. 잘못된 조직 문화에서는 개인과 조직의 알파를 창조하는 능력이 실제로 저해된다. 특히 유의할 적신호는 멍청이 피라미드다. 멍청이 피라미드는 세 집단으로 구성된다.

- 고위 간부 (우두머리 개)
- 중간 간부 (2인자 개)
- 나머지 직원 (부하 개)

혼동하면 안 되는 것이 멍청이 피라미드는 능력주의가 아니라 상명하복 문화라는 것이다. 상명하복식 조직 문화일 때 권한은 꼭대기에서 내려온다. 즉 우두머리 개가 조직 분위기를 결정한다.

멍청이 피라미드의 문제는 우두머리 개가 진정한 리더가 아니라 멍청이라는 데 있다. 멍청이인 우두머리 개가 2인자 개에게 멍멍 짖어서 명령을 내리면 2인자 개는 그런 우두머리 개를 본받느라고 똑같이 멍청이가 된다. 이런 의구심이 들 수 있다.

'2인자 개가 악순환을 끊을 수는 없을까?'

물론 그럴 수 있다. 생각도 있고 능력도 있는 리더가 2인자라면 악순환은 끊어질 여지가 있다. 하지만 2인자 개는 그렇게 하지 않는다. 2인자 개는 언젠가 우두머리 개가 되고 싶어 하므로 우두머리 개처럼 행동해야 한다고 생각하기 때문이다. 안타깝게도 우두머리 개는 멍청하다. 그래서 2인자 개도 멍청해진다.

결국 2인자 개도 피라미드 아래에 있는 부하 개에게 멍멍 짖어서 명령을 내린다. 부하 개는 짖을 사람이 아무도 없다. 부하 개는 우두머리 개가 2인자 개에게, 2인자 개가 다시 자기에게 멍멍 짖는 소리를 건디며 일터에서 존중받지 못하고 고립되고 무시당하고 불행하다고 느낀다.

이것이 바로 멍청이 피라미드가 작동하는 원리다. 꼭대기에 있는 사람이 중간 관리자에게 멍청이처럼 굴고 또 중간 관리자가 조직의 나머지 사람들에게 멍청이처럼 군다.

〈하버드 비즈니스 리뷰〉에 따르면, 중간 관리자 중 절반이 리더를 신뢰하지 않는다. 팀원이 자기 리더에 대해 확신이 없으면 팀과 회사를 믿고 도우려는 마음도 줄어든다. 이 때문에 모든 기업은 조직 문화를 자체적으로 엄격하게 평가하고 조직에 멍청이 피라미드가 존재하지 않는지 꼭 점검해야 한다.

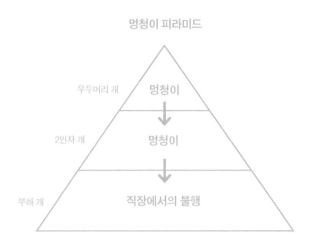

우두머리 개

최고 경영자가 형편없으면 독극물이 쏟아지듯 조직 전반에 그 해악이 만연해진다.

2인자 개

당신의 리더십 스타일을 상사의 경영 스타일에 맞출 필요는 없다. 연구에 따르면 악순환을 끊는 가장 좋은 방법은 중간 관리자가 경영자와 구별되는 자기만의 엄격한 도덕성을 갖추는 것이다. 우두머리 개가 멍청하기 때문에

2인자 개까지 멍청이가 될 필요는 없다. 당신이 조직 분위기를 조성하고 당신의 사람들을 챙기고 부하 개를 존중하라.

부하 개

당신이 속한 조직 체계가 멍청이 피라미드라면 경력 궤도에 다시 생각해 볼 시간이다. 곰곰이 생각하라. 진정 이 조직에서 경력을 쌓고 알파를 창조하고 싶은가?

멍청이 피라미드는 조직의 경제적 측면에도 영향을 끼친다. 멍청이들은 돈을 축내는 것으로 드러났다. 연구에 따르면 일터에 무례함이 퍼지면 일에 들이는 노력, 작업 품질, 성과, 창의성이 줄어들며 이는 수익에 악영향을 미친다. 무례함이 만연할 때 잃게 될 고객, 직원, 생산성을 생각해 보라. 수년 전 무례한 조직 문화의 대가로 시스코사가 입은 손실은 1,200만 달러에 이른다.

당신이 우두머리인가? 당신 조직에 멍청이가 있다면 모조리 제거하라. 영업 이익이 가장 좋다고 해서 면죄부를 주지 마라. 지난 분기에 큰 계약을 성사시켰다고 해서 미련을 품지 마라. 머리가 좋거나 창의적이라고 해서 봐주지 마라.

이렇게 하지 않으면 당신은 팀보다 멍청이들을 더 소중하게 여기는 셈이고 이는 조직 문화를 망쳐 조직 사기를 꺾는 일이다. 멍청이들에게 자리를 내줄 때 멍청이 피라미드는 더욱 크고 견고해진다. 멍청이들을 내보낼 때 멍청이 피라미드가 무너질 것이다.

또한 당신이 누구든지, 얼마나 높이 올라가든지, 잊지 말고 친절을 베풀어라. 친절을 베푸는 데는 재능이 필요 없다. 남을 능가해서 성과를 쌓으려고 하다 보면 '무슨 짓을 해서라도' 일을 해내려는 잘못된 조직 문화로 빠지기가 너무 쉽다. 잘 들어 보라.

멍청이 피라미드 없이도 마감을 모두 맞출 수 있다.

뛰어난 성과가 나오도록 밀어붙일 수 있다.

직원들의 의욕을 고취할 수 있다.

생산성을 끌어올릴 수 있다.

완강해질 수 있다.

엄격한 규율을 세울 수 있다.

하지만 친절하게 하라.

알파 전략 2
_무능한 상사를 해고하라

　　당신은 꿈의 직업 공식으로 꿈꾸던 직장을 찾았다. 꼼꼼히 조사한 결과 멍청이 피라미드도 없는 직장이었다. 다만 신입 사원 면접 기간에 휴가였던 상사를 아직 만나 보지 못한 것이 꺼림칙하다. 부지런한 당신은 새로운 상사를 최대한 조사한 뒤 만반의 준비를 하고 출근했다. 드디어 상사를 만났는데 안타깝게도 수영장이 안내 책자에서 본 것과 좀 달라 보일 때의 느낌이었다고 해 두자.

　　상사가 중요한 까닭은 직장 만족도를 포함해 직장 생활 전반에 가장 직접적인 영향을 미치기 때문이다. 하나 확실한 것은 형편없는 상사가 팀 혹은 회사 전체를 망치고 당신이 알파를 창조하는 데 가장 큰 걸림돌이 된다는 사실이다.

지원군과 마찬가지로 함께 직장 생활을 하는 사람들도 당신의 정신 상태, 에너지 수준, 행복감에 직접적인 영향을 미친다. 또한 당신이 어떻게 부하 직원을 이끌고 관리하는지에도 영향을 미친다.

어느 회사에 들어갈 때, 우리는 그 회사의 브랜드나 상품에 합류하는 것이 아니다. 특정 부서나 팀에 합류한다. 그러므로 같은 회사에서 근무하더라도 개개인이 경험하는 직장 생활이 서로 다르다. 이는 겨우 복도 하나를 사이에 두고 일할 때도 마찬가지다. 이 때문에 어느 팀에서 일하느냐가 중요하고 특히 상사가 가장 중요하다.

그러므로 혹시나 당신에게 선택권이 있다면 상사를 신중하게 골라라. 그러나 대체로 우리에게는 상사를 선택할 권한이 없다. 일단 입사하고 나면 상사가 배정된다. 막 친해진 상사가 다른 지부로 발령 나기도 한다. 최고의 회사에서 높은 연봉과 굉장한 복지 혜택을 누리며 중요한 임무를 맡더라도 도저히 상사를 못 견디겠다면 그게 다 무슨 소용일까?

하지만 우리는 상사를 고용할 수는 없어도 해고할 수는 있다. 냉혹하지만 엄연한 진실을 말해 주겠다. 당신은 형편없는 상사에게 허비할 시간이 없다. 상사를 해고하더라도 당신은 불평가, 포기자, 변명쟁이가 되지 않는다. 그들과 달리 당신은 헝그리 정신으로 무장하고 온몸을 바쳐 성공을 위해 뭐든 할 각오가 돼 있다. 그런데 상사가 앞길을 떡하니 막고 있는 것이다.

가만히 상황이 나아지기를 기다릴 수도 있지만 두 손 놓고 희망만 품는 것은 바람직한 대책이 아니다. 우리의 소중한 인생을 직장 생활을 비참하게 만들고 방해하는 사람 때문에 망칠 수 없다. 당하지 않으려면 직장에서 능동적으로 움직이며 궤도를 수정할 대책을 마련해야 한다. 가능한 한 빨리 조직에서 새로운 상사, 새로운 부서, 새로운 팀, 새로운 직무를 찾아라. 즉 현재 직장에서 새로운 기회를 만들어라.

'그럼 좋겠지만, 이 회사에는 새로운 기회가 없어.'

혹시 이렇게 생각하는가? 그렇다면 현재 직장을 떠날 때라고 생각하라. 부정적인 상황에 계속 머물 수는 없다. 실행을 유예하는 날이 늘어날수록 기회도 사라진다. 미래의 직장에서는 철권통치, 공포 정책을 펴는 무능한 상사를 참아 주지 않을 것이다. 팀은 더 효율적으로 일할 것이다. 능력을 중시해서 수직적 위계질서가 줄어들 것이다. 기업의 미래를 주도하고 창조하는 대담한 혁신가의 사명은 새로운 리더십을 세우는 것이다.

당신이 현재 리더라면 절대로 다음에 소개될 기준에 해당하면 안 된다. 당신이 아직 리더가 아니라면 훗날 리더가 될 것이니, 그때 절대로 부하 직원을 다음과 같이 대하지 마라. 잘못된 리더십은 사기를 꺾고 생산성을 떨어뜨리며 당신을 무너뜨린다.

해고될 상사의 5가지 신호

소리를 질러야 말이 잘 통한다고 생각하는 상사

소리 지르는 상사는 통제가 안 되는 사람이다. 그는 부하 직원도 자기 자신도 통제하지 못한다. 고함은 직원들을 고양하는 전략이 아니라 협박하는 전략이다. 고함을 쳐서 일을 더 잘 처리할 수 있다든지 직원들을 관리할 수 있다고 생각하는 리더가 있다면 그는 단단히 착각하는 것이다.

고함치는 상사는 직원의 믿음이나 신임을 얻을 수 없다. 절대 불가능하다. 잠시 직원들에게 겁줄 수는 있겠지만 결코 그들의 마음을 얻지는 못한다. 고함을 지르는 리더 밑에서 잘되는 팀은 없다. 팀원들이 공동의 목표를 위해서 자율적으로 일할 때야 팀은 승승장구할 수 있다. 반면 리더가 팀원들에게 공동의 목표를 제시해 주지 못할 때 그 팀은 실패한다.

리더가 단호한 태도를 보이거나 직원들에게 책임을 물으면 안 된다는 뜻이 아니다. 사실 이것이야말로 리더가 할 일이고 직원들도 자기 일에 책임을 저야 한다. 다만 소통 능력은 리더십을 평가하는 중요한 요소이므로 리더는 자기만의 소통 전략을 찾아야 한다. 리더가 제대로 소통하지 못하면 팀은 마비되고 조직은 어려움을 겪는다.

부하 직원의 업무를 잘 모르는 상사

대리든, 부사장이든, 최고 경영자든 사업에 관한 모든 일을 알아야 한다. 담당 분야나 상품만 파악하는 게 아니라 사업 전반을 이해해야 한다.

상사가 당신의 업무를 제대로 알고 있는가? 당신의 업무를 대신할 수 있는가? 리더는 팀원의 업무를 직접 해낼 수 있어야 한다. 리더가 모든 일에 전문가일 수는 없다. 그래도 리더라면 문제를 해결하고 주어진 자원을 활용하고 과업을 완수할 수 있는 능력을 갖춰야 한다.

수많은 리더가 냉큼 팀원을 탓하고 엉뚱한 사안에 신경을 쏟는다. 그것은 사업 전반을 제대로 이해하지 못했기 때문이다. 그들이 진짜 중요한 일에 집중하지 않는 까닭은 무슨 일이 중요한지 잘 모르기 때문이다.

쇼만 하고 일은 안 하는 상사

당신의 상사는 자기를 홍보하는가, 사업을 홍보하는가?

당신의 상사는 쇼를 하는가, 일을 하는가?

쇼하는 것과 일하는 것은 확실히 다르다. CEO가 일을 한다면 기업의 성공에 사활을 걸고 열정을 쏟아 조직을 앞으로 나아가게 한다. 그 밖에는 관심이 없다. 반면 CEO가 쇼를 한다면 자기에게만 득이 되는 이미지를 홍보하고 독무대를 넓혀 간다. 언제나 기업, 주주, 직원, 고객이 먼저인데도 쇼하는 CEO는 자신을 제일 우선시한다. 그런 CEO와 상사는 오래가지 못하는데, 팀원이나 고객이 가식을 꿰뚫어 보기 때문이다. 결과적으로 팀원도 고객도 리더에 대한 신뢰를 잃고 회사는 등한시된다.

조직 문화를 이해하지 못하는 상사

조직 문화를 제대로 읽지 못하는 상사는 실패할 수밖에 없다. 조직에서 어느 위치에 있든지 CEO도 중간 관리자도 동료들과 교감해야 한다. 조직 문화를 흡수해서 분위기를 조성하고 기업과 기업 비전을 위해 노력해야 하는 것이다. 그러려면 조직 사람들과 적극적으로 소통하고 어울려야 한다. 단순히 회사 안내 책자를 읽거나 전체 회의에 참여하거나 야유회에 가는 일이상으로 공을 들여야 한다.

　조직 문화에 적응하지 못하는 리더는 조직 전체와 교감하지 못한다. 그럼 그가 이끄는 팀도 조직과 교감하지 못한다. 그 결과 모두가 어려움을 겪게 되는데, 해이한 조직 문화는 조직 전반에 악영향을 미치기 때문이다.

자잘한 일에 신경 쓰느라 큰 그림을 보지 못하는 상사

　당신의 상사가 별것 아닌 일로 속을 태우는가? 그렇다면 그는 큰 그림을 보지 못하는 것이다. 직원들을 못살게 굴고 작은 실수를 들추는 관리자를 본 적이 있을 것이다. 그런 관리자는 시간이 두 배로 걸리는 비효율적인 절차를 고집하기도 한다. 일을 잘하는 리더는 큰 그림을 본다. 중요한 게 뭔지 알고 일을 간소화한다. 직원들의 시간을 아끼고 존중한다.

　리더의 역할은 배의 방향키를 쥐고 항로를 개척하는 것이며 리더의 의무는 세부 사항뿐만 아니라 큰 그림까지 파악하는 것이다. 큰 그림을 파악하면 흩어진 사안들을 유기적으로 연결할 수 있다. 리더가 자기 역할을 충분히 해낼 때 직원들도 최적의 환경에서 기업의 목표를 달성할 수 있다. 그 결과 모든 구성원이 성공한다.

　직장에서 느끼는 행복은 중요하다. 이것이 일상의 행복에도 직업적 성공에도 영향을 미치기 때문이다. 범생이가 되지 마라. 형편없는 상사를 참으면 첫 단추를 잘못 끼우는 셈이다.

　자기 소명이 아닌데도 명예나 높은 연봉이 탐나서 하는 일은 끝이 좋지 않다. 그것은 안주하는 인생이다. 안주한다고 느끼지 않을 수도 있다. 그러나 명예와 연봉을 걷어 내면 진짜 모습이 보일 것이다. 범생이는 소명 의식이 부족해서 자아를 제대로 발현하지 못한다. 사고방식을 바꾸고 용기를 내서 직장에서 더는 안주하지 마라. 새로운 변화가 시작될 것이며 이 변화는 점차 삶의 다른 영역에까지 뻗어 나갈 것이다.

알파 전략 3
_가짜 혁신가를 경계하라

자기가 이만하면 성공적인 인생을 산다고 착각하면서 스스로 대담한 혁신가가 된 줄 아는 사람들이 있다. 상사가 본인 입으로 그렇게 말해서 대담한 혁신가인 줄 알았는데 알고 보니 변장한 변명쟁이일 수도 있다. 이런 상사는 팀원과 팀의 발전을 저해한다. 좋은 아이디어를 무시하고 창의성을 깔아뭉개며 직원의 기업가 정신을 짓밟는다. 그중 최악은 사람들의 사기를 꺾는다는 점이다.

몸담은 조직 문화가 이렇다면 우리는 절대로 마음껏 능력을 펼칠 수 없다. 기존의 방식만 고집하는 조직에서 어떻게 탁월한 역량을 발휘하겠는가? 이런 조직에서 새로운 아이디어는 꽃피지 못한 채 사장되고 낡은 아이디어는 끈질기게 살아남는다. 정체를 가장한 변명쟁이 상사는 자기 주장을 밀어붙이기만 해서 직원들이 신선한 아이디어를 내놓지 못한다. 그저 자기 아이디어를 고분고분 따르라고 한다.

이런 유형의 상사는 특정 학위가 있기 때문에, 일을 오랫동안 했기 때문에, 전에도 똑같은 상황을 경험했기 때문에 자신에게 합당한 자격이 있다고 생각한다. 자기만 이 일을 해낼 수 있고 다른 사람들은 자격이 부족한 풋내기라고 내심 생각한다. 팀을 책임진다고 하면서 귀를 막는다. 군대를 통솔한다고 하면서 지도를 보지 않는다. 꽉 막힌 길을 보고 경적을 울리면서 자기가 교통 체증의 주범이라는 사실을 모른다.

인간관계에서 투명성과 진실성이 제고되면 더 많은 정보를 수집할 수 있다. 더 많은 정보로 무장하면 우리는 특정 인물과 일하고 싶은지 그렇지 않은지 판단할 수 있다. 당신이 이런 환경을 좋아할 수도 있고 딱 질색할 수도 있는 것이다. 정보는 위험과 보상을 정확히 예측하는 데 꼭 필요한 도구다. 그럼 커리어뿐만 아니라 삶의 다른 영역에서도 현명한 판단을 내리는 데 도움이 될 것이다.

대담한 혁신가로 변장한 변명쟁이를 어떻게 알아볼 수 있을까? 이런 말을 들어 본 적 있다면 경고등을 켜라. 상사가 하는 말이 속내와 다를 수도 있다는 뜻이기 때문이다. 그들이 하는 말과 진짜 속내를 들여다보자.

'저만 믿으십시오.'

→ 당신의 생각은 별로 중요하지 않아요. 전문가인 제가 지금부터 알아서

하겠습니다.

'이 방법밖에 없습니다.'
→ 당신의 제안은 듣고 싶지 않습니다. 한 가지 방법밖에 없거든요. 바로 제 방법이죠.

'저는 30년간 이 일을 했습니다.'
→ 제가 경험이 더 많습니다. 즉 제가 더 많이 압니다.

'제가 이미 검토했습니다.'
→ 당신보다 아는 게 많은 제가 이미 검토한 사안이므로 당신이 고심했더라도 그 대책은 불 보듯 뻔히 실패할 테고 저의 대안이 성공할 겁니다.

'방법이 없습니다.'
→ 제가 아직 대책을 찾지 못했는데 당신이 대책을 찾을 리가 없습니다.

'그렇게 쉬웠다면 이미 시도했겠죠.'
→ 그렇게 기초적인 제안을 해 주셔서 감사합니다. 그런데 진짜 실전은 어떤지 제가 가르쳐 드릴게요. 당신이 제안한 단순한 대책으로 문제를 해결할 수 있었다면 저처럼 똑똑하고 노련한 사람들이 수년 전에 시도했겠죠.

'이론상으로는 좋은데….'

→ 당신은 모르지만 제가 아는 바로는 상황이 더 복잡합니다. 보아하니 당신은 진짜 세상이 어떻게 돌아가는지 이해를 못 하네요.

처지를 바꿔서 다시 생각해 보자. 혹시 당신이 부하 직원에게 이런 식으로 말하는가? 누군가가 당신의 아이디어에 도전하면 화가 나는가? 아니면 새로운 해결책이 될 수 있다고 생각해서 기쁜가?

이런 사고방식은 중간 관리자 증후군이다. 관리자나 상사가 자신의 권위를 방어하려고 하는 태도다. 대안적 아이디어가 더 좋은 아이디어로 이어진다고 생각해야 하는데 이를 자신의 권위, 연공서열, 자격에 대한 도전이라고 생각한다.

이렇게 생각해 보라. 대안적 관점을 무시하면 어떻게 발전할 수 있을까? 새로운 발견도, 새로운 도전도, 새로운 혁신도 없을 것이다. 대담한 혁신가가 외면당하고 변명쟁이가 지배하는 세상이 될 것이다.

당신이 좋은 영향을 받고 좋은 영향도 주는 조직과 사람들을 찾아라. 그럼 위험과 보상 비율이 보상 쪽으로 점점 기울어 가는 것을 발견할 것이다.

알파 전략 4
_형편없는 회사에도 희망은 있다

나는 당신이 직장에서 행복했으면 좋겠다. 그런데 그 전에 당신이 정말로 형편없는 직장에 다녀 봤으면 좋겠다. 물론 남에게 평범하게 할 수 있는 덕담은 아니다. 하지만 당신이 알파를 창조하는 데도 불리한 직장이 당신의 인생을 바꿀 수 있다.

형편없는 직장에 다니면 사기가 꺾이고 창의성이 증발하고 스트레스가 배가 된다. 형편없는 직장은 알아보기가 쉽다. 앞서 우리는 직업 성취감 체크리스트를 만들었다. 이번에는 직업 유해성 체크리스트를 만들어 보자. 다음 체크리스트에 나열된 기준은 형편없는 직장의 특징이다. 이 요소들은 조용하게 직장 생활의 행복을 갉아먹는다.

여기에 당신의 기준을 더하라.

● 직업 유해성 체크리스트

□ 형편없는 상사   □ 기업 미션 부재
□ 부정적인 조직 문화   □ 팀워크 부재
□ 적당주의   □ 리더십 부재
□ 심한 관료주의   □ 제한된 승진 기회
□ 경력 개발 기회 부재   □ 창의력을 억누르는 분위기

직업 성취도 체크리스트와 마찬가지로 유해성 체크리스트도 사람마다 다르고 주관적이다. 원한다면 성취감 및 유해성 체크리스트의 각 항목에 점수를 매겨서 위험과 보상 비율을 따져 볼 수 있다. 당신의 현재 직장이 성취감 체크리스트에서는 낙제점을 받고 유해성 체크리스트에서는 빛나는 점수를 받더라도 이 끔찍한 결과는 저주를 가장한 축복일 수 있다.

최악의 직장을 떠올려 보라. 장담하건대 당신은 그 직장의 문제점을 술술 읊을 수 있다. 또 당신의 상사가 마땅히 해야 했는데 하지 않은 일을 5가지 이상 지적할 수 있을 것이다. 회사가 놓친 수입원, 비효율적인 절차, 구태의연한 사고방식도 낱낱이 말할 수 있을 것이다.

당신이 사장이라면 어떻게 사업을 운영했는지, 어떻게 직원들을 대했는지, 어떻게 다양한 수당으로 직원들의 사기와 생산성을 끌어올렸는지 생각해 봤을 것이다. 걱정하지 마라. 이런 생각을 한다고 변명쟁이가 되는 것은 아니다. 그 반대. 최악의 직장이 당신에게 혜안을 심어 준 것이다. 형편없는 직장에 다니면 잘못된 점이 모조리 보인다.

최악의 직장을 다닌 경험을 통해 당신이 진정 어떤 직업을 원하는지 찾아

내라. 당신은 대기업과 잘 맞지 않고 작은 기업에서 승승장구할 수 있다. 현재 직장은 일 처리가 느린데 당신은 일이 속도감 있게 진행되는 업무 환경을 선호할 수도 있다. 일과 생활의 균형이 망가져서 사생활을 존중해 주는 회사를 찾아야 할 수도 있다. 다른 사람 밑에서 일하기 싫다는 사실을 깨닫고 사업을 시작할 수도 있다.

과거 혹은 현재에 얼마나 형편없는 직장에 다녔든, 그 경험을 교훈 삼아 최고의 직장을 찾아라. 또한 그 경험을 기준 삼아 다음 직무에서 무엇을 원하고 무엇을 원치 않는지 정하라. 애초에 그 직장을 선택한 이유가 무엇인지, 면접 때 놓친 게 있었는지 곰곰이 생각하라. 최악의 직업을 다음 단계로 도약하는 발판으로 삼아라. 마지막으로 당신이 힘든 상황에서 빠져나왔고 그래서 더 강해졌다는 자신감을 가져라.

1974년 8월 9일, 리처드 닉슨이 대통령직을 사임하던 날 백악관에서 그는 직원, 동료, 가족, 친구들에게 작별 연설을 하며 실패, 어둠, 삶의 바닥에서 얻을 수 있는 교훈을 이야기했다.

"일이 원하는 방향으로 풀리지 않을 때, 변호사 시험에 한 번에 통과하지 못했을 때… 사실 저도 그럴 뻔했는데 운이 좋았습니다. 제 글쓰기가 완전히 엉망이었는데 감독관이 "이 사람 그냥 통과시켜줘야 해"라고 했거든요. 우리에게 소중한 사람이 죽었을 때, 선거에서 졌을 때, 모든 것이 결판난 패배로 힘든 시간을 보낼 때 우리는 생각합니다. 시어도어 루스벨트가 말한 것처럼, 삶에서 빛이 영영 사라졌다고요.

하지만 아닙니다. 이제부터 시작입니다. 나이가 적은 사람도, 나이가 많은 사람도 반드시 알아야 합니다. 반드시 견뎌야 합니다. 왜냐하면 위대함은 상황이 잘 풀릴 때 오는 게 아니기 때문입니다. 위대함이 오면 우리는 혹독하게 시험당합니다. 시련을 겪고 실망하고 슬픔에 빠집니다. 왜냐하면 깊숙한 골짜기에 떨어졌을 때에야 정상에 서는 일이 얼마나 아름다운지 알 수 있기 때문입니다."

리처드 닉슨이 말한 것처럼 혹독히 시험당하고 실망하고 시련을 겪을 때 우리는 위대해진다. 사실 이렇게 말해도 끔찍한 직장은 여전히 끔찍하다. 자신의 가치, 역량, 판단력, 업무 수행력을 스스로 의심하게 만들기 때문이다. 하지만 어려운 상황을 돌파한다면 오히려 전화위복이 되기도 한다.

힘든 경험을 통해 자신을 성찰하고 더 깊이 이해한다면 당신의 생각보다 깊숙한 골짜기에서 근처 산봉우리까지 가는 길은 그리 멀지 않을 것이다.

알파 전략 5
_리더의
필수 자질

혹시 당신이 리더인가? 우두머리 개로서 알파를 창조하려면 조직 전체에 긍정적인 문화를 조성하고 부하 직원들이 능력을 펼칠 기반을 마련해 줘야 한다. 당신이 먼저 나서라. 좋은 관리자가 되는 일부터 시작하라. 뚜렷한 비전을 제시하고 목표를 세우고 직원들에게 권한을 위임하고 솔직하게 피드백하라.

완벽하고 포괄적이지는 않지만 리더라면 최소한 갖춰야 하는 필수 자질이 있다.

충성심

조직 그리고 조직의 가치와 미션에 충실하라. 팀원에게 충실하라. 당신의 사람을 보호하라. 그들의 목소리가 되고 그들의 챔피언이 돼라.

합당한 이유가 있어서 현재 직원들을 고용했으니 격려와 지원으로 북돋
워라. 직원들이 과업을 해내고 회사의 목표를 이룰 수 있게 하라.

근면함

당신부터 근면 성실해야 한다. 부지런하고 규칙적으로 하루를 살라.

당신도 현장에 가야 한다. 집무실이 조망은 좋겠지만 진짜 일은 현장에서
한다. 당신은 큰 그림과 세부 사항을 모두 파악해야 한다. 직원이 높은 성과
를 내도록 장려하고 직접 모범을 보여라. 변화를 주도하고 목표를 더 높게
설정하라. 기억하라, 당신은 리더다. 솔선수범해 팀을 목표로 이끌어라.

존중

존중은 직업적 조건이 아니라 인간적 조건이다. 조직 내 모든 사람을 지
위나 직함과 관계없이 존중과 예절로 동등하고 공평하게 대하라.

도덕성

최대한 엄격한 도덕 기준을 세워라. 솔직하고 열린 대화를 장려하라. 당
연히 누군가가 당신에게 도전하리라고 생각하라.

도전받는 덕분에 당신은 발전하고 자만에 빠지지 않을 수 있다. 이는 팀
전체에도 이득이다. 최종 결정은 당신이 내려도 모든 사람의 의견을 소중
히 여겨라.

감성 지능

공감하라. 팀원들과 교감하라. 계속 소통하라. 언제나 문을 열어 둬라. 다가가기 쉽고 합리적인 사람이 돼라. 인간적인 면모를 보여 줘라.

다가가기 힘든 사람이 되면 놓치는 게 많아진다. 팀원들이 뭔가 숨기려 하기 때문이다. 그럼 당신이 나서야 할 때 당황하게 될 것이다.

당신이 겪은 리더, 상사, 동료를 이 5가지 자질에 비춰 보라. 그들은 잘하고 있는가? 기억하라. 자신감 없는 리더가 멍청이 피라미드를 장악한다. 직함을 내세워 직원을 이끌고 공포심으로 다스린다. 받을 것만 기대하면서 먼저 주지는 않는다. 일을 시키면서 자기는 일하지 않는다. 바라기는 하면서 감사하지는 않는다.

이보다 훌륭한 리더십은 상호 호혜적인 리더십이다.

먼저 줘라. 그리고 받아라.
존경심을 요구하지 말고 얻어라.
충성심을 기대하지 말고 심어 줘라.
가능성을 보여 주고 행동을 끌어내라.
사람들을 이해하고 융통성을 보여 줘라.
질문을 장려해서 호기심을 유도하라.
관리자들을 교육해서 경력을 개발하게 하라.

리더와 직원이 공생하는 관계가 조직에 정착되면 직원들에게서 뛰어난 성과, 존경심, 충성심을 끌어낼 수 있다.

직장에서 행복을 찾는 비결

　　직장에서 마음의 평화와 행복을 느끼면 우리 삶은 극적으로 변한다. 평일에는 많은 사람이 집보다 직장에서 더 많은 시간을 보낸다. 직장에서 보내는 시간이 사랑하는 사람과 보내는 시간보다 많다.

　그런데도 어떤 사람들은 자신에게 백해무익하고 정치적이며 보람 없는 직장에서 계속 일한다. 상사를 싫어하고 동료들을 견디지 못하겠는데도 수년 동안 이직하지 않고 참는다. 월급 받는 게 좋고 남들이 알아주는 직장이며 통근이 편리하기 때문이다.

　이들은 월급과 직함을 위해서 마음의 평화와 행복을 기꺼이 포기하는 사람들이다. 퇴근하면 업무 스트레스에서 완전히 벗어날 수 있는 사람이 얼마나 될까? 집에 온 다음에 일을 진짜로 차단할 수 있는 사람이 얼마나 될까? 절대 쉽지 않다.

　바람직하지 못한 근무 환경에서 일하면 우리는 집에 일을 싸들고 와야 한다. 밤이나 주말에도 이메일에 답장하고 전화 회의를 해야 한다. 그런 직장에 다니지 않더라도 우리가 직장에서 집까지 짊어지고 온 스트레스가 가정 생활을 야금야금 잠식할 때가 있다. 직장에서 그 오랜 시간을 보내고 사랑하는 사람이 있는 집에 돌아와 겨우 얼마간의 시간을 함께 보낼 수 있는데도 집에 일을 들고 오면서 상사를 욕하고 동료 때문에 속을 태우고 승진을 걱정한다.

　삶을 진정으로 바꾸고 싶다면 당신의 행복을 최우선시하라. 돈, 직함, 통근이 아니라 자신이 최우선이다. 이제 당신에게는 꿈의 직업 공식, 직업 성취감 체크리스트, 직업 유해성 체크리스트가 있다. 여기에서 얻은 결과를 활용해 당신에게 가장 잘 맞는 직장을 선택하고 알파를 창조하라.

　다음은 우리가 좋은 직장과 좋은 직무 사이에서 직면할 법한 5가지 갈등 상황과 상황별 대처법이다.

모든 경우의 수 살펴보기: 직업 평가

선택	알맞은 직장인가?	알맞은 직무인가?	가능한 행동
1	그렇다	그렇다	이 일을 하라.
2	그렇다	그렇긴 한데, 조금 걸리는 부분이 있다	일정 부분 조정해서 당신에게 맞는 직무로 만들 수 있는지 확인하라.
3	그렇다	아니다	상사가 형편없다면, 같은 회사 내에서 새로운 직무를 찾아보라. 그것이 불가능하다면, 이직을 고려하라.

| 4 | 아니다 | 그렇다 | 똑같거나 비슷한 직무를
다른 회사에서 찾아보라. |
| 5 | 아니다 | 아니다 | 새로운 직업을 찾거나,
사업을 시작할지 판단하라. |

개인 상황에 따라 고려할 사항과 세부 차이를 참작해 다른 경우의 수를 더 생각해 볼 수 있다. 표를 작성하면서 당신의 경력 및 커리어에 대해 체계적으로 생각해 보라. 더 많은 상황과 상황별 대처법을 추가해 표를 확장하라. 이 표도 주관적이므로 자신에게 가장 중요한 게 무엇인지, 또 각 요소는 얼마만큼 중요한지 스스로 판단하라. 성취도와 유해성 체크리스트를 참고하면 되겠다.

현재 직장에 머물든, 새로운 직장을 찾든, 사업을 시작하든, 당신에게 꼭 맞는 선택을 내리려면 다음 3가지 질문에 답하라.

- 이 직장에서 알파를 창조할 수 있는가?
- 이 직장에서 성공하고 활약할 가능성이 있는가?
- 이 직장과 직무가 내 적성에 맞는가?

이 질문에 답하면 자신이 무엇을 원하는지 명료해진다. 직업도 현명하게 선택할 수 있다. 당신은 직장에서 행복할 수 있다. 가정생활과 직장 생활 둘 중 하나만 충족할 수 있는 양자택일이 아니다. 그렇게 살지 않아도 된다.

행복을 느끼는 직업을 찾으면 자연히 인생은 행복을 향해 나아간다. 그러므로 자기가 하는 일을 사랑해야 한다. 매일 아침 일할 생각에 설레는 마음으로 일어나야 한다. 지금 그렇게 살고 있지 않다면 생활을 재구성하고 재조직해서 아침에 당신을 침대에서 끄집어내 주는 일, 의욕과 영감을 심어 주는 일을 찾아라. 찾지 못하면 영원히 계속되는 짜증, 분노, 비참함에 갇히게 될 것이다.

우리를 비참하게 만드는 일에는 한 푼의 값어치도 없다. 끔찍한 근무 환경을 견딜 만큼 명예롭고 자랑스러운 직함도 없다. 고압적인 상사에게 긍정 에너지를 허비할 가치가 없다. 직장에서 행복하면 명확하게 사고하는 능력이 향상된다. 반면 직장에서 끊임없이 압박감을 받으며 허우적대면 창의적으로 생각하는 능력이 저하된다. 행복한 직장 생활이 가져다주는 자신감과 만족감 덕분에 우리는 결국 더 많은 것을 누리게 된다.

'변변한 일자리가 없다.'
'지원하는 데 시간이 너무 많이 든다.'
'나이가 많고 경력이 부족해서 이직이 힘들다.'

변명쟁이는 다니던 직장을 그만두고 새로운 곳에 취직하는 일이 그리 쉽지 않다고 이렇게 투덜댈 것이다. 물론 직장을 그만두고 새로운 회사에 취직하는 일은 쉽지 않다. 가족도 부양해야 한다. 그럼 어떻게 해야 할까?

대담한 혁신가는 자기가 속한 환경을 바꾼다. 사장, CEO, 심지어 중간 관리자도 아니고 조직 내 계급이 낮더라도 여전히 영향력을 발휘할 수 있다. 사장, CEO, 중간 관리자가 가만히 있어도 당신이 나서서 회사 사람들에게 좋은 영향을 미치고 일하고 싶은 조직 문화를 조성할 수 있다.

곰곰이 생각해야 할 질문이 하나 더 있다.

'내가 하는 일이 의미 있는가?'

저녁에 집에 가서 생각하면 지금 하는 일이 자랑스러운가? 의미 있는 삶을 사는 것은 선택 사항이 아니다. 필수 조건이다. 일에서 의미를 찾으면 일을 훌륭하게 해내는 데 도움이 된다. 그런데 유의할 점이 있다. 의미를 찾는 것만으로는 충분하지 않고 그 의미대로 살아야 한다.

〈하버드 비즈니스 리뷰〉에 실린 모니크 밸쿠어의 글에 따르면, 우리는 자신의 가치관과 목표를 일에 접목해서 의미를 창조할 수 있다. 일의 의미를 창조하는 방법이 또 있다. 이 질문에 대한 당신의 진정한 답을 찾아보는 것이다.

'세상에 영향을 미치고 다른 사람들의 삶을 개선하기 위해서 나는 오늘 무슨 일을 하는가?'

의미 있는 일을 하느냐는 이 질문에 대답하기 위해서 경찰, 소방관, 응급 구조원, 군인, 선생님, 비영리 단체장, 외과 의사, 간호사, 공무원처럼 매일 중요하고 이타적인 임무를 수행하는 영웅이 돼야 하는 것은 아니다.

이 질문의 역할은 당신을 흔들어서 자신을 돌아보게 하는 것이다. 자신을 돌아보라. 그리고 세상에 영향을 미치는 일을 찾아라. 어떤 방식으로든 다른 사람의 삶을 변화시키는 일을 찾아라. 대담한 혁신가가 찾으려 하는 직업, 세우려는 회사, 개발하려는 경력은 바로 이런 것이다. 대담한 혁신가가 혁신적인 까닭은 무슨 일을 하든지 그 일을 통해 긍정적인 변화를 일으키기 때문이다.

　무슨 일을 하든 우리는 세상에 영향을 미친다. 고객 서비스 분야에서 일한다면 고객과 진심으로 소통하고 상대방에게 감명을 줄 수 있다. 금융 서비스 분야에서 일한다면 기술을 활용해 금융 거래를 간소화하고 복잡한 절차를 없애서 시간을 절약할 수 있다. 의료 분야에서 일한다면 획기적인 치료법을 개발해 환자들의 삶을 개선할 수 있다. 식당이나 마트에서 일한다면 웃는 얼굴로 고객을 응대할 수 있다.

　당신이 몸담은 기업은 세상을 바꾸겠다는 사명을 지닌 신기술 벤처 기업이 아닐 수도 있다. 사실 대부분 기업이 그렇다. 기술을 개발하거나 세상을 바꾸려고 하지 않는다. 혹은 스스로 혁신적이고 서비스 지향적이라고 생각하지만 실제로 그렇지 못한 경우도 있다. 기업 미션이 아예 없는 기업도 있다. 이런 기업들에서 일한다면 당신은 어떻게 해야 할까? 당신이 회사에서 어느 위치에 있든지, 어느 부서, 어느 생산 공장, 어느 지사에서 일하든지, 반드시 회사에서 영향력을 미쳐라.

　'어떻게 아무도 생각하지 못한 기발한 방법으로 고객의 삶을 개선할까?'
　'어떻게 고객의 마음을 사로잡을까?'
　'어떻게 고객의 삶을 더 수월하고 쉽고 빠르고 편하게 만들까?'

창의적, 혁신적, 독창적, 독립적으로 해답을 찾는 일은 당신의 몫이다. 사명감이 없는 기업에서 근무하더라도 당신은 사명감을 갖고 일하라. 당신이 독립적이고 의식적으로 경력을 관리하기 시작하면 어느 순간 두 갈래 길을 마주하게 될 것이다.

한쪽 길은 꿈의 직장으로 통한다. 하지만 다른 사람 밑에서 일해야 한다.

다른 길은 많은 사람이 원하지만 제대로 해내는 사람은 거의 없는 직업으로 통한다. 바로 사업가의 길이다.

사업가는 최고의 자유와 잠재력을 누릴 수 있는 직업이다. 하지만 뉴스를 잔뜩 채운 성공담에도 불구하고 근사하고 영예로운 일만 가득한 것은 아니다. 나는 당신이 그 이면을 이해하길 바란다.

모든 사람이
원하지만 제대로
모르는 직업

언젠가부터 수많은 사람이 사업가가 되고 싶어 한다. 자기 회사를 경영하고 상사가 없고 독립적이고 스스로 일정을 짜고 9시부터 6시까지 정해진 시간에 근무하지 않는 그 탐나는 점 때문이다. 그런데 정말로 사업가가 되고 싶은가? 당신은 한 가지 일에서 거듭 실패한 경험을 얼마나 해 봤는가?

복권 당첨에 실패하는 그런 경험을 말하는 게 아니다. 무척 열심히 준비하고 열정을 쏟아부었는데 얼마나 노력하고 애썼든 거절당하고 또 거절당하는, 그런 경험에 관해 이야기하는 것이다. 사업가가 된다는 것은 계속해서 거절당하는 일을 하는 것이다.

사업가가 되는 방법은 책에 써 있지 않다. 마지막에 모든 퍼즐 조각이 완벽하게 들어맞는 2시간짜리 영화에 담겨 있지도 않다. 돈을 빨리 버는 방법을 다룬 공략집도 없다. 사실 현실에서 벤처 사업을 성공하려면 보이지 않는 곳에서 많은 피, 땀, 눈물을 흘려야 하는데 이 사실은 잘 언급되지 않는다. 우리는 전용기를 타고 잡지 표지에서 포즈를 취하는 억만장자 같은 성공한 사업가의 최종 결과물만 본다. 혹독히 고생한 초창기 모습과 그들이 걸어온 여정은 보지 않는다.

인터넷 어딘가에 억만장자가 된 사업가의 초창기 모습을 포착한 사진 한 장쯤은 떠돌아다닐 것이다. 하지만 제프 벤조스가 시애틀에 있는 자기 차고에서 문짝을 책상 삼아 앉아 난로 하나를 놓고 일하면서 전자 상거래 시장을 뒤흔들 미래의 거대 기업을 세우려고 고군분투할 때의 기분이 어땠을지는 절대로 알 수 없다.

사업은 위대함으로 향하는 고독한 길이다. 사람들은 자기가 거절당하는 일을 극복할 수 있다고 생각한다. 가고 싶은 대학교에 떨어진 경험이 있거나 6개월 동안 취업 준비를 한 경험이 있으면 자신에게 사업가가 되는 데 충분한 불굴의 정신이 있다고 생각한다.

하지만 사업이란 끊임없이 거절당하는 일이다. 자신의 열정이자, 필생의 과업이자, 자랑인 일이 거듭해서 미흡하다는 이야기를 듣는다. 그런 것을 원한 게 아니고 그런 것을 찾은 게 아니라는 소리를 듣는다.

사업 자본금을 모으려고 고군분투한 젊은 사업가 브라이언의 이야기가 있다. 브라이언과 동업자들은 실리콘 밸리 투자자 7명을 소개받았다. 브라이언은 그들에게 15만 달러를 투자하는 대가로 150만 달러 가치에 상응하는 자기 회사의 지분 10퍼센트를 주겠다고 제안했다. 투자자 2명은 아예 브라이언의 이메일에 답장하지 않았다. 나머지 5명은 제안을 거절하면서 많은 이유를 댔다.

"주력 투자 분야가 아닙니다."
"잠재적 시장 기회가 크지 않은 것 같습니다."
"다른 프로젝트에 신경 쓰고 있습니다."

이렇게 거듭된 거절에도 불구하고, 브라이언과 동업자들은 결국 자본을 유치해서 훌륭한 기업을 세웠다. 오늘날 브라이언 체스키와 공동 창업가인 조 게비아, 네이선 블레차르지크는 억만장자가 됐다. 이들이 세운 기업의 이름은 에어비앤비다.

이 이야기는 똑똑한 줄 알았던 사람들이 꼭 똑똑하지는 않더라는 사실, 그리고 인생의 가능성을 다시 한번 일깨워 준다. 사업가에게 7번 거절당한 일은 빙산의 일각이다. 투자를 유치하고 기업을 키운 사업가를 아무나 데리고 이야기해 보면 수백 번 거절당한 이야기를 쉽게 들을 수 있다. 위대한 사업가들도 거절당했다. 거대 기업들도 초창기에는 고전을 면치 못했다. 기발한 사업 아이디어도 무시당했다.

거절당할 때의 기분이 어떤지 아는가? 주변에서 모두 포기하라고 말해도, 얻어맞고 또 얻어맞아도, 계속 전진할 각오가 있는가? 사업가가 된다는 것은 바로 그런 것이다. 당신에게 있는 비전이 다른 사람에게는 없다. 당신은 다른 사람들과 단절된다. 하지만 당신은 자신이 맞고 다른 사람들이 틀렸다는 사실을 안다. 당신에게 똑똑히 보이는 비전이 다른 사람에게는 보이지 않는다.

직업 선택의 결정권은 당신에게 있다

현재 당신이 하는 일이 꿈에 그리던 직업이 아니라면 지금 당장 원하는 직업을 찾아라. 그것이 어렵다면 현재 당신의 가치에 합당한 연봉을 받아라. 당신은 다른 사람을 위해 일할지, 자신을 위해 일할지 충분히 결정할 권리가 있다.

물론 사업이 모두를 위한 정답은 아니다. 이유는 다양하다. 사업을 하기에 경제적인 여건이 안 되거나 번뜩이는 아이디어가 없거나 엄청난 시간을 일에 바치는 게 싫을 수 있다. 하지만 당신이 어떤 길을 선택하든 자기 직업의 주인이 돼라. 책임감 있게 행동하고 자신이 결정권을 쥐고 있다는 사실을 명심하라.

모든 사업가에게는 자신이 남의 밑에서 일할 수 없다는 사실을 깨달은 삶의 결정적 순간이 있다. 〈샤크 탱크〉라는 리얼리티 쇼에서 '미스터 원디풀'이라는 별명으로 출연했던 케빈 오리어리는 사업가가 되기로 한 순간을 정확하게 기억한다.

10대 시절에 오리어리가 처음으로 한 아르바이트는 캐나다 오타와에 있는 아이스크림 가게에서 손님에게 아이스크림을 퍼 주는 일이었다. 거기에서 오리어리는 앞으로의 인생을 결정지을 정도로 잊지 못할 교훈을 얻었다. 아르바이트를 한 둘째 날 일이 끝나갈 때 즈음 가게 사장이 오리어리에게 바닥에 무릎을 대고 앉아서 껌을 떼라고 시켰다. 오리어리가 싫다고 하자 사장은 그를 해고한 것이다.

"그 자리에서 해고를 당하고 몇 분 뒤에 저는 자전거를 타고 집에 가면서 다른 사람이 제 인생을 그렇게나 조종할 수 있다는 사실에 엄청난 충격과 수치심을 느꼈죠."

캐나다 텔레비전 쇼인 〈드래곤즈 덴〉에서 오리어리는 이렇게 말했다.

"그 이후로 결코 다른 사람 밑에서 일하지 않았습니다. 절대로요. 지금까지 저에게 이래라저래라 하는 사람은 아무도 없었습니다. 앞으로도 없을 겁니다."

수년 뒤에, 오리어리는 어머니에게 빌린 1만 달러로 자기 집 지하실에서 마이클 페릭과 함께 소프트 키 인터내셔널이라는 소프트웨어 사업을 시작했다. 오리어리는 초창기에 인수 작업을 적극적으로 해서 소프트 키를 키웠다. 나중에 소프트 키는 교육 소프트웨어를 통합적으로 제공하는 러닝 컴퍼니가 됐다. 1999년에는 마텔이 러닝 컴퍼니를 36억 달러에 매입했다.

사업가가 되겠다고 생각하기는 쉽다. 하지만 정말로 사업가가 된다는 것은 무슨 의미일까?

당신만이 할 수 있는 일이 무엇인가?

당신만의 차별화된 전략은 무엇인가?

당신만이 지닌 경쟁력이 무엇인가?

사업가로서 소화해야 할 일정은 지금 소화하는 일정보다 빠듯할 것이다. 사업가가 되면 현재 직장에서보다 더 오래 일해야 할 것이다. 장담하건대 지금보다 5배는 고되게 일해야 할 것이다. 사업가가 되면 당신이 사장이고 직원이며 관리자고 이사회고 비서고 청소부다. 모든 일이 당신에게 달렸기 때문에 당신이 모든 역할을 해내야 한다. 토대를 잘 닦아야 사업가로 성공할 수 있다.

수많은 사람이 사업가가 되고 싶다고 말한다. 그 이유를 짐작하겠는가? 사람들은 사업이 부자가 되는 일이라고 생각한다. 물론 사업은 막대한 부로 통하는 길일 수 있지만 돈이 사업의 원동력이면 안 된다. 사업의 최대 장점은 돈과 관계가 없다. 사업은 아이디어의 진검승부다. 가장 훌륭하게 실현될 아이디어가 이기는 것이다. 우리는 우리보다 강하고 똑똑하고 나이가 많고 부유한 사람과 겨뤄 이길 수 있다. 관건은 오로지 아이디어와 실행력이다.

사업할 때 누가 당신의 출신을 궁금해할 것 같은가?

당신이 특정 학교에 다녔다는 이유로 남들보다 더 많이 물건을 팔 수 있을 것 같은가?

월 스트리트에 연이 닿아 있다는 이유로 당신의 기업 가치가 올라갈 것 같은가?

그런 건 아무도 관심 없고 하나도 중요하지 않다. 사업은 완전히 계급장을 떼고 겨뤄 보는 일이다. 스위치 누르듯 쉽게 계급, 연공서열, 직함을 쭈그러트린다. 또한 사업은 스스로 갈 길을 정하는 탄력적인 일이며 맨주먹으로 무언가를 짓고 창조하는 일이다. 사업은 자기가 원하는 기업을 세우고 무리에서 벗어나 자기만의 모험을 시작하는 자유다.

사업가와 한탕주의자의 차이에 유의하라. 사람들은 선뜻 자신을 사업가 혹은 연쇄 창업가라고 소개한다. 연쇄 창업가라는 직함이 무척 인상적인데, 창업을 여러 번 했다는 의미로 '연쇄'를 붙였다. 즉 경험이 많고 성공한 베테랑 사업가라는 뜻이다. 많은 사람이 링크드인의 자기소개란에 자랑스럽게 연쇄 창업가라는 직함을 내건다. 듣기에도 좋고 보기에도 좋고 감명까지 준다.

문제는 연쇄 창업가 중 많은 수가 진정한 사업가가 아니라는 데 있다. 그들은 한탕주의자다. 당신은 진정한 창업가인가, 한탕주의자인가? 연쇄 창업가가 실재하지 않는다는 뜻이 아니다. 언제나 새로운 도전을 하는 대담한 혁신가는 많지 않지만 진짜 연쇄 창업가는 링크드인에 존재하는 것보다 그 수가 적다는 것이다. 단지 회사를 여러 개 창업했다고 모두가 연쇄 창업가는 아니다. 연쇄 창업가는 여러 회사를 창업하고 키우고 성공적으로 유지한 사람이다. 그들은 창업만 하는 게 아니라 사업을 운영한다.

당신이 여러 회사를 창업했다고 진정한 사업가가 되는 것은 아니다. 창의적이고 아이디어가 샘솟고 유행을 잘 읽는 사람이 될 수는 있지만 연쇄 창업자는 못 된다. 왜냐하면 회사를 설립하기만 했기 때문이다. 연쇄 창업가 호칭을 얻으려면 해야 할 일이 더 있다.

한탕주의자는 이 직업에서 저 직업으로, 이 사업에서 저 사업으로 뛰어다닌다. 작은 기회가 노크하면 즉각 반응한다. 진정한 연쇄 창업가와 달리 한탕주의자는 일을 건드리다가 만다. 그리고 상황이 어려워지면 온데간데없이 사라진다. 이미 다른 모험에 뛰어들었기 때문이다. 여기에서 한탕주의자과 연쇄 창업가가 갈린다.

위기가 강타한 후에 연쇄 창업가는 더욱 빛을 발한다. 그들은 갈등을 관리하고 분위기를 반전하고 무너진 것을 다시 쌓는다. 반드시 사업이 성장하고 성공할 수 있도록 사업 모델을 개선하고 폭풍우를 견딘다. 한탕주의자와 연쇄 창업가를 혼동하기가 쉽지만 진정한 사업가는 따로 있다. 둘의 차이점을 명심하라. 그래야 오명을 피할 수 있다.

당신이 사장이든 직원이든, 목적의식을 갖고 자신에게 의미 있는 일을 한다면 알파를 창조하고 성공하는 인생의 힘을 누릴 수 있을 것이다.

1시간 안에
11만 237달러
버는 법

　　패턴은 어디에나 존재한다. 우리는 패턴을 인지하는 능력 덕분에 글을 읽고 언어를 이해하고 노래를 배우고 친숙한 얼굴을 알아볼 수 있다. 알파벳을 끝까지 외울 수 있는 것도 패턴 인지 능력 있기 때문인데, 각 글자 다음에 무슨 글자가 올지 알기 때문이다.

　오하이오 출신의 아이스크림 트럭 운전사였던 마이클 라슨은 패턴을 간파한 덕에 〈행운을 눌러라(Press Your Luck)〉라는 퀴즈 쇼에서 1시간 동안 11만 237달러를 벌었다.

　"큰돈. 큰돈. 꽝은 안 돼. 꽝은 안 돼. 멈춰라!"

〈행운을 눌러라〉는 피터 토마큰이 진행한 낮 시간대 퀴즈 프로그램으로 CBS에서 1983년부터 1986년까지 방영됐다. 게임 규칙은 간단했다.

퀴즈 질문에 대답하고 정답을 말하면 버튼을 누를 기회를 얻는다.
버튼을 눌러서 대형 게임판에 표시된 상금과 상품을 획득한다.
하지만 '꽝'에 걸리면 상금과 상품이 모두 날아간다.

정사각형 모양의 게임판은 18개의 모니터로 구성돼 있다. 각 모니터에는 상금, 상품, 꽝 화면이 깜빡이면서 빠르게 지나간다. 출연자가 빨간색 대형 버튼을 누르면 게임판은 더 깜빡이지 않고 모니터 하나가 선택된다. 선택된 모니터에 상금 화면이 뜨면 출연자는 상금을 갖는다. 꽝 화면이 뜨면 출연자는 모든 걸 잃는다.

흥분감과 긴장감이 넘치는 엄청난 도박이었다. 700회가 넘는 회차 중에서 1984년 6월 8일과 6월 11일 두 차례에 걸쳐 방영된 마이클 라슨이 등장한 회차가 사람들에게 가장 오래 회자됐다.

라슨은 비록 첫판에서 꽝에 걸렸지만 그다음부터는 연속 46번 꽝을 피하는 대기록을 세웠다. 라슨은 상금과 상품으로 11만 237달러를 획득했고 이는 낮 시간대 퀴즈 쇼 역사상 가장 큰 액수였다. 라슨은 어떻게 한 걸까?

라슨은 〈행운을 눌러라〉를 자주 시청했다. 어느 날 그는 꽝이 18개의 모니터에 모두 등장하는지, 특정 모니터에만 등장하는지 궁금해졌다. 그는 프로그램을 녹화해 방송분을 유심히 살펴보다가 놀라운 사실을 발견했다.

꽝이 게임판 구석구석을 무작위로 이동하는 게 아니라 3가지 패턴에 따라 움직이는 것이었다. 6주 동안 게임을 더 연구한 결과 게임판 전체가 5가지 패턴으로 반복돼 움직인다는 사실을 알아냈다. 그는 녹화된 방송분을 틀어놓고 리모컨 정지 버튼을 누르면서 이 패턴을 외우고 연습했다.

예를 들어 라슨은 4번, 8번 모니터에 절대 꽝이 나오지 않는다는 사실을 알아챘다. 게다가 이 두 모니터에는 언제나 상금 화면이 떴다. 라슨이 4번 모니터에서 정지 버튼을 누르면 최고 금액의 상금과 함께 버튼을 한 번 더 누를 기회를 얻을 수 있었다.

4번 모니터는 3,000달러, 4,000달러, 5,000달러의 상금과 추가 기회를 얻을 수 있었고 8번 모니터는 500달러, 750달러, 1,000달러의 상금과 추가 기회를 얻을 수 있었다. 4번 혹은 8번 모니터에서만 버튼을 누르면 추가 기회를 계속 얻고 상금을 축적하면서 게임을 끝내지 않을 수 있었다.

게임판은 완벽한 무작위가 아니었다. 라슨은 암호를 해독한 후 퀴즈 쇼 오디션에 합격했다. 그리고 쇼에 출연해 무려 연속 31번이나 4번, 8번 모니터에서 정지 버튼을 눌렀다. 퀴즈 쇼 연출자들과 CBS 방송국은 라슨이 속임수를 썼다고 의심했지만 상금을 가져가지 못하도록 자격을 박탈할 규칙은 없었다.

라슨은 퀴즈 쇼 역사에 한 획을 그었다. 좋은 건지 나쁜 건지, 라슨은 경제적 이득을 위해 퀴즈 쇼의 패턴을 자신에게 유리하게 이용했다. 패턴 인지와 반복 연습을 해서 특정 행동을 자동으로 할 수 있도록 훈련했다.

라슨의 사례를 과학적 원리로 설명하면 뇌의 신경 회로는 행동과 습관으로 형성된다. 특정 행동을 많이 할수록 관련된 신경 회로도 강해진다. 그래서 반복 연습을 하면 행동이 몸에 배고 자동화된다. 운전을 하고 이를 닦는 일뿐만 아니라 퀴즈 쇼 버튼을 누르는 일도 마찬가지다.

패턴만 알면
나를 바꾸는 것은 쉽다

좋은 습관도 나쁜 습관도 마찬가지다. 또한 뇌의 신경 회로는 새롭게 형성되기도 해서 새로운 습관을 들일 수 있다. 즉 똑같은 생활 방식에 영원히 갇히지 않아도 되고 오래된 나쁜 습관도 없앨 수 있다. 그렇다면 어떻게 나쁜 습관을 없앨 수 있을까?

당신도 남들과 비슷하다면 의지만으로는 불가능하다. 일상생활에서 패턴 인지 능력을 활용하면 쉬워진다. 즉 규칙과 질서를 발견하는 것이다. 패턴을 발견하고 분해해서 제거하는 것이 나쁜 습관을 없애는 비결이다. 습관을 고치려면 행동을 인지하고 그 이면에 숨은 동기를 파악해야 한다. 간단한 절차를 따르면 나쁜 습관을 없앨 수 없다.

나쁜 습관을 인지하라

첫 번째 단계는 고치고 싶은 나쁜 습관이 있다는 사실을 인정하는 것이다. 이 단계를 간과하면 변화에 필요한 의지를 다질 수 없다.

나쁜 습관의 요소를 파악하라

나쁜 습관을 인정하는 것만으로는 충분하지 않다. 나쁜 습관의 구성 요소를 파악해야 한다.

찰스 두히그는 《습관의 힘(The Power of Habit)》에서 습관이 3가지 요소로 구성돼 있다고 했다. 바로 신호, 반응, 보상이다. 각 요소와 그 상관관계를 파악하면 나쁜 습관을 고치고 좋은 습관을 들일 수 있다.

'신호'는 나쁜 행동을 유발하는 자극이다.

'반응'은 육체적, 정신적, 정서적 반응으로 나뉜다. 각각 신호를 받아 수행하는 행동이다.

'보상'은 행동한 뒤 느끼는 기분 좋은 흥분감이다.

신호를 찾아라

신호는 나쁜 습관을 유발하는 근본 원인이다. 최근에 생긴 나쁜 습관을 떠올려 보라. 그리고 그 나쁜 습관이 유발된 순간을 콕 집어내서 신호를 파악하라. 이것은 까다로운 연습이다. 무엇이 나쁜 습관을 부추기는지 신중하게 살펴라. 예를 들어 마음 깊숙이 파묻은 감정이나 특정 인물이 나쁜 습관을 유발할 수 있다.

나쁜 습관을 새로운 행동으로 대체하라

나쁜 습관을 없애는 데만 집중하기보다 훈련을 통해 새로운 행동으로 대체할 수 있다. 이 연습은 습관이 발동되기 전에 미리 대책을 세워 놓는 데 의의가 있다. 대체 행동은 나쁜 행동을 부드럽게 교정하는 방법으로 실천하기가 쉽다. 두히그가 언급한 것처럼 보상에 변화를 줘서 습관을 고칠 수도 있다. 당신에게 비슷한 만족감을 제공하는 대체 보상이 있는가?

새로운 행동을 보상하라

새로운 행동을 하는 데 성공하면 자신에게 보상하는 것을 잊지 마라. 하루아침에 극단적으로 기존 습관을 모두 버리고 자신을 괴롭히지 않아도 된다. 새로운 삶을 선택한 사실을 자축하고 잠시 자신의 성취를 소중히 헤아려 보라.

이제 어떻게 하면 습관을 바꿀 수 있는지 숙지했으니, 모든 사람에게 해가 되는 습관에 대해 알아보자. 수많은 사람이 쉽게 의존한다. 가족, 친구, 지원군을 믿고 따르는 의존을 말하는 게 아니다. 자기 생각, 행동, 자신감을 남에게서 구하는 의존이다. 남에게 의지할수록 우리는 자신의 판단력을 믿지 못하게 된다. 그 결과 다른 사람이 자신의 견해, 소신, 가치를 확인해 주기를 바라는 의존의 악순환에 빠진다.

이는 타인의 생각을 더 중요시해서 독립적 사고 능력을 버리는 게으른 태도다. 의존은 근본적으로 수동적인 자세다. 의존하면 유행을 일으키는 사람이 아니라 유행에 반응하는 사람이 된다. 길을 내는 사람이 아니라 길을 따르는 사람이 된다. 의견을 만드는 사람이 아니라 의견을 지지하는 사람이 된다.

인생에서 딱 한 가지 습관을 고쳐야 한다면 의존하는 습관부터 버려라.

독립심을 기르는 비결을 2가지 행동으로 요약할 수 있다.

손을 들어라. 그리고 발맞춰 걷지 마라.

처음 독립심 기르기
_주디 판사의 교훈
"손을 들어라"

"모두 일어서십시오. 재판이 시작됩니다."

주디스 셰인들린 판사의 법정에 들어서면 한 가지 확실한 것이 있다. 바로 사실이 중요하다는 것이다. 주디 판사는 사실을 최우선시하며 생각은 들으려 하지 않는다. 사실 관계를 파악하려 노력하고 주장을 뒷받침할 증거를 요구한다. 물론 진짜 인생은 재판장 밖에서 펼쳐진다. 텔레비전 속 법정의 진공 상태와 바깥세상은 다르겠지만 우리는 주디 판사의 접근법을 활용할 수 있다.

다음은 주디 판사가 가르쳐 주는 귀중한 교훈들이다. 이 교훈을 통해 우리는 독립적인 사람이 될 수 있다.

- 사실이 중요하다.

- 주장을 입증하라.

- 증거를 제시하라.

- 객관적으로 말하라.

- 사실을 부풀리지 마라.

- 돌려 말하지 마라.

- 해명하라.

- 변명하지 마라.

- 과장하지 마라.

- 신용이 중요하다.

사실 관계를 중요시하는 태도와 독립적으로 생각하고 행동하는 능력 사이에는 직접적인 상관관계가 있다. 당신이 다음번에 회의에 참석할 때는 주디 판사를 기억하라. 당신이 저번에 참석했던 그 회의 말이다. 있지 않은가, 다들 어떤 기획이 좋다고 했는데, 사실 당신은 속으로 탐탁지 않은 회의 말이다.

당신은 소신껏 발언하는가? 손을 드는가? 물론 당신도 그렇게 할 수 있지만 쉽지 않다. 유일하게 반대 목소리를 낼 것인가? 똑똑한 사람들이 다들 찬성한 기획안에 혼자 반대할 것인가? 편안하고 안전한 범생이의 자리를 홀로 이탈할 것인가?

정말로 손을 들어야 할 때 손을 드는 사람은 거의 없다. 손을 들 때보다 입장을 타협할 때 얻는 보상이 크다고 판단하기 때문이다. 그 결과 사람들은 사실과 논리를 옆으로 치우고 다른 사람들의 견해를 냉큼 받아들인다. 혹은 자신의 판단력을 의심한다. 모든 사람이 같은 결론에 도달했다면 자기가 놓친 게 있다고 생각하는 것이다. 즉 다수 의견이 옳고 소수 의견이 그르다고 짐작한다.

여기에서 '신호'는 단체 회의에서 모든 사람의 의견이 하나로 좁힌 상황이다. '반응'은 침묵이다. '보상'은 서글서글한 이미지와 상사와 동료들 앞에서 멍청해 보이지 않는 것이다.

1950년대, 심리학자 솔로몬 애쉬는 여러 차례 심리학 실험을 시행해 다수가 가하는 집단 압력 때문에 개인이 억지로 동조할 수 있다는 사실을 증명했다.

애쉬는 한 실험에서 8명의 대학생에게 선 하나를 보여 준 뒤, 3개의 선을 다시 보여 주고 셋 중 어느 선이 처음 보여 준 선과 길이가 같은지 소리 내서 말하도록 했다. 정답은 명백했다. 선 하나는 너무 길었고 하나는 너무 짧았으며 하나만 원래 선과 같은 길이였다. 함정은 참가자 7명이 오답을 말하기로 사전에 동의하고 8번째 참가자에게 이 사실을 숨겼다는 점이다. 실험 목표는 이 8번째 참가자가 다수의 생각에 동조해서 오답을 고르는지 살펴보는 것이었다.

애쉬는 여러 번의 실험 결과 대략 75퍼센트의 참가자가 저어도 한 번은 다수의 틀린 의견에 동조한 사실을 발견했다. 통제 집단과 비교해 보면 집단 압력이 없을 때는 1퍼센트 이하의 참가자가 동조했다. 애쉬는 사람들이

2가지 주된 이유로 집단 압력에 동조한다는 결론을 내렸다. 집단에서 조롱당하고 따돌림당하는 것을 두려워하는 '규범적 영향' 그리고 집단이 개인보다 아는 게 많거나 현명할 거라는 믿음인 '정보적 영향'이다.

우리는 집단 본능의 희생양이 되기 쉽다. 또래의 압력이 있고 체면도 중요하다. 어울리기 힘들거나 무례한 사람으로 보이고 싶지도 않다. 하지만 집단은 함께 망하기도 한다는 사실을 명심하라. 타당한 정보와 근거가 있다면 자기 생각을 밝힐 의무가 있다.

계급과 연차가 높은 사람에게서 당신이 틀렸다는 이야기를 듣더라도 반사적으로 자기가 정말 틀렸다고 생각하지 마라. 물론 아무도 튀고 싶어 하지 않는다. 절대 쉬운 일이 아니기 때문이다. 하지만 주장을 뒷받침할 정보를 조사했다면 그 근거로 당신의 의견을 피력하라.

결코 타인의 의견이 당신의 의견을 대신할 수 없다. 이것은 먼 길로 돌아가는 방법이다. '팩트'로 곧장 가라. 사실 관계를 정확하게 파악하면 더 많은 정보와 힘을 얻을 수 있다. 더 나아가 타인에 대한 의존도를 줄이고 의존의 악순환을 끊을 수 있다.

다수 집단에 도전하려면 용기가 필요하지만, 자기 목소리를 내는 것은 중요하다. 〈12명의 성난 사람들(12 Angry Men)〉이라는 고전 영화를 아는가? 영화는 배심원 협의실에서 펼쳐지는데 여기에서 12명의 배심원이 피고인의 운명을 놓고 토론한다. 배심원단은 유죄를 선고하려고 하지만 한 사람이 반대한다.

영화에서 헨리 폰다가 연기한 이 반대자는 사실과 증거를 제시하면서 다른 배심원들이 생각을 바꾸도록 설득한다. 결국 이 사실과 증거 덕분에 피고인이 유죄라고 섣불리 판단했던 배심원들은 피고인이 무죄라는 사실을 뒤늦게 깨닫는다.

한 사람의 힘이 군대보다 강력할 때가 있다. 손을 들 때 수줍어하거나 위압감을 느끼지 마라. 당신도 토론에 참여할 자격이 있다.

할 말을 하고 손을 들고 자기 생각을 밝히려면 용기를 내야 한다. 다음번에 회의에 참석하면 손을 들고 목소리를 내라. 사실을 바탕으로 근거가 있는 주장을 펼쳐라. 다수와 아주 다른 견해를 주장해야 할 수도 있다. 그것은 쉽지 않은 일이고 절대로 쉬워지지도 않을 것이다. 무시당하거나 묵살당할 수도 있다. 하지만 당신이 설득력 있게 주장하고 청중에게 메시지를 잘 전달하면 자신감이 붙기 시작할 것이고 다른 사람도 이를 알아줄 것이다.

하지만 아이디어가 떠오를 때마다 손을 들지는 마라. 손을 들 때는 신중해야 한다. 〈하버드 비즈니스 리뷰〉에 따르면, 동료들 사이에서 평판과 신용을 쌓았을 때 주장이 더 잘 받아들여진다.

높은 성과를 내고 이타적인 팀원으로서 조직의 이익을 위해 최선을 다하며 조직의 가치에 어긋나는 행동을 하지 않을 때 견해가 잘 수용되는 것이다. 우리가 독립적으로 사고하고 목소리를 내는 게 중요하다는 것을 인지하고 사실이 뒷받침된 논리와 이성을 활용한다면 우리는 주디 판사에게서 배운 귀중한 교훈을 잘 실천하는 것이다.

독립심 더 기르기
_타인 의식하지 않는 법
"발맞춰 걷지 마라"

사람들의 독립성보다 의존성이 두드러지는 또 다른 영역은 "존슨 씨네 따라잡기"라는 표현으로 상징되는 남과 자신을 비교하는 습관이다. 이는 비참함의 끝없는 미로다. 당신을 가장 소진하는 일을 찾고 싶은가? 바로 이것이다. 그러므로 이제 멈춰야 한다. 남들과 발맞춰 걷기를 멈추고 굳게 서서 사회의 계층 사다리를 오르는 일도, 타인의 삶에 정착하는 일도 멈춰야 한다.

당신이 존슨 씨네를 따라잡으려 한다는 것은 고된 일을 월급도 받지 않고 온종일 평생 한다는 뜻이다. 당신은 매일 감정이 롤러코스터를 타는 듯하고 비참하게 살게 될 것이다. 당신은 남의 뒤를 쫓느라 자기 인생의 주도권을 포기하고 다른 사람이 펼치는 경기의 구경꾼이 될 것이다.

습관의 3.요소를 여기에 적용해서 생각해 볼 수 있다. '신호'는 존슨 씨가 자신의 사회적, 경제적 지위를 뽐내고 이에 당신이 자신의 사회적, 경제적 지위에 불만족하는 상황이다. '반응'은 당신이 경제적이든 사회적이든 무슨 조치를 취해서 존슨 씨와 맞먹는 사회적, 경제적 지위를 꾸며 내는 것이다. '보상'은 당신도 존슨 씨와 비슷한 지위를 갖고 있다는 확신감, 소속감, 존중감, 안도감이다.

범생이는 다른 사람을 추종하는 자다. 한탕주의자가 유행을 좇듯이, 범생이는 성공한 인물들을 좇는다. 이 끝나지 않는 게임을 하면서 그들의 개성과 독립성은 죽어 가고 순종성은 강해진다. 물론 훌륭한 롤 모델을 본받는 일, 다른 사람에게서 영감을 받는 일은 바람직하다. 다만 우리는 그 영감을 자기 삶에 적용해 자기 계발의 원동력으로 활용해야 한다.

범생이는 너무 많은 시간과 에너지를 다른 사람을 쫓아가는 데 허비하느라 항구적인 성공을 거두는 데 필요한 실질적 변화를 일으키지 못한다. 그들은 "작은 개가 짖을 때 사자는 뒤돌아보지 않는다"라는 속담을 모른다. 범생이와 이야기해 보라. 다른 사람이 뒤에서 자기 이야기를 하지 않는지 계속 돌아보느라고 뻣뻣해진 그의 목이 눈에 들어올 것이다.

사실 남에게 뒤지지 않으려고 애쓰는 것은 새로운 현상이 아니다. 적어도 1899년부터 시작됐다. 노르웨이계 미국 사회학자이자 경제학자였던 소스타인 베블런은 19세기 벼락부자가 사회적 명성과 권력을 쌓기 위해 물건을 구매하던 행위를 표현하는 '과시적 소비'라는 용어를 만들었다.

《유한계급론(The Theory of the Leisure Class)》에서 베블런은 소비자들이 사회적 지위를 유지하거나 높이기 위해 재화와 서비스를 구매할수록 더 많은 시간과 돈이 낭비된다고 주장했다.

'존슨 씨네 따라잡기'라는 표현을 직접 만든 만화가 아서 팝 모먼드는 같은 제목의 만화에서 사회의 계층 사다리를 올라가려고 애쓰는 맥기니스 가족이 이웃인 존슨 씨 가족을 따라잡기 위해 고군분투하는 모습을 그렸다.

바로 오늘부터 당신은 존슨 씨네를 따라잡으려는 노력을 그만두고 자신에게 집중하라.

존슨 씨네는 당신에게 관심이 없다

다른 사람들은 당신에게 관심이 없다. 다른 사람들도 당신과 마찬가지로 한정된 시간을 바쁘게 산다. 당신에게 신경 쓸 시간이 없다. 그들에게는 그들의 삶이 있다.

지금 모든 사람이 외줄 타기 쇼를 하는 당신의 일거수일투족을 구경하는 상황이 아니다. 당신이 따라잡으려는 존슨 씨네는 또 다른 존슨 씨네를 따라잡으려고 애쓰고 있다. 그리고 그 존슨 씨네는 다시 또 다른 존슨 씨네를 따라잡으려고 애쓰고 있다. 존슨 씨네 따라잡기는 거대한 다단계다.

존슨 씨네가 가진 장난감이 당신의 장난감보다 좋다

당신이 이 진실을 받아들이면 앞으로 배 아플 일이 없을 것이다.

'남들이 나보다 재산이 많다. 더 큰 집, 더 좋은 차, 더 많은 돈을 가졌다.'

그런데 그게 뭐가 어떤가? 당신도 남들보다 더 큰 집, 더 좋은 차, 더 많은 돈을 가졌다. 주변에 당신보다 재산이 적은 사람이 없더라도 그들은 분명히 존재한다. 그런데 그게 뭐가 어떤가? 당신은 지금 지는 게임을 하고 있다. 존슨 씨네를 따라잡으려고 하면 당신은 범생이다. 기억하라. 범생이는 자기가 대담한 혁신가와 경쟁한다고 생각하지만 실은 다른 범생이와 경쟁하는 것이다.

바보 같은 게임에 휘말리지 마라. 대담한 혁신가도 경쟁을 좋아하지만 그의 경쟁 상대는 오로지 자기 자신뿐이다. 당신의 좁은 세상과 좁은 인맥 너머로 시야를 넓혀 보라. 그 순간 존슨 씨네는 아주 작아 보일 것이다.

존슨 씨네는 당신을 경쟁자로 생각하지 않는다

이기는 게임을 하라. 게임의 이름은 '감사함'이다. 남들이 가진 것이 아니라 당신이 가진 것에 집중하라. 당신에게 진정으로 중요한 것에 감사하라. 소중한 사람들, 자기만의 특별한 재능, 자기만의 독특한 인생 여정과 경험에 감사하라.

이런 것들을 삶의 중심에 두면 경쟁심이 누그러진다. 다른 사람의 꿈을 살지 말고 다른 사람이 정의한 성공을 좇지 마라. 자기만의 방식으로 성공하라.

존슨 씨네처럼 사는 것은 어렵지 않다. 엄청난 빚을 내서 신용 카드 회사와 은행에 신세를 지겠다면 대출업자들은 수문을 열 듯 기꺼이 대출금을 퍼줄 것이다. 하지만 물건을 더 산다고 해서 더 행복해지지는 않는다. 이는 임시방편이고 일시적인 해결책이다. 영구적인 해결책을 찾고 싶다면 자신에게 '왜?'라고 물어라.

'왜 남들을 따라잡으려 하는가? 당신이 정말로 좇는 게 무엇인가?'

행동의 근본 원인에 집중하면 행동을 고치고 자신에게 새로운 보상을 주기가 더 쉬워진다.

원하는 것이 있다면 성취하라

당신은 거꾸로 하고 있다. 부자가 되고 싶은데 돈을 마구 쓰면서 부자가 되는 건 불가능하다. 목표와 반대로 가는 셈이다. 돈을 벌지 않고 돈을 쓰고 있다. 즉 돈을 잃고 있다. 품위 유지라는 명목 때문이다. 원하는 게 돈이라면 돈을 더 많이 벌어라. 원하는 게 사회적 지위라면 인맥을 쌓아라. 다른 인생을 따라잡으려고 애쓰면서 살지 마라. 수동적으로 살게 된다.

자신에게 주어진 능력으로 원하는 삶을 창조하라. 매일 목표에 가까워지기 위해서 무엇을 했는지 스스로 물어라. 좋은 차를 타고 좋은 집에 살면 기분이 좋을 수는 있다. 하지만 그렇게 한다고 사업이 커지거나 삶이 바뀌거나 자기 가치를 끌어올려 줄 습관을 들일 수 있는 것은 아니다. 자신에게 물어라.

'왜 나는 남들처럼 살고 있는가?'

당신은 자기가 남들보다 낫다고 생각하지만 사실은 아니다. 남이 정한 규칙에 따라 살고 있고 남이 만든 게임을 하고 있다. 자신이 아닌 타인의 인생 목표와 업적에서 행복과 자존감을 구하고 있다. 남의 뒤를 따르는 추종자가 되기로 한 것이다.

잘못된 곳에 닻을 내린 게 문제다. 남들을 따라 하는 것은 목표를 향해 나아가는 데 아무런 도움이 안 된다. 정체된 상태에서 모방만 하는 셈이다. 외양을 그럴듯하게 꾸미면 사회의 계층 사다리를 올라가는 것처럼 느낄 수 있다. 그러나 사실 당신은 제자리에서 허우적대고 있을 뿐이다. 더 사치하다가는 가라앉을지도 모른다.

존슨 씨네는 빈털터리다

부와 성공을 상징하는 집안을 선망하고 싶다면 존슨 씨네는 적합한 대상이 아니다. 그 집은 빈털터리다. 알부자보다 알거지 쪽에 가깝다. 환상을 깨뜨려서 미안하다. 하지만 존슨 씨네는 재산이 많았던 적이 없다. 물론 부자처럼 보이기 위해서 수년 동안 이런저런 돈을 끌어다 썼고 그 결과 당신 같은 사람들을 속일 수 있었다.

지금 당신에게 소개하려는 백만장자도 존슨 씨네와 사정이 비슷하다. 범생이가 깨닫지 못한 사실을 이제 당신은 안다.

세상에서 제일 가난한
백만장자

〈데이트라인(Dateline)〉, 〈48시간(48Hours)〉, 〈20/20〉 같은 탐사 보도 프로그램을 보면 이런 이야기를 알 것이다.

이야기는 완벽한 가족이 나타나며 시작된다. 이 가족은 보안이 철저한 주거 단지 안에 하얀 울타리가 있는 근사한 집에서 산다. 이들의 완벽한 삶을 포착한 사진들이 화면을 휙휙 지나간다. 몇 분 후 천국에 문제가 생기고 비극이 시작된다. 이웃과 친지들의 인터뷰가 등장한다.

"어느 모로 보나, 완벽한 가족 같았어요."
"문제는 없어 보였어요."
"하는 일마다 잘됐죠."

이제 당신에게 백만장자 마이크를 소개하겠다. 마이크는 방이 5개짜리 집에서 살고 벤츠를 탄다. 두 자녀는 사립 학교에 다닌다. 마이크 가족은 겨울에는 아스펜 산에서 스키를 타고 여름에는 하와이에서 서핑을 한다. 마이크처럼 돈이 많으면 인생이 즐겁다. 하지만 문제는 마이크가 백만장자가 아니라는 데 있다. 아니어도 한참 아니다.

고급 집은? 마이크는 집값의 5프로만 지급하고 나머지 95프로는 은행 빚이다.

고급 차는? 리스 차다.

아이들이 다니는 사립 학교는? 아이들의 조부모가 학비를 대준다.

화려한 휴가는? 신용 카드를 긁었는데 아직도 휴가 때 쓴 돈을 다 갚지 못했다. 카드 빚이 3만 달러나 있다.

마이크는 세상에서 가장 가난한 백만장자다. 그런데 아무도 그 사실을 몰랐다. 마이크의 비밀이 누설되면 사람들은 어떤 기분이 들까? 이것이 바로 마이크가 원하는 것이다. 모든 사람이 자신을 백만장자로 생각하길 바란다. 하지만 마이크는 백만장자가 아니다.

겉모습만 보면 현혹되기가 쉽다. 번쩍거리는 집과 차를 보고 사람들은 마이크가 백만장자라고 생각했다. 스키 장비, 서프보드, 사립 학교 교복까지 사람들은 마이크의 자산을 보고 진짜 재산으로 착각했다. 마이크는 이런 트로피들로 부를 꾸며냈다.

한탕주의자의 재산 공식은 자산이 곧 재산이라는 것이다. 이는 잘못된 공식이다. 양파 껍질을 벗기듯 하나하나 벗겨 보면 마이크는 상당한 빚이 있음을 알 수 있다. 물론 빚으로 자산을 구매하는 게 절대 잘못된 일은 아니다. 많은 경우에 현명한 경제적 선택이다. 다만 재산을 계산할 때는 빚도 고려해야 한다. 바로 부채가 등장할 때다. 자산은 재산이 아니다.

'재산은 자산에서 부채 뺀 나머지'가 진짜 재산 공식이다.

자산에서 부채를 빼면, 마이크의 재정 상태는 심란하다. 세상 사람들에게 마이크는 백만장자지만 사실 마이크는 세상에서 가장 가난한 백만장자다. 당신은 진짜 재산 공식을 숙지했을 것이다. 하지만 남들이 자산을 과시할 때 얼마나 쉽게 이 공식을 잊어버리는지 알면 놀랄 것이다.

화려한 겉모습을 위해 마이크는 없는 돈도 쓰려고 한다. 최고급 생활을 유지하기 위해 빚도 낸다. 이런 사람이 마이크뿐만은 아니다. 우리 주변에도 마이크 같은 한탕주의자가 있다. 나쁜 습관을 없애지 않는 한, 백만장자 마이크는 앞으로도 쭉 세상에서 가장 가난한 백만장자다.

해답을 다른 사람에게 구하지 마라.

다수 집단이 다수라는 이유로 의지하지 마라.

남들이 자신을 어떻게 생각하는지 신경 쓰지 마라.

인생을 자유롭게 사는 능력

어떤 생각을 해야 하는지, 어떤 선택을 내려야 하는지 다른 사람에게 판단을 맡기지 마라. 독립의 최고 장점은 스스로 운명을 만들 자유다. 즉 자신의 일을 오롯이 스스로 결정하고 선택할 자유다. 남들이 자신을 어떻게 생각하고 이야기하는지 걱정할 때 얼마나 많은 시간과 에너지가 허비되는지 아는가? 타인에게 의존하는 마음을 의식적으로 놓아 버려라. 그럼 인생이 바뀌는 엄청난 경험을 할 것이다. 자신에게 있는 줄도 몰랐던 시간과 에너지가 생길 것이다. 이렇게 되찾은 시간과 에너지로 더 생산적인 일을 할 수 있다.

　독립이란 쓸쓸한 길을 홀로 걷거나 1인용 식탁에 홀로 앉는 게 아니다. 독립이란 자신의 견해, 자존감, 감정, 결정을 남에게 구하지 않는 것이다. 물론 다른 사람에게 조언을 구하고 지원군에게 의지하고 건설적인 충고와 피드백을 받아들여도 된다. 하지만 다른 사람을 기쁘게 하려고 인생을 살면 안 된다. 독립이란 스스로 결정과 선택을 내리는 것이다. 더 나아가 자신에게 가장 좋은 결정과 선택을 내리는 것이다.

　남이 정한 기준과 규칙에 따라 살면 다른 사람이 우리 인생에 힘과 영향력을 행사하는 부자연스럽고 끝이 없는 악순환에 갇힌다. 독립이란 단순히 의존하지 않는 것이 아니라 자유롭게 생각하고 행동하는 능력이다. 또한 자신이 정한 규칙에 따라 살아가는 능력이다. 자기 인생에 무엇이 최선인지 스스로 판단하라. 이것은 다른 사람이 대신해 줄 수 없다.

PART 5

네 번째 절대 법칙

자신을 잘 아는 사람이 삶의 주인이 된다

자신을 제대로 파악하지 못하면 아무것도 잘해 낼 수 없다. 자기 이해 없이는 내가 나의 가장 큰 걸림돌이 된다. 자의식은 자존감을 쌓는 데 가장 중요한 요소다. 내가 어떤 사람인지 제대로 알면 인생을 더 수월하게 살아갈 수 있기 때문이다. 내가 무엇을 좋아하고 무엇을 싫어하는지, 언제 설레고 언제 침울한지, 언제 의욕이 샘솟고 언제 의욕이 꺾이는지 제대로 안다면 자신에게서 최고의 감정과 행동을 끌어내는 삶을 꾸릴 수 있다. 자의식에는 반드시 자애심이 동반돼야 한다. 자기 계발을 위해서 나를 몰아세울 필요는 없다. 물론 객관적인 자가 피드백과 자아 성찰을 통해 더 좋은 성과, 최고의 성과를 낼 수 있다. 하지만 자의식이 자애심을 막아서는 안 된다. 자신을 사랑할 때에야 우리는 진정으로 변화할 수 있기 때문이다.

자기 마음속을 살펴볼 때 비전은 더욱 분명해진다.
밖을 내다보는 사람은 꿈을 꾸지만, 안을 들여다보는 사람은 깨어난다.

_ 칼 융(Carl Jung)

내
문제라고
생각하라

하버드 대학교를 방문하는 사람들은 캠퍼스의 역사적 중심지인 하버드 야드에 꼭 들른다. 하버드 야드에는 메모리얼 교회부터, 와이드너 도서관, 1학년생 기숙사, 총장실까지 모두 모여 있다. 가을이면 빨강, 노랑, 주황 낙엽이 캠퍼스 바닥을 수놓는데, 이는 뉴잉글랜드 지역에서 가장 아름다운 경치로 손꼽힌다.

하버드 홀 앞에는 하버드 캠퍼스에서 가장 유명한 존 하버드 동상이 있다. 학생이 의자에 앉아 무릎 위에 책을 올려놓은 모습이다. 하버드에 다니던 시절 조각상 앞에서 사진을 찍는 관광객들이 행운을 기원하며 존 하버드의 왼쪽 발끝을 문지르는 것을 보곤 했다. 동상은 조각가 대니얼 체스터 프렌치의 작품이다. 그는 훗날 링컨 기념관의 링컨 좌상도 조각했다.

조각상에는 이런 문구가 적혀 있다.

존 하버드 / 설립자 / 1638

이 동상에 숨겨진 진실이 3가지나 있다. 이 때문에 존 하버드 동상은 3가지 거짓말을 하는 동상으로 유명하다.

첫 번째 거짓말: 하버드 대학교는 1638년에 설립되지 않았다

하버드 대학교는 미국에서 가장 오래된 고등 교육 기관으로 1636년에 설립됐다. 1636년에 뉴잉글랜드 매사추세츠만(灣) 식민지 일반 의회가 예산을 400파운드로 책정해 대학교를 설립했다. 1638년은 존 하버드가 죽은 해로, 그는 400권의 장서와 사유지의 절반을 대학교에 기부했다.

두 번째 거짓말: 존 하버드는 하버드 대학교의 설립자가 아니다

영국에서 태어나 케임브리지 대학교에서 공부한 존 하버드는 매사추세츠 찰스타운의 목사였으며, 30살에 결핵으로 죽었다. 1639년, 일반 의회는 존 하버드의 후원을 기리며 대학교 명칭을 하버드 대학교로 바꿨다. 즉 존 하버드는 대학교의 설립자가 아니라 첫 번째 후원자였다.

세 번째 거짓말: 동상의 인물은 존 하버드가 아니다

동상은 존 하버드가 죽은 지 거의 250년이 지난 1884년에 제작됐다. 조각가 프렌치는 당시 하버드 법대생이었던 서먼 호어를 모델로 삼아 존 하버드의 얼굴을 조각했다. 호어는 훗날 매사추세츠주 변호사가 되고 국회 의원으로 지냈다.

동상에 새겨진 것들, 즉 '존 하버드'라는 정체성, 설립자라는 직함, 설립 연도는 믿음직스러워 보이지만 완전히 거짓말이다. 이런 거짓말은 비단 동상뿐만은 아니다.

일터에서도 거짓말이 만연하다. 직장에서 일어나는 오해나 은폐를 생각해 보라. 회사원들이 변장하고 출근한다는 사실을 아는가? 유니폼을 입는다는 말이 아니라 진짜 변장을 한다. 직장 생활, 근무 환경, 조직 문화에 어울리려고 자기의 진짜 모습과 솔직한 생각을 감추고 몸과 마음을 거짓으로 꾸며 낸다. 부자연스럽더라도 어쩔 수 없다.

예를 들어 직장에서 매일 듣는 흔한 거짓말을 생각해 보자.

"질문 없습니다."

"혼자서 할 수 있습니다."

"대책이 있습니다."

"일이 잘 진행되고 있습니다."

"팀원들과 손발이 잘 맞습니다."

"제 잘못이 아닙니다."

"네, 월요일까지 할 수 있습니다."

"정말 도와주고 싶은데, 제가 지금 너무 바빠요."

"야근해도 괜찮아요."

"설명을 잘 이해했습니다."

우리는 속내와 다른 말을 할 때가 있다. 둘을 비교해 보면 차이점이 확연히 드러난다. 당신이 하는 말의 의미는 이것 아닌가?

"질문 없습니다."
→ 잠시만요. 처음부터 다시 말해 줄 수 있어요?

"혼자서 할 수 있습니다."
→ 사람을 더 쓰세요!

"대책이 있습니다."
→ 완전히 엉망진창이에요.

"일이 잘 진행되고 있습니다."
→ 엄청나게 차질이 생겼어요.

"팀원들과 손발이 잘 맞습니다."
→ 이 팀에서 나가고 싶어요.

"제 잘못이 아닙니다."
→ 제 잘못이긴 한데, 제가 다 뒤집어쓰지는 않을 거예요.

"네, 다음 주 월요일까지 할 수 있습니다."

→ 지금 농담해요? 다음 달 월요일이면 다 할 수도 있겠네요.

"정말 도와주고 싶은데, 제가 지금 너무 바빠요."

→ 절대 못 도와줘요. 저도 맡은 프로젝트가 있거든요.

"야근해도 괜찮아요."

→ 6시 이후에는 회사에 있기 싫어요.

"설명을 잘 이해했습니다."

→ 무슨 말인지 하나도 모르겠어요.

어째서 사람들은 이런 거짓말을 할까? 두려움 때문이다.

'사장님이 화를 낼 거야.'

'초짜처럼 보일 거야.'

'모든 사람이 나를 탓할 거야.'

'일 잘하는 사람은 도와 달라는 말 안 해.'

'인사 고과에서 불이익을 받을 거야.'

'보너스가 깎일 거야.'

'승진에서 떨어질 거야.'

이미지를 지킨다는 명목하에 소극적으로 행동하면 당신은 필요한 정보를 얻지 못할 것이다. 한편 상사는 모든 일이 문제없이 진행되는 줄 안다. 두 사람이 어떤 결과물을 만들자고 서로 합의했는데 필요한 정보는 동등하게 공유되지 않은 셈이다. 즉 상사는 당신이 과업을 완수하리라 기대하고 있지만 당신은 그 일을 해내지 못할 수도 있다. 모르는 것을 묻지도, 피드백을 구하지도, 도움을 요청하지도 않았기 때문이다.

자, 그럼 월요일 아침에 무슨 일이 일어날까?

직장에서
진실을 말하라

직장에서 하는 거짓말 10가지를 직장에서 실제로 도움이 될 표현 10가지로 바꿔 보자. 당신이 상사라면 변장하지 않은 사람, 가면을 쓰지 않은 사람을 찾아라.

"좀 도와주세요."

"이해하지 못했습니다."

"제 실수입니다."

"해결책을 모르겠습니다."

"제 잘못입니다."

"그 사람이 아니라 저를 탓하세요."

"도와드릴까요?"

"죄송합니다."

"제가 더 잘하겠습니다."

"좀 가르쳐 주세요."

얼마나 다른지 보라. 이 표현들은 진실하고 솔직하다. 편협하지 않고 정직하며 목적이 모호하지 않고 뚜렷하다. 2가지 표현을 나란히 놓고 비교해 보자. 당신이 하는 말의 의미는 이럴 것이다.

"좀 도와주세요."

→ 혼자서 못할 것 같아요. 당신에게는 전문성과 뛰어난 기술이 있습니다. 제가 이 일을 해낼 수 있도록 좀 도와주세요.

"이해하지 못했습니다."

→ 열심히 들었는데 의문점이 있어요. 조금 더 알려 주시면 제대로 이해할 수 있습니다.

"제 실수입니다."

→ 인정할게요. 제가 망쳤지만 더 잘하고 싶어요.

"해결책을 모르겠습니다."

→ 해결책을 찾고 싶습니다. 그런데 도움이 필요해요.

"제 잘못입니다."

→ 제가 책임지겠습니다.

"그 사람이 아니라 저를 탓하세요."

→ 이 일은 다른 팀원과 상관없고 오로지 제 책임입니다.

"도와드릴까요?"

→ 당신에게 마음을 쓰고 있고 당신이 잘 해내면 좋겠어요.

"죄송합니다."

→ 제 실수였습니다. 제가 틀렸고 당신과 잘 풀고 싶어요.

"제가 더 잘하겠습니다."

→ 제게 거는 기대가 높다는 걸 충분히 알고 있고 저도 자신이 있습니다.

"좀 가르쳐 주세요."

→ 당신은 대단합니다. 당신에게 배우고 싶습니다.

진실을 이야기할 때 당신의 목소리에 진정성이 실리고 메시지에 힘이 실린다. 당신의 속내를 털어놓을 때 문제를 해결하고 목표를 달성할 수 있다. 또한 인간관계를 돈독히 하고 생산성을 끌어올리며 진정성 있는 관계를 맺을 수 있다. 필요한 건 진정한 자아다. 다른 사람을 흉내 내면서 사는 건 고

달프고 머리 아프다. 자기 자신에게 솔직하면 최고의 나로 살아갈 수 있다.

'다른 사람에게 어떻게 보이고 싶은지, 진정 무슨 일을 업으로 삼고 싶은지, 정말로 어떤 인생을 살고 싶은지, 무슨 일에서 행복을 느끼는지 자신을 속이지 말 것.'

이제부터 이렇게 믿어라. 도와 달라고 손을 뻗고 피드백을 부탁해도 괜찮다. 그래야 당신이 지금 먹고살려고 하는 일을 즐길 수 있다. 그리고 인생을 스스로 선택할 수 있다. 행복은 자신에게서, 오로지 자신에게서 시작된다.

도미노 피자를
더 맛있게 만든
14세기 독일의 수도사

"마음에 담아 두지 마."

살다 보면 한 번쯤 이런 말을 듣는다. 왜냐하면 문제는 우리가 아니라 다른 사람에게 있기 때문이다. 그렇지 않은가?

사실은 그렇지 않다. 마음에 담아 두지 말라는 말은 중요한 피드백을 흘려들을 구실이자 방어 기제다. 대담한 혁신가는 이렇게 말한다.

"모조리 마음에 담아 둬라."

우리는 어떤 문제를 내 문제로 여겨야지만 피드백을 적극적으로 요구하고 활용할 수 있다. 지금보다 발전하기 위해서다. 변명쟁이, 범생이, 한탕주의자는 각자 개성대로 아무것도 자신의 문제로 여기지 않는다. 비관의 구렁에 빠져 있는 변명쟁이에게는 자의식 개념이 희박하다. 시키는 일만 하는 범생이는 피드백을 소화해 자기 것으로 만들지 않는다. 한탕주의자는 원래 다른 사람 이야기는 듣지 않고 자기가 하고 싶은 대로 한다.

문제가 나와 상관없다고 생각하면 다른 사람에게서 듣거나 스스로 깨달은 건설적인 피드백을 무시하기가 쉽다. 이렇게 닫힌 태도로 어떻게 더 나은 사람이 될 수 있을까? 자신을 객관적으로 바라보고 열린 태도로 피드백을 받아들이는 것은 중요하다. 하지만 '내 문제로 생각하기'를 오해하지 않는 것도 중요하다. 이 말은 작은 일로 끙끙 앓으라는 뜻이 아니다. 그렇다고 모든 사람이 당신을 비난하도록 내버려 두라는 뜻도 아니다.

그런데 우리가 듣는 조언이 모두 귀한 피드백일까? 아니다. 조언을 평가하고 걸러 듣는 일 역시 당신의 몫이다. 진리를 깨닫는 데 도움이 되는 피드백을 선별할 수 있는 사람은 당신이다. 이런 자기실현, 자기 계발의 과정에서 감성 지능도 풍부해질 수 있다.

'예스'라고 말하는 사람들의 이야기만 듣지 마라. '노'라고 말하는 사람들에게서 더 많은 것을 배우는 법이다. 사업체를 운영해 보면 열성 고객에게 제품에 대한 찬사를 듣는 것은 큰 격려가 된다. 그러나 시큰둥한 고객의 평가를 듣는 데 더 많은 시간을 할애하라. 그들이야말로 제품을 개선하는 데 구체적인 피드백을 줄 것이다. 우리의 목표는 안테나를 길게 뽑아서 더 많은 피드백을 수집하고 그중 긍정적이고 건설적인 피드백을 흡수해 더욱 성공적이고 달콤한 인생을 사는 것이다.

자아 성찰과 자기 계발은 최근 대세처럼 보인다. 하지만 그 뿌리는 700년 전, 한 독일 수도사에게까지 거슬러 올라간다.

14세기 독일의 수도사이자 연금술사인 베르톨트 슈바르츠는 '자아 성찰'에 대해 쓴 거의 최초의 인물이다. 자아 성찰이란 자신을 객관적으로 파악하고 스스로 피드백을 거듭해 더 나아지는 과정이다. 그 덕분에 6세기 후 우리가 맛있는 피자를 먹을 수 있게 된 사실은 본인도 몰랐을 것이다.

자아 성찰은 보통 자신과 대화를 나누고 자신을 살피는 일이다. 하지만 외부의 피드백으로 자아 성찰을 할 수도 있다. 자기를 정확히 인식할 때 누릴 수 있는 효과를 최대화하기 위해서는 자가 피드백과 외부 피드백 모두 활용할 줄 알아야 한다.

외부 피드백은 오로지 당신만이 누구에게 무슨 이야기를 들을지 결정할 수 있다. 특정 피드백을 걸러 듣고 받아들일지 무시할지 결정하는 일은 자기 몫이다. 부정적인 피드백과 건설적인 피드백을 구별하기 위해서는 자기만의 거름망이 필요하다. 부정적인 피드백은 우리를 비관의 구렁으로, 건설적인 피드백은 우리를 성공으로 데려다주기 때문이다.

도미노 피자처럼 일반 소비자를 대상으로 하는 브랜드를 운영하면 피자를 좋아하는 사람과 싫어하는 사람 모두에게서 가지각색의 피드백을 듣는다. 도미노 피자의 전 CEO 패트릭 도일도 임기 중에 이런 처지에 놓였다. 하지만 도일은 슈바르츠의 자아 성찰 원칙을 활용해서 도미노 피자 역사상 최고의 흑자 전환을 이뤄 냈다.

도미노 피자가 고전할 때 도일은 문제를 정면으로 돌파한 것이다. 그는 다소 파격적으로 피자에 쏟아진 혹평을 그대로 광고에 내보냈다.

"여태 먹은 피자 중 제일 맛없다."
"풍미가 하나도 없다."
"피자 소스 맛이 케첩 맛이다."
"도미노 피자 크러스트는 판지 같다."

자기 회사에 쏟아진 부정적인 피드백을 전국에 방영되는 광고에 싣는 CEO는 흔치 않다. 피드백을 무시하고 아무 일도 없었다는 듯 기업을 운영하는 대신에, 도일은 최대한 솔직하게 대처한 것이다. 그는 혹독한 피드백을 받아들이고 더 잘하겠다는 마음으로 고객의 목소리에 귀 기울였다. 지치지 않고 일에 헌신하며 피자의 품질과 맛을 개선했고 브랜드를 현대화했으며 새로운 기술을 도입했다.

도일은 그저 그런 피자에 안주하지도, 부정적인 피드백을 무시하지도 않았다. 부정적인 피드백을 동력으로 삼아 도미노 피자를 혁신했다. 또 창의력을 발휘해서 브랜드를 향한 소비자의 마음을 돌려놨을 뿐만 아니라 주주들에게 돌아가는 경제적 이익을 끌어올렸다.

어떻게 하면 도미노 피자 이야기가 주는 교훈과 14세기 수도사의 가르침을 우리 삶에 적용할 수 있을까?

바로 모든 문제를 마음에 담아 두는 일부터 시작하면 된다. 이 말은 도미노 피자처럼 더 나은 브랜드가 되기 위해 외부 피드백을 듣고 반영하라는 뜻이다. 또한 자신에게 귀 기울이고 자기 상태를 진단해서 스스로 얻은 피드백을 통해 더욱 자기답게 강해지라는 뜻이다.

정확한 자기 인식을 삶에 반영할 수 있도록 고안된 2단계 피드백 연습을 통해 자신을 객관적으로 파악하고 무슨 일이든 더욱 성공적으로 해낼 수 있을 것이다.

나를 객관적으로
파악하는
피드백 2단계

1단계: 퍼스널 스왓(PSWOT) 분석

자기만의 장점, 약점, 기회, 위기 요인을 나타내는 퍼스널 스왓, 즉 PSWOT를 만들어라. 스왓 분석은 알버트 험프리에 의해 고안됐다. 경영 컨설턴트였던 그는 1960년대에 스탠퍼드 대학교 연구소에서 스왓 분석의 뼈대가 되는 아이디어를 얻었다.

종이에 사분면을 그리고 각각 'S, W, O, T'라고 적어라. 각 글자가 상징하는 단어, 나타내는 의미는 다음과 같다.

Strength(강점): 당신이 빛나는 분야

Weakness(약점): 당신이 부족한 분야

Opportunity(기회): 당신이 성공할 수 있는 잠재력을 가진 분야

Threat(위협): 당신의 내면 세계와 외부 현실의 장애물

빈 공간에 당신의 장점, 약점, 기회, 위협 요인을 3가지씩 적어라. 퍼스널 스왓 분석은 자기 인식인 자가 피드백과 가족, 친구, 동료, 상사 등 다른 이들의 피드백을 모두 반영해야 한다.

각 요인을 모두 적어 놓고 보면 당신에게 이미 많은 정보가 있다는 사실을 느낄 것이다. 퍼스널 스왓 분석을 하는 목적에 따라 4가지 요소의 중요도가 다르다.

가장 중요한 것은 강점이다. 강점은 우리의 뼈대이자 기반이고 기회를 극대화하는 데 필요하기 때문이다. 당신의 어떤 강점이 어떤 기회로 이어질 수 있을지 살피고 각 강점과 기회를 연결하는 선을 그어라. 마찬가지로 강점을 이용해 위협 요인을 제거하거나 상쇄해야 한다. 위협 요인이 기회를 가로막기 때문이다. 당신의 어떤 강점이 어떤 위협을 상쇄할 수 있을지 고민하라.

일반적으로 사람들은 약점을 보완하는 데 집중하라고 한다. 수많은 사람이 이 말에 속아 넘어간다. 그리고 약점을 보강해 강점으로 바꾸는 데 시간과 노력을 쏟는다. 마치 완벽한 슈퍼맨이 돼야 한다는 듯 노력한다. 하지만 당신도 이렇게 완벽함을 추구한다면 그만둬라. 모든 약점을 반드시 강점으로 바꾸겠다고 생각한다면 결코 도달할 수 없는 목표를 세운 것이다. 모든 일을 잘할 수는 없다. 누구라도 마찬가지다.

수많은 사람이 완벽을 추구하며 사소한 약점조차 크게 생각한다. 모든 사람에게 약점이 있다. 그 약점이 자기를 얼마나 깎아내릴지 결정하는 건 오로지 자신뿐이다. 당신만이 인생에서 약점의 역할과 존재 이유를 결정할 수 있다.

차라리 약점을 길잡이로 생각하라. 약점은 우리에게 어디에 시간과 에너지를 할애하면 안 되는지 가르쳐 준다. 그래서 우리가 제대로 선택과 집중을 할 수 있도록 도와준다. 굳이 못하는 일을 하면서 시간을 낭비하지 마라. 자신의 약점을 파악하면 다른 곳에 에너지를 쓰고 우리는 훨씬 강해질 수 있다.

약점 대신에 강점을 활용해 어려움을 헤치고 계속 나아가 발전을 이뤄라. 약점은 열매를 맺지 못한다. 열매를 맺을 수 있는 요소는 강점이다. 그러므로 어떻게 하면 당신의 강점이 기회를 물어다 줄지 모든 촉각을 세워라.

퍼스널 스왓 분석은 반복해야 하는 연습이다. 3, 6, 12개월마다 반복해서 자신의 발전 과정을 기록하라.

2단계: 골(GOAL) 분석

GOAL 분석은 자아 성찰의 또 다른 면을 반영한다. 결과를 추측하고 예상한 결과와 실제 결과를 비교한 뒤 얻은 피드백을 분석해서 자신을 깊이 성찰할 수 있다.

경영의 대가 피터 드러커는 16세기에 예수회를 설립한 성 이그나시오 데 로욜라도 이 같은 '피드백 분석'을 활용했다고 전했다. 드러커에 따르면, 우리는 피드백과 분석을 통해 자신을 제대로 파악하고 시간과 노력을 현명하게 사용할 수 있다.

종이에 세로 칸 4개를 그리고 G, O, A, L이라고 적어라. 각 항목이 의미하는 바다.

Goal(목표): 당신이 이루고 싶은 목표

Outcome(결과): 당신이 예측한 결과

Action(행동): 목표를 달성하기 위해 한 행동

Lesson(교훈): 원하는 목표를 달성한 뒤 얻은 교훈

지금 목표와 결과 칸을 작성하라. 행동과 교훈 칸은 3, 6, 12개월 후에 일의 진전을 기록하고 당신이 내린 결정이 목표 달성으로 이어졌는지 확인할 때 작성할 것이다. 목표를 달성하지 못했다면 어째서 당신의 행동이 원하는 결과로 이어지지 않았는지 성찰하라.

예를 들어 패트릭 도일의 GOAL 분석은 다음과 같을 것이다.

목표: 도미노 피자를 혁신한다.

결과: 판매량을 늘리고 소비자를 만족도를 끌어올려 주식 가치를 높인다.

행동: 소비자 피드백을 바탕으로 광고를 만들었고 흑자로 전환했다.

교훈: 솔직한 외부 피드백과 자가 피드백을 대담하고 창의적으로 반영했더니 원하는 결과를 얻을 수 있었다.

퍼스널 스왓 분석으로 자기가 나아갈 방향을 정한다면 골 분석으로는 자기를 돌아볼 수 있다. 2단계 피드백을 반복할수록 자신을 더욱 깊이 이해하고 목표에 가장 효과적인 전략을 찾을 수 있다.

자기 인식 능력은 일과 생활에 큰 영향을 미친다. 자기 인식이란 자신, 타인, 주변 환경에 기민하게 반응하는 것이다. 이제부터 사례를 살펴보고 자기 인식 능력이 타인을 이해하는 데도 어떻게 도움이 되는지 알아보자.

계속 피자 이야기를 이어 가서, 다음에 등장할 두 피자 가게 주인이 어떻게 자기 인식 능력을 활용했는지 살펴보자. 어느 쪽이 자기를 제대로 파악하고 있는지 알아보고 어째서 자기 인식 능력이 사업하는 데 중요한지 생각해 보자.

지금은 점심시간, 펜역 부근이다. 이곳은 뉴욕에서 큰 기차역 두 곳 중 하나다. 길거리는 관광객들로 붐비고 다들 타임스 스퀘어, 엠파이어 스테이트 빌딩, 메이시스 백화점에 가느라 바쁘다.

작은 피자 가게 두 곳이 몇 블록을 사이에 두고 영업 중이다. 두 명의 사업가가 각자 피자 가게를 운영한다. 첫 번째 가게는 깔끔한 하얀색 타일로 장식돼 있고 신선한 유기농 재료로 공들여 만든 다양한 피자를 제공한다. 가게 주인인 켈시는 정통 요리사다.

몇 블록 떨어진 곳에 두 번째 가게가 있다. 피자 한 조각당 1달러에 판다. 가게 실내 장식은 단순하다. 유기농 재료는 쓰지 않고 토마토소스 캔을 쓴다. 가게 주인인 케이티는 요리 수업을 들어 본 적이 없다.

두 가게 모두 피자를 팔지만 한 곳은 줄이 길게 늘어서고 한 곳은 썰렁하다. 어디가 어디인지 알아맞혀 보시라.

손님이 미어터지는 곳은 1달러짜리 피자 가게다. 왜일까? 고급 피자가 맛도 좋고 보기에도 좋다. 질적으로 낫다. 의심할 여지 없이 켈시는 진정한 예술가이자 기술자다. 사업가가 돼서 자기가 만든 피자를 세상과 나누고 싶었던 켈시는 혁신성과 창조성 면에서 단연 승리했다.

하지만 켈시는 착각에 빠져 있었다. 자신의 고객도, 가게의 위치도 제대로 이해하지 못했다. 켈시는 단순히 자기 가게를 열어서 사업가가 되고 싶을 뿐이었다. 목표 고객이 요구하는 것을 만족시키기보다 자기의 요리 솜씨를 뽐내고 싶어 했다. 즉 고객이 아니라 자신이 더 중요했다. 켈시가 이 사실을 깨달을 즈음에는 사업이 망했을 것이다.

맨해튼에서 펜역 부근에 있는 관광객들은 계속 이동한다. 관광객들이 원하는 건 고급 음식이 아니라 빨리 나오고 값싼 음식이다. 간편할수록 더 좋다. 그래서 켈시가 사업은 훌륭하게 구상했을지 몰라도 위치 선정부터가 틀렸고 목표 고객층을 제대로 이해하지 못했다고 말한 것이다.

이 사례는 전통과 전문성을 내세운 동네 가게들이 죽어 가고 음식을 대중적으로 상품화한 피자 가게가 부상한다는 이야기가 아니다. 사업이란 무엇인지 가르쳐 주는 이야기다. 당신이 무엇을 원하는지가 아니라 고객이 무엇을 원하는지에 집중하라. 고객의 삶에 가치를 더할 방법을 찾아라. 고객이 편하게 휴가를 즐길 수 있게 하라. 온종일 걸은 고객이 원하는 건 친숙하고 편안한 음식이다.

사업가가 된다는 것은 자신이 아니라 타인을 위한 일을 하는 것이다. 자신을 제대로 파악했을 때 타인을 이해하는 일도 더 쉬워진다. 하지만 내면을 들여다보려고 애쓸수록 외부의 힘이나 위협은 당신이 자신을 발견하고 이해하는 일에 훼방을 놓으려 할 것이다. 삶이 소란스러울 때가 있다. 하지만 그런 소란에 어떻게 대처하는지에서 차이가 비롯된다.

인생에
방해되는 것을
경계하라

　　　　　　　　뉴욕에서 비긴급 신고를 할 때는 '311'로 전화해야 한다. 여기로 매일 5만 통의 전화가 걸려 온다. 불만 사항 1위는 다름 아닌 소음이다.

'비행기, 헬리콥터, 자동차 경적, 시끄러운 음악, 공사, 낙엽 청소기.'

　뉴욕 맨해튼 한복판의 소음은 95데시벨까지 치솟는다. 이는 미국 정부가 권장한 평균 70데시벨보다 훨씬 높은 수치다. 2009년도에 유럽 연합은 소음 지침을 만들어서 밤에는 소음이 40데시벨 이하여야 하고 낮에는 배경 소음이 50데시벨을 넘지 않아야 한다고 권고하기도 했다.

삶이 만들어 내는 불협화음에서 벗어나기란 쉽지 않다. 소음은 신경을 긁기도 하지만 최고의 방해꾼이기도 한데 친구, 부모님, 동료, 심지어 우리 마음속에도 도사리고 있다. 소음은 반드시 피해자를 만들기 때문에 주범을 밝히고 자신을 지키기 위해 할 수 있는 일은 뭐든지 해야 한다. 다음은 열심히 일하는 무고한 사람을 방해하고 집중력을 흐뜨러트리는 여러 유형의 소음이다.

"소용없어."
"정말로 다 감당할 수 있어?"
"경쟁이 치열해."
"포기해."
"여기에 돈을 투자해."
"여기에 시간을 투자해."
"실패할 거야."

소음의 정체를 알겠는가? 소음은 우리가 꿈을 이루고 목표를 실현하지 못하도록 방해하고 집중력을 흐뜨러트리는 도둑이다. 성공으로 향하는 길을 가로막고 있는 장애물이다. 당신은 일상의 소음을 얼마나 자각하고 있는가?

종이에 삶을 시끄럽게 만드는 것 5가지를 적어 보라. 시끄러운 것이라고 해서 무조건 소리가 큰 것은 아니다. 오히려 시간과 생산성을 조용히 갉아먹는 것일 수 있다. 하루에 10번씩 들락거리는 웹 사이트부터 당신의 마음을 비관과 의심으로 물들이는 사람까지, 무엇이든 소음이 될 수 있다.

　소음에 영향을 받지 않는 비법은 무엇일까? 삶에서 가장 시끄러운 것 5가지를 적는 순간, 우리는 이 비법을 향해 첫걸음을 내디딘 것이다. 무엇이 우리를 방해하는지 파악하고 나면 방해꾼을 더 쉽게 제거할 수 있다. 누가 소음을 사랑하는지 아는가? 두 유형의 사람, 바로 변명쟁이와 한탕주의자다.

　변명쟁이가 소음을 좋아하는 까닭은 당면한 문제에 신경 쓰지 않아도 되기 때문이다. 변명쟁이는 소음 덕분에 일을 미룰 수 있다. 목표를 세우는 일도 회피할 수 있다. 변명쟁이에게는 아무런 목표가 없으므로 이는 크나큰 위안이 된다. 핑계 대기를 좋아하는 변명쟁이에게 소음은 불평거리 뒤로 숨을 수 있는 좋은 구실이다.

　한탕주의자도 소음을 좋아한다. 새롭고 뜨끈뜨끈한 소식을 찾아 헤매는 한탕주의자는 여기저기에 정신이 분산돼 있다. 다음에는 무엇을 쫓아가야 할지 주시하다가 시끌벅적한 곳을 발견하면 우선 끼어든다.

　변명쟁이와 한탕주의자의 주의력을 소음으로 분산시키는 일은 식은 죽 먹기다. 두 사람이 소음의 함정과 속임수에 빠져 있는 동안 누군가가 멀찍이 떨어진 곳에 자리를 잡는다. 바로 경쟁자다.

　당신이 엉뚱한 곳에 정신이 팔린 사이에 경쟁자는 자신을 이해하고 성찰하는 일에 힘을 쏟는다. 함정이나 속임수에 빠지지 않고 자기를 계발하면서 나아지려고 애쓴다. 그러니 방해꾼들이 훼방을 놓으려 해도 함정이나 속임수에 빠지지 마라. 소음이 당신 삶의 핑곗거리, 장애물, 훼방꾼이 되도록 내버려 두지 마라.

당신의 경쟁자는 소음 주변에 앉지 않는다. 당신도 신중하게 자리를 골라라. 소음을 차단하는 방법을 터득하면 정신을 산만하게 만드는 것들을 물리치고 자신을 더 깊이 이해할 수 있다.

이제 소음이 잠잠해진 것 같으니 당신이 반드시 갖춰야 하는 가장 중요한 자질을 살펴볼 시간이다. 여기에는 조금이라도 봐주거나 타협할 여지가 없다. 완전히 당신을 위한 일이기 때문이다.

삶의 주인이 되기 위한 자질 1
_책임자를 탓하지 마라

어딜 가나 책임자는 불쌍하다. 그는 매번 다른 사람들의 잘못까지 엄하게 뒤집어쓴다.

복도 끝에서 시끄러운 소리가 난다면?

이번 달 영업 이익이 떨어졌다면?

고객 서비스 센터가 24시간에서 48시간 이내에 응답하지 않았다면?

발표가 실수투성이였다면?

'책임자한테 가서 따지세요.'

그 책임자는 시끄럽게 하지도 않았고 영업 이익과 아무 상관 없는 사람이며 고객 서비스 부서에서 일하지도 않고 발표자도 아니다. 그런데 모든 잘못을 뒤집어쓴다. 당신은 책임자를 탓할 수 없다.

　자신을 탓하라. 자신을 탓하는 행동을 가리켜 '책임진다'고 말한다. 자기의 단점, 실패, 실수, 망친 일 등을 시인하는 것이다. 책임감이 그 어느 때보다도 상실된 시대다. 원하는 걸 요구하는 문화와 책임을 지는 문화 사이의 균형이 깨졌다. 행동에 따르는 책임은 지지 않으면서 권리만 요구하는 쪽으로 치우쳐 있다.

　변명쟁이는 연단에 서서 메가폰을 들고 큰소리치는 걸 좋아한다. 하지만 막상 행동해야 할 때가 되면 어디론가 사라지고 없다. 비판하고 공격하고 불평하기는 쉽다. 하지만 그 전에 이 질문에 답해야 한다.

'상황을 개선하기 위해 어떻게 할 것인가?'
'환경을 바꾸기 위해 어떻게 할 것인가?'
'삶을 변화시키기 위해서 어떻게 할 것인가?'

　안타깝게도 변명쟁이는 여기에 대답하지 못한다.

　삶에서 당연히 주어지는 것은 없다. 요구하지 말고 베풀어라. 시키지 말고 부탁하라. 바라지 말고 직접 하라. 기다리지 말고 움직여라. 넘겨짚지 말고 입증하라.

투덜대는 사람들은 끼리끼리 모이는 것을 좋아한다. 이들은 모두 책임감이 부족하다. 변명쟁이는 자신이 한 행동에 책임지지 않을뿐더러 일이 잘못돼도 잘못을 인정하지 않는다. 결과물이 나온 후에 공로만 쏙 빼 가서 인정받을 수는 없다. 모든 행동에는 책임이 따른다. 이는 대담한 혁신가가 명심하는 원칙이다.

모든 사람이 인생에서 좋은 것만 취하길 원한다. 성공해서 인정받고 칭찬받고 싶어 한다. 하지만 좋은 것만 골라 가질 수는 없다. 성공도 하고 노력의 결실을 누리는 자유를 얻고 싶다면 예상치 못한 결과를 책임질 줄도 알아야 한다. 당신이 창업가 혹은 CEO라면 모든 것을 책임져야 한다. 좋은 일, 나쁜 일, 불미스러운 일까지. 책임감은 대담한 혁신가를 평가하는 척도이며 우리가 우리를 평가하는 척도여야 한다.

회사에서 5년 동안 근무했다는 이유로 승진하리라 기대하지 마라.

한 해가 지났다는 이유로 연봉이 인상되리라 기대하지 마라.

명문대에 다녔다는 이유로 특별 대우를 받으리라 기대하지 마라.

직장에 무언가를 요구할 때마다 책임을 더 맡는 것으로 균형추를 맞춰야 한다. 직장에서 어떤 책임도 절대 떠맡지 않으려는 사람을 본 적이 있을 것이다. 그런 사람은 책임감이 아니라 권리만 갖고 산다. 무작정 요구만 한다면 당신은 직원이라는 이유로 회사가 당신에게 빚진 게 있다고 생각하는 것이다. 요구는 재빨리 불평으로 둔갑한다.

당신에게 이런 불만이 있다고 상상해 보라. 각 상황에서 당신이 직접 할 수 있는 일이 있다. 다른 사람이 문제를 해결해 줄 때까지 기다릴 필요가 없다. 결국 당신의 불만이기 때문이다.

"업무 지침을 충분히 듣지 못했어."

→ 그렇다면 적극적으로 당신의 상사와 이야기해서 적절한 질문을 던지고 필요한 지침을 들어라. 상사만 당신에게 말을 걸 수 있는 게 아니다.

"사장님을 보기가 힘들어."

→ 잘됐다. 사장이 없는 지금이 마음껏 활약할 기회다. 사장이 돌아오기를 기다리지 마라. 당신이 나서서 리더 역할을 하라.

"회사의 전반적인 전략을 설명해 주는 사람이 없어."

→ 물어봤는가? 이상적으로는 모든 직원이 기업의 미션과 전략을 이해하도록 회사가 세심히 챙겨야 한다. 다른 사람에게 기업 전략에 관해 묻고 업무를 처리할 때 반영할 수 있도록 하라.

책임자를 탓하지 마라. 대신 스스로 책임지는 법을 배워라.

삶의 주인이 되기 위한 자질 2
_그들이 안 된다는
이유를 찾아라

사회에서는 '안 된다'는 대답을 그대로 받아들이지 말라고 한다. 절대 포기하지 말고 거절당하더라도 계속 밀고 나가라고 한다. 강한 집념은 중요하다. 하지만 맹목적으로 한 가지 계획, 한 가지 결과, 한 가지 목표에만 매달리면 얻는 것보다 잃는 게 많을 것이다.

'안 돼'라고 들으면 기분이 언짢고 실망스럽다. 하지만 당신이 알아차려야 할 것은 '안 돼' 뒤에 숨은 '왜'다. 고집을 부리느라 다른 사람 이야기에 귀를 닫지 마라. 명분에 집착하느라 궤도를 바로잡을 기회를 차 버리지 마라. 당신은 안 된다는 대답을 있는 그대로 받아들일 때도 있어야 한다.

대담한 혁신가는 거절을 흘려버리지 않는다. 필요한 피드백은 계속 머릿속에 담아 둔다. 그리고 180도 변신해 다른 사람들과 차별점을 만든다. 어째서 '노'가 '예스'보다 중요할까? 궁금하다면 레이 크록에게 물어보라.

51세의 영업 사원이던 크록은 한꺼번에 밀크셰이크 여러 잔을 제조할 수 있는 믹서기를 팔려고 고군분투했다. 믹서기를 판매하려고 애쓰며 중서부 지역을 횡단하는 동안 크록은 음료수 가게 주인들에게서 똑같은 이야기를 들었다. 밀크셰이크를 동시에 5잔씩 제조할 수 있는 믹서기는 필요하지 않다는 것이었다.

이유를 알아내려고 크록은 가게 주인들의 이야기에 귀 기울였다. 도시 사람들이 교외로 이사하면서 인구가 줄었고 밀크셰이크 수요도 곤두박질쳤다는 게 이유였다. 인구가 줄어서 장사가 안 되자 근처 음료수 가게들도 문을 닫는 상황이었다.

그런데 캘리포니아주 샌버너디노에 있는 작은 햄버거 가게에서 크록에게 한 번에 밀크셰이크 8잔을 제조할 수 있는 믹서기를 주문했다. 크록은 호기심이 일었다. 여기에서 그가 범생이라면 그저 새로운 고객을 유치해서 영업 실적을 올릴 수 있다는 생각에 신이 났을 것이다.

크록도 물건을 팔아서 기뻤지만 기존 고객들은 믹서기를 전혀 주문하지 않았는데 어째서 작은 햄버거 가게에서 큰 믹서기가 필요한지 궁금한 마음이 앞섰다. 믹서기를 주문한 딕 맥도날드와 맥 맥도날드 형제의 가게를 직접 방문하자 크록은 그 이유를 알 수 있었다.

전통적인 드라이브인(drive-in) 식당과 달리 맥도날드 형제의 가게는 셀프서비스로 식당을 운영했다. 그래서 음식 가격이 저렴했고 메뉴가 몇 가지 없어서 손님이 주문하면 몇 분 안에 음식이 생산 라인에서 조리돼 나갈 수 있었다.

크록은 맥도날드 형제가 다른 음료수 가게나 드라이브인 식당보다 훌륭한 사업 모델을 만들어 운영한다는 점을 발견했다. 뒤이어 맥도날드 형제가 고안한 가게를 전국 곳곳에 세우고 가게마다 밀크셰이크를 8잔씩 제조할 수 있는 믹서기를 둔다면 그 또한 엄청난 기회가 되리라고 생각했다.

원래 크록은 한탕주의자처럼 커리어를 쌓아 온 사람이라 다음 대박 상품을 찾는 데 혈안이 돼 있었다. 그러나 이번에는 달랐다. 그는 맥도날드 형제 덕분에 대담한 혁신가로 거듭났다. 크록의 인생이 바뀐 것이다.

다른 무엇이란 크록이 거절을 제대로 받아들였다는 것이다. 우선 여러 가게 주인들에게 영업을 거절당한 뒤 음료수 가게와 드라이브인 식당 주인들에게서 새로운 사실을 알아냈다. 인구 변화로 사업이 타격을 받고 밀크셰이크 대량 제조기가 필요 없어진 점이었다.

크록은 거래처 사람들의 거절 뒤에 숨은 '왜'를 찾아내고 기존 사업 모델의 한계를 정확하게 파악했다. 그리고 자신의 매출도 여기에 어떻게 영향을 받는지 이해했다. 크록은 맥도날드 형제도 이 접근 방식으로 생각하고 그들을 단순히 새로운 고객으로만 여기지 않았다. 맥도날드 형제가 어째서 대량 믹서기를 주문했는지에 주목해 형제가 고안한 새로운 사업 모델의 잠재력을 알아차렸다.

맥도날드 햄버거 가게 덕분에 한탕주의자였던 크록은 패스트푸드 업계에 혁명을 일으킨 대담한 혁신가로 탈바꿈했고 억만장자가 됐다.

어떻게 해야 크록처럼 거절을 제대로 받아들이고 숨은 이유를 찾을 수 있을까? 3가지 방법이 있다.

- 가짜 혁신가가 되지 마라. 즉 갑자기 혁신 기업인 척하지 마라.
- '할 수 없다'는 태도를 보여라.
- 함축된 메시지를 간파하라.

거절에서
가능성을 보는 법 1
_가짜 혁신가가 되지 마라

비전을 품고 업계 전체를 뒤흔드는 레이 크록 같은 사람이 있는가 하면 자기가 차지한 시장에서 너무 익숙해져 버린 사업가도 있다. 이 사업가들은 자신의 사업이 흔들리지 않고 끝없는 상승세를 달릴 것이며 소비자들의 사랑을 영원히 누릴 것이라고 착각한다. 마치 인기가 영원할 것이라고 생각하는 아이돌 가수처럼 자신만만하다.

이들은 영업 이익이 감소할 때조차 아직 괜찮은 시장 점유율을 보고 안도한다. 심지어 시장의 규칙이 본인은 비껴 간다고 생각한다.

'우리가 왜 변화에 적응해야 하는가? 우리가 1등인데. 우리에게 맞서는 다른 기업들이 변화에 적응해야지. 우리는 너무 거대해서 무너질 수 없다.'

그러는 사이, 누군가는 어디선가 그들을 무너뜨리려고 날마다 노력하고 있다. 마침내 몰락의 순간이 찾아오면, 때는 이미 늦었다. 신기술 도입은 계획에도 없던 그 거대 기업은 몇 년 후에 느닷없이 최고의 기술을 가진 기업이 되기로 마음먹는다. 수년간 기술 도입을 배제한 바람에 전자 상거래 시스템도, 애플리케이션도, 어떤 혁신 기술도 갖추지 않은 채 말이다. 그런데 지난 몇 년 사이에 자기가 게임에서 밀려났다는 사실을 아무도 모른다는 듯이 능청스럽게 새로운 앱, 새롭게 단장한 웹 사이트를 소개한다. 그리고 혁신적인 경쟁 기업을 따라서 기민하고 창의적인 척한다.

참신하고 창의적인 신생 기업 때문에 사업에 타격을 입은 뒤 이에 반격해 피해를 돌려주고는 여전히 무패의 챔피언이라고 우길 수는 없다. 사업은 진작에 타격을 입었다. 변화하는 기술을 도입하지 않아 놓고 뒤늦게 기술 기업 행세를 하는 것은 가식적이다.

소비자들은 신뢰도 없이 이런 기업을 혁신적이라고 믿지 않는다. 고객을 위해 사업 모델을 개선하고 효율성을 제고하고 비용을 절감할 기회를 수년간 흘려버리다가 다른 사람이 이미 한 일을 따라 하려고 해 봤자 소용없다. 소비자는 모든 것을 간파한다.

장난감 회사가 이제야 전자 상거래 시스템을 구축한다. 아마존에게 이미 잡아먹힌 상태다.

공항 리무진 서비스 회사가 이제야 애플리케이션을 도입한다. 우버와 리프트에게 이미 손님을 다 뺏겼다.

여행사가 이제야 사용자 친화적인 웹 사이트를 만들었다. 익스피디아와 트립어드바이저가 진작 선수를 쳤다.

구시대 기업들은 폐업 위기를 자각조차 못 하고 있다. 10년이나 뒤늦게 구식 애플리케이션을 선보이고 소비자들이 기뻐하리라고 기대하는 것은 욕심이다. 더 나은 가치와 서비스를 제공하는 진짜 혁신 기업이 있는데 누가 굳이 그들을 선택하겠는가?

뒤처진 이 기업들은 요란만 떨고 있을 뿐이다. 한탕주의자처럼 급물살을 타길 바라면서 희망의 끈을 붙들고 있다. 물론 뒤늦게라도 이미 평범해진 도구를 내세워 혁신 기업이라고 선언하면 차이를 모르는 소비자들은 그 제품을 구매하고 서비스를 이용할 수 있다. 혹은 신생 기업이 커지기 전에 인수해 버릴 수도 있다.

하지만 그들의 시대는 이미 갔다. 그들은 사업 모델을 개선하고 최적화할 기반을 갖추고 있었고 산업을 지배하고 있었으며 소비자를 위해 혁신하고 발전할 기회가 무수히 많았다. 그런데 이제 와서 변화를 위한 변화를 하려고 한다.

물론 시장을 혁신하는 최초의 기업이 될 필요는 없다. 우위를 선점하는 것은 도움이 되지만 선점에 실패한 기업도 발 빠르게 움직이고 차근차근 발전한다면 변화하는 시장을 따라갈 수 있다. 하지만 지금이 시장을 뒤흔들 적기라고 생각한다면 늦었다. 신문 헤드라인이나 치솟는 주식 가격을 보고서 혁신할 때를 판단한다면 가짜 혁신가다.

물론 가짜 혁신가도 사업 모델을 바꿀 자유가 있다. 실수를 인정하고 책임을 질 수 있다. 변화에 맞춰 탈바꿈하고 경력은 다시 쌓아 올릴 수 있다. 하지만 쉽지 않을 것이다. 우위를 선점할 수 있었는데도 더 일찍 변하지 않았으니 5배는 더 노력해야 할 것이다. 잃어버린 기반을 다지고 사람들의 신뢰와 확신을 만회해야 한다. 언제든지 처음부터 다시 시작할 수 있다고는 해도 경쟁에서 한참 지다가 대뜸 손을 들고 우리 기업도 혁신 기업이라고 우길 수는 없다.

대담한 혁신가는 앞을 내다본다. 유행을 뒤쫓는 대신 동향을 관찰하고 분석한다. 판단력을 발휘해 어떤 일이 잘되고 어떤 일이 잘 안 될지 파악하며 소비자 선호도와 기술 혁신도를 가늠한다. 뛰어난 창의력과 직관력으로 더 좋고 빠르고 저렴한 방법을 찾으며 영향력을 창조한다.

가짜 혁신가가 되지 마라. 모든 이가 진실을 꿰뚫어 본다.

거절에서
가능성을 보는 법 2
_'할 수 없다'고 하라

성공하려면 어떻게 해야 한다고 배웠는가? 우리는 '할 수 있다'는 태도로 무장하라고 배웠다. 목표를 달성하고 성공하기 위해서는 에너지, 활력, 긍정적인 태도를 가져야 한다. 어떻게 해야 할지 모른다면 해결책을 찾고 일하면서 배우고 대책을 강구해야 한다.

이 또한 일리가 있다. 우리는 '할 수 있다'는 태도로 일하는 사람을 좋아한다. 이런 사람들 덕분에 우리는 안심하고 적임자에게 일을 맡겼다는 든든한 기분이 든다. 또 이왕이면 미소를 띠고 일하는 사람을 선호한다.

그럼 '할 수 없다'는 태도는 비관적이고 패배적인 태도로 업무에 임하는 걸까? 일을 시작하기도 전에 거부하는 걸까? 찌푸린 얼굴로 서비스를 제공하는 걸까?

자칫 대담한 혁신가와 '할 수 있다'는 태도, 변명쟁이와 '할 수 없다'는 태도를 연결 짓기가 쉽다. 대담한 혁신가는 과업을 완수하는 반면 변명쟁이는 과업을 완수하지 못하기 때문이다. 하지만 이렇게 규정하기는 간단하지가 않다.

자칫 '할 수 있다'는 태도를 가진 사람과 과업을 실제로 완수하는 사람을 동일시하기 쉽다. 하지만 이 둘은 완전히 다르고 완전히 다른 결과물을 낸다. 가령 무슨 일이든지 웃으며 하지만 최선을 다해도 임무를 완수하지 못하는 사람들이 있다. 이 사람들이 주변에 얼마나 그릇된 인상을 심고 오해를 부를지 상상해 보라. 애초에 요청한 사람이 지나친 기대를 품게 한다. 즉 일을 '할 수 있다'는 태도를 '기한에 맞춰 일을 정확하게 끝낼 수 있다'는 약속으로 이해한 것이다.

그러므로 '할 수 없다'는 태도는 중요하다. 이는 심드렁한 태도로 수수방관하고 비협조적으로 굴라는 뜻이 아니다. 상사에게 쏴붙이고 동료에게 업무를 대신해 달라고 부탁해도 된다는 뜻도 아니다.

'할 수 없다'는 태도는 자기의 강점과 약점에 대해 스스로 정확히 파악하고 이를 타인에게 숨기지 않는다는 뜻이다. 또한 자신이 언제 능력을 발휘하고 언제 발휘하지 못하는지, 어떤 분야의 전문가고 어떤 분야의 초보자인지 안다는 뜻이다. 우리는 취업 면접에서부터 높일 수 있다.

이탈리아, 홍콩, 런던 대학교 연구원들로 구성된 국제 연구 팀은 조지이 재용을 결정할 때 지원자의 '자기 검증'이 어떤 역할을 하는지 연구했다. 심리학자 윌리엄 스완이 개발한 사회 심리 이론인 자기 검증 이론에 따르면,

사람들은 자기가 바라는 모습대로 타인에게 보이고 싶어 한다. 자기 인식이 부정적일 때조차 마찬가지다. 선행 연구에 따르면, 취업 면접 동안 65퍼센트에서 92퍼센트의 지원자가 자기 검증 때문에 적극적으로 자기 모습을 왜곡하고 87퍼센트에서 96퍼센트의 지원자가 소극적으로 자기 모습을 왜곡한다고 보여 줬다.

연구자들은 역량 있는 지원자가 면접에서 능동적으로 자신의 강점과 약점을 모두 이야기했을 때 면접관에게 더 진정성 있는 인상을 준다는 사실을 발견했다. 객관적으로 자신을 평가한 지원자들이 취업에 성공할 가능성도 큰 것이다.

교사직 면접에서도 자신의 장단점을 객관적으로 이야기한 지원자들의 합격률이 22프로가 더 높았다. 마찬가지로 미국 육군 관련직에 지원한 변호사들도 자기 검증에 매달리지 않았을 때 취업에 성공할 확률이 5배 이상 증가했다.

많은 사람이 '무슨 일이든 할 수 있다'고 주장하는 데 혈안이 돼 있다. 취업 면접 때도, 취업 후에도 좋은 인상을 남기려고 지키지 못할 약속을 한다. 하지만 허황된 약속을 남발하고 약속한 만큼 해내지 못한다. 물론 상사에게 못하겠다고 이야기하기란 결코 쉽지 않다. 권위에 도전하는 것처럼 보이거나 심드렁한 팀원으로 비치고 싶지 않을 것이다.

하지만 못하는 일은 못한다고 말하는 것이 더 용감하고 진솔한 행동이다. 이는 자신을 과소평가하거나 일을 쉽게 포기하거나 자기 능력을 의심하는 게 아니다. 어떤 일을 맡기에 자기가 적합하지 않거나 어떻게 목표를 달성해야 할지 모를 때 그 사실을 인정하는 데는 우선 자기 인지 능력과 의지력이 필요하다. 부족한 부분이 있다는 것은 부끄러운 일이 아니며 솔직하게 인정했을 때 신뢰감을 줄 수 있다.

물론 당신은 일을 빨리 배우는 사람이라 굳이 못한다고 밝히지 않아도 될 수 있고 무슨 일이 있어도 맡은 업무를 완수하는 것이 계약 조건일 수도 있다. 하지만 미숙한 실력을 솔직히 밝히면서 배우고자 하는 태도를 보여 줄 수도 있다. 그리고 다른 사람이 프로젝트를 더 잘할 것으로 생각하더라도 프로젝트를 지원하고 관심을 보여라.

낙관적 태도와 현실적 태도 사이에서 균형을 잡아라. 자기 능력에 솔직하면 처음부터 상호 간의 기대치를 조정할 수 있다. 당장 신뢰를 구축하고 미래의 실망을 최소화하는 것이다. 당신에게 일을 맡기는 사람은 당신이 과업을 완수하기에 적합한 사람인지, 일하는 방법을 아는지 모르는지 알아야 한다.

이는 사람들이 당신에게 거는 기대 수준을 정하고 상황에 따라 기대치를 조정할 수 있게 해 준다. 그럼 일을 의뢰한 사람은 좀 더 노련한 사람을 찾을 수도 있고 여전히 당신의 도움을 원할 수도 있다.

우리는 "당연히 할 수 있습니다"라고 말하도록 길들여졌다. "아니요. 할 수 없습니다"라고 말하려면 더 큰 용기가 필요하다. 그러나 살면서 모든 일에 '예'라고 말할 필요는 없다. 당신이 무엇을 잘하고 무엇을 못하는지는 자기 자신과 솔직하게 대화하면 알게 될 것이다. 그리고 큰 성과를 내기 위해서는 어디에 어떻게 시간과 노력을 할애해야 하는지도 알게 될 것이다. 새로운 일을 잘할 수 없다고 단정짓거나 더 욕심내지 말라는 뜻이 아니다. 무조건 할 수 있다고 말하는 사람보다 못하는 일은 못한다고 말하는 사람이 더 용기 있다는 뜻이다.

부족한 점을 인정할 자신감이 생기면 무한정한 자유를 얻게 된다. 약점을 이해하면 어려운 길을 피할 수 있다. 이는 동기를 잃거나 자기 신뢰감을 상실하거나 태도가 그른 것이 아니다. 자기가 어떤 사람인지 인지하고 깨닫는 일이며 운명을 개척하기 위해서 강점을 활용하는 일이다.

성공할 것 같다는 이유로 무조건 '할 수 있다'는 태도를 보이지 마라. 진중하고 진정성 있는 사람이 돼서 '할 수 없다'고도 하라. 할 수 없다는 태도의 의미는 판단력과 의지력으로 타인이 자신에게 거는 기대치를 관리한다는 뜻이다. 그렇다면 당신은 자신을 더 깊이 이해하게 되고 다른 사람들에게도 더 믿음직스럽게 비칠 것이다.

언제 '할 수 있다'는 태도를 보이고 언제 '할 수 없다'는 태도를 보일지 안다면 균형을 잃지 않고 가장 중대한 순간에 믿음을 주는 사람이 될 것이다.

거절에서
가능성을 보는 법 3
_숨은 의미를 읽어라

최근에 받은 부정적 혹은 건설적인 피드백을 기억하는가? 당신은 듣기 싫었을 수도, 의외였을 수도, 납득하기 어려운 내용이었을 수도 있다. 듣고 싶지 않은 피드백을 받을 때 우리는 그것을 묵살하거나 피드백한 사람을 공격한다. 방어적으로 자기의 견해와 다른 부분을 무시하는 것이 인간의 본성이다.

오하이오 주립 대학교 연구 팀에 따르면, 인간의 뇌는 부정적인 자극에 더욱 강하게 반응한다. 이 현상을 '부정 편향'이라고 한다. 부정적인 생각, 감정, 반응이 긍정적이거나 중립적인 것보다 심리 상태에 더 큰 영향을 미친다는 개념이다.

이것을 알았다면 다음부터 부정적인 피드백을 받았을 때 새롭게 접근해 보길 바란다. 바로 피드백에 숨은 메시지를 찾는 것이다. 많은 경우 우리에게 필요한 메시지는 암시로 존재한다.

투자자에게 새로운 벤처 사업을 소개하는 창업가를 예로 들어 보자. 투자자들은 매일 온갖 종류의 투자를 권유받는데, 이런저런 이유를 들며 그중 대부분을 거절한다. 투자자들이 좋은 아이디어에도 퇴짜를 놓는 흔한 이유는 다음과 같다. 창업가가 받아들인 의미와 투자자의 말에 함축된 메시지가 어떻게 다른지 주목하라.

투자자가 하는 말: 시장이 포화 상태입니다.
창업가가 받아들인 의미: 투자자는 경쟁자가 너무 많다고 생각한다.
함축된 메시지: 당신의 아이디어가 경쟁자들의 아이디어보다 왜 더 나은지 증명하지 않았습니다.

투자자들은 시장의 지형을 예민하게 감지한다. 당신의 아이디어는 이미 다른 사람이 다른 형태로 반복했을 가능성이 크다. 많은 시장이 독과점 상태다. 포화된 시장에서 신생 기업이 성공하려면 경쟁 기업의 시장 점유율을 뺏어 올 방법과 까닭을 투자자에게 납득시켜야 한다.
창업가는 자신의 아이디어가 기존의 상품과 어떻게 차별되는지 아직 증명하지 않았다.

'차별화된 장점이 무엇인가?'

'경쟁사의 강점과 약점을 파악하고 있는가?'

'경쟁사는 어떤 부분에 취약한가?'

'어떻게 경쟁사의 시장 점유율을 가져올 것인가?'

'자본이 얼마나 들 것인가?'

창업가는 차별된 아이디어를 갖고 있겠지만 본인의 비전을 다른 사람에게 설득하는 일도 투자 유치의 일부다.

투자자가 하는 말: 이 아이디어를 12번은 들었어요.

창업가가 받아들인 의미: 투자자는 내 아이디어가 시장에 이미 나왔다고 생각한다.

함축된 메시지: 출중한 사람들도 전에 모두 실패한 아이디어를 당신이 어떻게 성공시킬 수 있는지 증명하지 않았습니다.

많은 발명품은 풀리지 않는 난제에 대한 해결책이며 독창성은 다른 사람들이 실패한 지점에서 탄생한다. 투자자가 이렇게 말하는 데는 이유가 있다. 창업가는 자신의 차별화된 전략을 설명해야 한다. 또한 이전에 누가 이 문제를 해결하려고 어떤 방법을 사용했으며 왜 실패했고 반면에 창업가 자신의 전략은 어째서 더 훌륭한지 설명해야 한다. 당신의 전략 뒤에 숨은 '왜'를 증명하라. 투자가가 당신을 믿을 만한 이유를 대라.

투자자가 하는 말: 시장이 너무 작습니다.

창업가가 받아들인 의미: 시장이 너무 작아서 사업을 키우는 데 필요한 소비자층이 부족하다.

함축된 메시지: 제 예상보다 시장이 크다는 걸 증명해 보세요. 어떻게 두꺼운 소비자층을 갖춘 사업으로 키울지 설명하세요.

투자자들에게 그들이 시장 크기를 오해한 까닭을 설명하라. 소비자와 시장을 철저히 분석하라. 잠재 고객 시장, 경쟁 형세, 수익 잠재력을 보여 줘라. 목표 고객이 누구고 이들이 어째서 당신의 제품이나 서비스를 구매하기 위해 돈을 쓸지 증명하라.

투자자가 하는 말: 저라면 이 제품을 안 사겠습니다.

창업가가 받아들인 의미: 투자자가 제품을 싫어한다.

함축된 메시지: 이 제품을 사고 싶지 않은 이유가 몇 가지 있습니다. 맞혀 보겠어요?

당신이 경제적 이해관계가 얽힌 사람이 아니라 단순한 소비자라면 당신 제품을 사겠는가? 다른 사람에게도 추천하겠는가? 투자자가 제품을 좋아하지 않는 이유를 파악하라. 디자인, 기능, 실용성, 가격, 무엇이 문제일까? 투자자들이 놓치는 게 있는가, 아니면 당신이 뭔가 놓치고 있는가? 거절 뒤에 숨은 이유를 파악하고 제품을 개선할 수 있는지 제품에 시장성이 없는지 고민하라.

투자자가 하는 말: 시기상조네요.

창업가가 받아들인 의미: 투자자는 내가 돈을 더 들여서 사업 콘셉트를 시험하길 바란다.

함축된 메시지: 사업을 절반만 구상한 것 같습니다.

초보 창업가와 원숙한 투자자의 문제가 아니다. 사업이 어느 단계에 있든지, 이런 경우에는 어떤 투자자도 창업가가 제안하는 사업의 가치를 파악할 수 없다.

'당신은 아이디어를 충분히 발전시켰는가?'

'당신의 아이디어가 성공할 수 있는 까닭을 상세히 설명했는가?'

'당신은 제품만 달랑 있는가, 사업 모델이 제대로 갖춰져 있는가?'

제품이 있다고 다 사업이 되는 게 아니다. 돈을 벌 수단이 있어야 한다. 사업가라면 기업이 어떻게 수익을 창출하는지 이해하려고 항상 노력하라.

'사업의 정체성이 무엇인가?'

'상품을 직접 판매하는가, 다른 사업체에 상품 판매 허가를 내주는가?'

'외식 사업체를 운영하는가, 외식 사업체를 소유한 부동산 투자자인가?'

우리가 듣는 표면적 메시지와 간파해야 하는 함축적 메시지는 많은 가르침을 준다. 눈과 귀를 열면 거절도 하나의 해답으로 받아들일 수 있다. 부정적인 피드백, 긍정적인 피드백 모두 흡수해서 우리를 재정비하고 계발할 수 있다. 이런 피드백은 당신이 더 나은 삶을 살도록 도와주는 귀중한 공짜 조언이다.

당신의
인생을 바꿀
20가지 질문

성공한다는 것은 곧 행동한다는 뜻이다. 본격적으로 도전에 뛰어들기 전에 시선을 자기 안으로 돌리고 자기를 먼저 살펴보면 도움이 된다. 이 과정으로 자기의 인생관을 가다듬고 목표를 재정비할 수 있다. 자기 탐색은 달콤한 인생을 성취하기 위해 꼭 필요하다.

여기에 당신 인생을 바꿀 20가지 질문이 있다.

지금 어디에 서 있는가?

오랫동안 거울을 뚫어지게 쳐다보라. 누가 보이는가? 모든 일을 장악한 사람, 바라던 인생을 사는 사람, 꿈꾸던 모습이 된 사람이 보이는가? 아니면 아직 잠재력을 발휘하지 못한 사람이 보이는가? 자신이 어디에 해당하든

다음 2가지 리스트를 만들어 보라.

· 첫 번째 리스트: 삶에서 아주 만족스러운 부분을 적어라.

예를 들면 가족이나 인간관계 또는 당신에게 자부심을 주는 것을 쓸 수 있다.

· 두 번째 리스트: 당신의 발목을 잡는 방해물을 써라.

예를 들면 당신의 인생관이나 지원군, 또는 당신이 변화시키고 싶은 것들을 쓸 수 있다.

첫 번째 리스트를 보며 당신이 이룩한 일을 자축하라. 자신의 성취에 자부심을 느껴라. 자신이 누리는 행복에 감사하라. 우리는 삶을 팍팍하게 만드는 것들에 신경을 쏟느라 잘된 일에 충분히 감사하지 않을 때가 많다.

이제 두 번째 리스트를 다시 읽어라. 빠진 것이 있다면 채워 넣어라. 자아를 성찰하는 동안 당신은 자기 삶을 거울에 비추듯이 객관적으로 평가한다. 인생의 장애물들을 종이에 기록하면 정확하게 파악할 수 있고 말로도 표현할 수 있다. 장애물을 꼼꼼히 뜯어보면서 전부 혹은 일부를 해결할 수 있는지 살펴보라. 문제를 눈으로 볼 수 있어야 해결도 할 수 있다.

당신이 어디에 서 있는지 이해하는 것, 즉 당신의 성취와 장애물을 파악하는 것은 앞으로 나아갈 방향을 찾는 첫 단계다.

무엇을 숨기는가?

옷장 깊숙이 넣어 둔 귀중품이 아니다. 당신이 억누른 목표, 열망, 감정을 말하는 것이다. 자신에게조차 감추지 말고 떳떳하게 드러내라. 마음과 행동이 따로 놀면 잠재력이 제한된다.

성장은 자기 목표, 열망, 감정을 적어 보는 일에서 시작한다. 적은 내용을 자기 자신과 적극적으로 공유하라. 즉 적은 것을 매일 다시 확인하고 소리 내 읽고 낭독하며 자기 목소리를 들어라.

목표, 열망, 감정을 기록하고 상상하고 공유할 때 추진력을 낼 수 있다.

무엇이 당신의 발목을 잡나?

인생의 꿈들을 이루는 데 무엇이 당신의 발목을 잡는가? 이상적인 대답은 '없음'이어야 한다. 당신이 지금 서 있는 곳과 도달하고 싶은 곳 사이에는 아무 장벽도 없어야 한다. 물론 이 질문을 고민한다고 하루아침에 대담한 혁신가로 거듭나지는 않는다. 또 인생에는 우리가 통제할 수 없는 부분도, 우리가 통제할 수 있는 부분도 있다. 요즘 당신은 어떤 변명을 늘어놓는가?

'명문 대학교에 다니지 못했어.'
'내가 사는 지역에는 기회가 없어.'
'이제 먹여 살릴 식구가 생겼어.'
'나는 남들처럼 안 똑똑해.'

변명은 꿈을 위한 노력에 걸림돌이 된다. 자신의 변명을 자각하고 이해하라. 변명을 없애거나 바꾸거나 다시 생각해 볼 전략을 세우고 실천하라. 우리가 어느 대학교에 다녔는지, 남들이 얼마나 똑똑한지는 중요하지 않다.

중요한 것은 우리가 해결책을 찾고 실천하는 능력이다.

이번 주, 이번 달, 올해 어떤 문제를 해결할 것인가?

꿈과 목표를 세웠다면 훌륭하게 첫발을 내디뎠다. 꿈과 목표를 이루려면 행동해야 한다. 인생에는 전략이 필요하다. 이번 주, 이번 달, 올해로 시간 단위를 늘리면서 전략을 짜라.

난관을 극복하면 성공한 사람이 될 수 있다. 그저 과업을 완수하는 게 아니라 점수를 따고 게임에서 승리하는 것이다. 빚을 갚는 일이 좋은 예다. 주간, 월간, 연간 채무 상환 계획이 어떻게 되는가? 빚이 얼마나 남았는지 아는가? 어디에서 수입이 생길지 파악하고 있는가? 이번 달에 좀 더 노력해서 평소보다 빚을 더 많이 갚을 수 있을까? 가장 중요한 질문이 남았다. 애초에 왜 빚을 졌으며 어떤 습관 때문에 이런 처지가 됐는지 알고 있는가?

목표가 변하면 새로운 전략을 짜고 거듭 승리하라.

진짜 나는 어떤 사람인가?

당신은 얼마나 자신을 제대로 파악하고 있는가? 나를 잘 알 때, 우리는 역량을 충분히 발휘하고 원하는 삶을 성취할 수 있다. 자기의 개성을 이해하고 인정하라. 자신이 아닌 타인이 되지 마라. 친구나 가족이 바라는 사람이 되지 마라. 오로지 자신이 돼라. 완벽하지 않더라도 진정한 자신이 돼라.

나를 진정으로 이해하고 남을 위한 인생 때문에 연기하지 않을 때, 자유롭고 독립적인 세상이 활짝 열린다.

무엇인가 결핍돼 있는가? 지금은 갖지 못한 무언가를 인생에 채워 넣고 싶은가? 성취감, 새로운 세계관, 벌이가 나은 직업, 새로운 곳에서의 삶, 현명한 의사 결정 능력 등 그게 무엇이든 꿈만 꾸지 마라.

소원 목록이 있는 건 좋지만 소원은 연말연시나 생일 때나 비는 것이다. 진짜 다르게 살고 싶다면 당신의 능력을 개발하라.

삶의 목적이 무엇인가?

연구에 따르면, 목적의식을 갖고 살 때 동년배보다 오래 살고 사망률이 15퍼센트 낮아진다. 또한 목적의식을 가진 사람들은 수입과 재산이 더 많고 재무 상태를 개선할 가능성도 크다.

당신 인생의 목표를 생각해 보라. 목표가 없다면 이 질문에 대답해 보라.

'당신이 존재하는 이유는 무엇인가?'
'세상에 나눠 줄 수 있는 당신만의 재능이 무엇인가?'

다른 사람을 위해 재능을 발휘하면 더 큰 무언가를 창조할 수 있다. 예를 들어, 교실에서 학생들에게 영감을 줄 수도 있고 개인 사업 혹은 공공 사업으로 사회에 영향력을 창조할 수도 있으며 군대에서 복무할 수도 있고 사랑과 헌신으로 가정을 꾸릴 수도 있다.

삶의 목적을 알라. 먼저 인생의 목표를 말해 보는 일부터 시작하라. 그 목표를 언제나 당신의 우선순위에서 제일 앞에 둬라. 매일 그 목표를 살아 내

라. 삶의 목적이 역경이나 스트레스를 완전히 막아 주지는 못하지만 힘든 일을 견디는 데는 도움이 된다. 인생의 목적은 삶의 의미와 방향을 제시하고 당신을 성공으로 안내할 것이다. 한편 실패하는 사람은 목적의식 없이 산다. 일상생활과 인생의 목표가 동떨어져 있다. 그 결과 전략이나 기반 없이 그저 관성대로 산다.

인생에서 뭐든지 이룰 수 있다면 무엇을 이루고 싶은가?

살면서 제일 이루고 싶은 목표가 무엇인가? 무엇이든 이룰 수 있다고 생각하라. 걸림돌도, 변명거리도 없다. 당신은 어떤 열정과 꿈을 가졌는가? 사업을 하거나 CEO가 되는 게 목표일 수 있다. 마라톤 풀코스를 뛰는 것도 인생 목표일 수 있다. 이제부터 "내 소원은…" 혹은 "내 바람은…"이 아니라 "내 계획은…"이라고 말하라.

소원만 빌 때는 꿈을 실현할 수 있을지 스스로 의심한다. 하지만 목표를 이루려고 작정할 때는 걸림돌을 치우고 더 손쉽게 목표를 달성할 수 있다.

오늘, 이번 주, 이번 달에 무엇을 새롭게 배웠는가?

성공한다는 것은 끊임없이 배운다는 뜻이다. 매일 새로운 것을 배우려고 노력해야 한다. 하나를 배우고 끝내는 것이 아니라 꾸준히 계속해서 배워야 한다. 질문하라. 탐색하라. 정보를 흡수하라. 하루를 마무리하며 그날 배운 것을 곱씹어라. 매일, 매주, 매달 계속해서 배운다면 자신감이 쌓일 것이다. 자신감이 생기면 확신을 갖고 현명한 판단을 내릴 수 있다.

당신은 실수할 날을 고대해야 한다. 언뜻 납득이 되지 않을 것이다. 우리는 실수하지 않으려고 애쓰며 수많은 시간을 보내기 때문이다. 일부러 실수한 일을 찾으라는 뜻이 아니다. 실수하더라도 괜찮다는 뜻이다. 실수를 배움의 기회로 승화하라.

가장 최근에 저지른 실수 3가지를 떠올려 보라.

'어째서 실수를 했는가?'

'무엇이 실수를 유발했는가?'

그리고 이 질문을 고민해 보라. 어떻게 해야 똑같은 실수를 반복하지 않을지 확실히 파악하라.

가장 최근에 영향력을 발휘한 경험을 떠올려 보라. 영향을 미친다는 것은 단순히 어떤 결과를 내는 것이 아니다. 오래 지속되는 강한 효과를 남기는 것이다. 실패하는 사람도 결과를 낼 수 있다. 하지만 결과 그 자체는 제한적이다. 체크리스트에 체크 표시를 하는 셈이다.

반면 성공하는 사람은 지속적으로 결과를 내면서 영향력을 남긴다. 결과와 영향력이라는 2가지 개념을 함께 연결 지어 사고해야 한다. 결과에만 신경 쓰지 마라. 우리의 종착지는 결과가 아니라 그 결과가 남길 영향력이다.

최근에 다른 이의 인생을 바꾼 적이 있는가?

다른 사람의 인생을 의미 있게 변화시키는 일은 당신에게 엄청난 보람을 선사할 것이다. 그 과정에서 상대방과 끈끈한 유대를 형성하고 자신에게 깊은 만족감을 느낄 수 있다. 이런 기회가 중요한 까닭은 타인의 변화를 도우면서 당신도 더 나은 사람이 될 수 있기 때문이다. 그 덕분에 우리는 조금 변할 수도, 아주 많이 변할 수도 있다. 당신이 성공한다면 다른 이들도 성공하도록 도와라. 방법을 가르쳐 주고 힘을 실어 주고 지혜와 열정을 나눠라.

당신의 인생에서 중요한 가치는 무엇인가?

삶의 뼈대가 되는 가치관을 세우는 일은 성공하는 데 가장 중요하다. 인생의 길라잡이로 삼고 싶은 원칙들을 생각해 보라. 그런 원칙이 잘 떠오르지 않는다면 부모님, 조부모님 혹은 인생에서 소중한 사람들이 당신에게 가르쳐 준 가치를 떠올려 보라.

아이가 있다면 아이가 받아들이고 따르길 바라는 가치를 생각해 보라. 고려할 만한 가치로는 정직, 공감, 성실, 진정성, 호기심, 행복, 긍정적 태도, 자존감, 신뢰 등이 있으며 이 밖에도 무수히 많다. 이제 시선을 내면으로 돌려 당신에게 무엇이 중요한지 고민하라. 친구, 가족, 존경하는 사람들에게 그들이 따르는 삶의 가치가 무엇인지 물어보라.

자신을 정의하고 싶은 이상적 가치가 담긴 단어 3개를 써라. 이를 실천하는 데 사명감을 가져라. 매일 아침 이 세 단어를 읽고 목적의식을 되새기며 하루를 살아가도록 자신을 격려하라. 일상에서 틈틈이 세 단어를 확인하고 자신의 위대함을 일깨워라. 매일 밤 세 단어를 곱씹으며 내일 다시 새로운 하루가 시작되고 목표에 한 발 더 가까워지리라 생각하라.

당신의 성품은 우연히 발생한 것도, 단순히 주어진 것도 아니어야 한다. 당신이 현재 어떤 사람인지, 앞으로 어떤 사람이 되고 싶은지, 어떤 성품을 가질 것인지 결정하라. 3가지 가치를 침해하는 일은 절대로 하지 마라.

무엇이 인생에 즐거움과 웃음을 가져다주는가?

삶에 웃음과 기쁨이 가득 차게 하라. 자주 미소 짓고 소리 내서 웃어라. 가까운 사람들과 함께 웃어라. 일상이나 직장에서 새로운 친구를 사귀는 가장 좋은 방법은 다른 사람과 함께 웃는 것이다. 웃음으로 우리는 하나가 된다.

어떻게 성공할 것인가?

당신이 살면서 성공한 경험을 떠올려 보라. 스포츠 시합에서 거둔 작은 승리, 어린 시절의 피아노 연주회, 합격 통지서, 중요한 고객을 유치한 일 등등 무엇이든 괜찮다. 이제 더 몰입해서 그때 기분이 어땠는지 떠올려 보라. 승리감을 발산하면서 성공에 도취해 보라. 그 당시로 되돌아가 그때와 똑같은 마음 상태가 돼 보라. 그때 느낀 감정을 재현해 보라. 무엇이 당신의 승부욕을 유발했는지 찾아보라. 이 연습은 당신이 또다시 성공하도록 자신감을 북돋울 것이다.

성찰을 통해서 과거의 성공을 미래의 성공으로 이어 갈 수 있다. 당신이 무엇을 잘해서 승리했는지 기억하라. 일을 어떻게 진행했는지, 어떤 과정을 거쳤는지, 어떤 말을 했는지 생각해 내라. 그 조건 그대로 현재에 가져와 다음 도전 때 다시 활용하라. 긍정적인 성공 에너지를 재현하도록 마음을 길들이면 우리는 또다시 승리할 수 있다.

인생을 스스로 결정하는가?

당신은 인생을 주도하는가? 아니면 인생에 질질 끌려가는가? 우물쭈물하다가 운명에게 결정권을 뺏기기가 쉽다. 정신을 차리고 태세를 전환하라. 성공하는 사람은 조종석에 앉아서 인생의 길을 찾는다. 그렇게 하지 않으면 자신이 아니라 타인의 인생을 살게 되기 때문이다.

당신은 행동가(대담한 혁신가)인가? 아니면 공론가(변명쟁이)인가?

공론가는 앞으로 무슨 일을 할지 말만 늘어놓는다. 행동가는 실천한다. 공론가는 옆에서 구경한다. 행동가는 직접 참여한다. 공론가는 이야기를 전한다. 행동가는 이야기를 창조한다.

당신의 멘토는 누구인가?

당신이 진정으로 존경할 멘토를 찾아라. 그에게 조언을 구하고 지원군이 돼 달라고 부탁하라. 멘토는 당신에게 부탁받은 사실을 기쁘게 생각하고 기꺼이 도와줄 것이다. 멘토를 당신 인생의 동반자로 삼아라. 그의 태도와 관점을 배우고 가치관과 투지를 본받으며 몸가짐과 행동을 관찰하라. 멘토에게 당신이 성장하는 모습을 보여 주고 필요한 도움을 제공하라. 상생하는 멘토와 멘티는 상대방의 성공과 성취를 위해 함께 노력한다는 점에서 최고의 짝꿍이다.

어떤 업적을 남기고 싶은가?

후대에 당신은 어떻게 기억될까? 세상에 어떤 흔적을 남기고 싶은가? 자기 자신이나 가족에게 소홀하지는 않았는가? 바라던 모든 것을 이뤘는가? 업적은 유명인사나 공직자, 자선가, 운동 선수들만 남기는 게 아니다. 당신도 무슨 업적을 남기고 싶은지, 어떻게 그 업적을 이룰지 생각해 보라. 이런 고민이 성공으로 향하는 데 도움이 될 것이다.

지금이 아니면 언제 하겠는가?

어째서 주저하는가? 1년, 3년, 5년 후라고 해서 뭐가 달라지는가? 범생이처럼 계획을 세우고 또 세우고 수정하고 또 수정하고 분석을 거듭하며 여러 시나리오를 검토할 수 있다. 계획을 짜는 것은 좋지만 과도하게 계획하고 꿈만 꾸면 실천은 차일피일 미루게 된다. 가장 중요한 것은 실천이다.

아무리 준비하고 계획해도 불확실함은 사라지지 않는다. 정보를 완벽하게 수집할 수도 없다. 시스템에 문제가 있을 수도 있고 적절한 시기가 결코 오지 않을 수도 있다.

지금보다 좋은 날을 고대할 수도 있지만 그런 날은 오지 않을 것이다. 설사 오더라도 당신이 기대한 것과 다를 것이다. 물론 적절한 기회를 노리며 계속 기다려도 된다. 그러나 당장 몸을 던져 지금부터 움직여도 된다. 빨리 행동할수록 목표를 달성하고 영향력을 보여 줄 시간을 더 벌 수 있다.

두려워도, 의심이 들어도, 불안해도 지금 시작하라.

PART 6

다섯 번째 절대 법칙

행동만이 상황과 결과를 바꾼다

각자에게는 목표점에 도달하기 위해서 스스로 찾아야 하는 자기만의 지름길이 있다. 자기만의 최단 경로를 찾아라. 사회, 친구, 가족, 범생이가 가르쳐 주는 최단 경로는 안 된다. 그들의 최단 경로는 우리에게 쓸모없기 때문이다. 우리가 인생길에서 겪는 우여곡절은 개인적이고 유일무이하다. 우리는 남들보다 늦게 출발했을 수도 있고 목적지에 도착하는 데 더 오래 걸렸을 수도 있다. 이 사실을 잘 아는 대담한 혁신가는 자기만의 지름길을 찾는다.

멈추지 않는 한 얼마나 천천히 가는지는 중요하지 않다.

_ 공자

플랜 B를
만들지
마라

당신의 실패 대책은 무엇인가? 실패 대책을 세웠는
가? 일이 잘 풀리지 않으면 어떻게 할 것인가? 직무가 적성에 맞지 않으면
어떻게 할 것인가? 새로 산 집이 불만족스러우면 어떻게 할 것인가?

실패 대책이란 만일의 사태에 대비한 방책이다. 언제나 플랜 A가 잘못되
면 플랜 B가 있다. 미리 계획하고 여러 가지 가능성을 고려하는 것은 인간
의 본성이다. 수학은 못해도 살면서 가능한 경우의 수를 계산할 수 있다.

변명쟁이는 뚜렷한 비전이 없어서 실패 대책도 없다. 미래를 내다보지도
못하는데 실패 대책을 떠올렸을 리가 만무하다. 한탕주의자는 실패 대책을
비웃는다. 그들은 이번에는 반드시 대박을 터뜨릴 거라고 무척 확신해서

계획의 필요성을 느끼지 못한다. 상황을 지나치게 낙관하는 그에게 실패 대책이란 시간 낭비다. 상황을 비관할 이유가 어디 있는가?

실패 대책을 마련하는 것은 범생이다운 행동이다. 그들은 자신을 보호하고 일이 잘못될 때를 대비해서 안전망을 쳐 둔다. 범생이는 항상 계획을 세운다. 그들은 현재의 위치에 도달하려고 계획된 삶을 살았다. 남들과 발맞춰 살면서 인생의 과업을 하나씩 완수했다. 미리 계산되고 준비된 삶이었다. 마침내 범생이는 목적지에 도착했고 그 자리에 정착했다.

그렇다면 우리는 실패 대책을 세워야 할까? 세상은 어찌 될지 모르니까 그렇게 하라고 한다. 하지만 대담한 혁신가가 되고 싶다면 실패 대책을 세우지 마라. 절대로 세우지 마라.

실패 대책이 없다는 것은 게으르거나 계획을 세울 줄 모르는 게 아니다. 오늘 직장을 때려치우고 안전망 없이 내일 당장 사업을 시작하라는 뜻도 아니다. 플랜 B를 세우지 말라는 것은 보험을 들지 말라거나 투자 손실 가능성을 보호하지 않아서 어려운 시기나 돌발 상황에 맞닥뜨렸을 때 속수무책으로 당하라는 뜻이 아니다.

우리는 미래를 준비해야 하고 은퇴 계획을 세워야 하며 자녀의 교육에 투자해야 한다. 그러므로 한두 발짝 앞서 계획해야 한다. 사람 일이라는 게 언제나 뜻대로 풀리지는 않기 때문이다. 계약은 막판에 엎어질 것이고 원하는 집을 사는 데는 돈이 더 들어갈 것이다. 앞일을 비관하는 게 아니라 이게 현실이다. 돌발 상황은 생기는 법이다.

하지만 당신이 진정으로 목표를 이루고 싶다면 실패 대책을 갖다 버려라.

실패 대책에 정신이 팔려서 지금 하는 일에 전념하지 못하기 때문이다. 전부를 걸어야 하는데 시간과 자원을 모두 쏟아붓지 못하기 때문이다. 애초에 이 계획은 한시적이라고 선언하고 한쪽 발만 담그고 있는 셈이다.

성공하고 싶다면 플랜 A 외에 다른 길은 없다. 플랜 A에는 추진력, 결단력, 목적의식이 있다. 플랜 A로 우리는 멋지게 활약하고 세상에 흔적을 남기며 영향력을 창조하고 다른 사람들의 삶을 어루만질 것이다.

반면 플랜 B에는 걱정, 의심, 안일함이 도사린다. 플랜 B가 당신이 원하던 선택지가 아님을 스스로 안다. 동시에 원치 않는 삶에 안주해도 괜찮다고 생각하게 된다. 하지만 플랜 B에서 당신은 행복이나 자부심을 느낄 수 없다. 완벽한 성취감도 느낄 수 없다. 플랜 A대로 사는 것만큼 열정이나 열망을 느낄 수도 없다.

플랜 B는 타협이다. 잠재력을 최대치로 보여 주지 못한 채 타협하는 것이다. 플랜 B가 삶의 유연한 태도라고 착각하는 경우가 너무 많다. 물론 인생은 오르락내리락한다. 예상치 못한 차질이 생기고 한 가지 계획만 갖고 살기에는 한 치 앞도 내다볼 수 없다. 유연하게 융통성을 발휘하고 변화하며 살아야 하지 않는가? 일이 뜻대로 풀리지 않을 때를 대비한 다른 대안도 필요하다. 그렇지 않은가?

플랜 B는 후회다. '만약에'를 품고 사는 것이다. 플랜 A와 플랜 B를 모두 세운다면, 우리는 2가지 결과 모두 가능하다고 믿게 된다. 반면 플랜 A만 세우면 오로지 하나의 가능성, 하나의 결과만 존재한다고 믿는다. 실패 대책도, 다른 길도 없기 때문이다.

플랜 B가 없다는 것은 작동하지 않는 플랜 A를 손볼 수 없다는 뜻이 아니다. 플랜 B를 세우는 대신 플랜 A를 시행하는 중에도 계속 변하는 환경에 맞춰 여러 대안을 검토하면서 그때그때 판단을 내릴 수 있다. 하지만 미리 세워 둔 플랜 B는 노력을 절반만 들이게 되는 지름길이다. 플랜 A는 첫 시도에 실패할 수 있고 두 번째, 세 번째 시도에도 실패할 수 있다. 외부 요인을 깡그리 무시한 채 일할 필요는 없다. 플랜 A를 뒤집고 수정하고 가다듬어라. 플랜 A밖에 없으면 우리는 어떻게든 플랜 A를 고치고 시험하고 경우의 수를 반영해서 결국에는 제대로 작동하는 모델과 공식을 찾게 된다.

우리는 한 가지 일에만 열중하는 사람을 보고 눈과 귀를 막고 주변을 둘러보지 않는다고 쉽게 무시한다. 또 편협하고 다양하게 사고하지 못한다고 깎아내린다. 어떤 상황과 환경이냐에 따라 말이 달라지기는 하지만 정말 어떤 사람들은 머리를 땅에 박은 채 소용없는 일을 계속한다. 하지만 그래도 나는 한 가지 일에 몰두하는 사람에게 기대를 더 걸고 싶은데, 그런 사람들은 어떻게든 해결책을 찾아 언젠가는 꿈을 실현하기 때문이다.

당신은 플랜 A를 수행하는 동안 휘청거리고 넘어질 것이다. 그러나 가진 선택지가 플랜 A뿐이라면 두 발로 다시 서서 결국 해내고야 말 것이다. 반면 플랜 B가 있으면 당신은 양쪽 문에 한 발씩 걸치고 있는 셈이다. 그중 푸근한 잠자리와 맛있는 저녁 식사를 준비해 놓고 기다리는 쪽은 플랜 B다.

캐서린 밀크먼과 신지혜 교수는 플랜 B에 관해 연구했다. 플랜 B를 미리 세워 둔 경우 성공할 가능성이 줄어들고 실제로 플랜 B가 필요해질 확률이 증가한다는 사실을 발견했다. 두 사람의 연구에 따르면, 플랜 B를 생각하는 것만으로도 우리는 가장 이루고 싶은 목표를 달성하는 데 노력을 덜 들이게 된다.

플랜 A밖에 없을 때 당신의 사업은 곧 당신이 된다. 당신은 알맞은 사업 모델을 찾기 위해 여러 경우의 수를 검토하고 실험한다. 사업 모델을 조금씩 수정하고 뒤엎기를 반복하고 짓고 허물며 여러 전략을 시도한다. 이런 과정은 플랜 B가 아니다. 고군분투하는 것이다. 이는 원하는 삶을 살기 위해 꼭 필요한 과정이다.

대담한 혁신가에게는 실패 대책이 없다. 대신에 상황에 맞게 계획을 조정할 의향이 있다. 필요한 경우 플랜 A를 포기하는 게 아니라 조정한다. 타일러 페리, 실베스터 스탤론, 미국 해군 사관학교 신입생도들에게 물어보라. 이들은 모든 것을 건다.

플랜 A로 성공하라 1
_실패도, 끝도 내가 정한다

오프라 윈프리 쇼의 한 에피소드 덕분에 타일러 페리는 인생이 바뀌었다. 쇼에서 소개된 간단하지만 강력한 조언 덕분이었다.

'힘들었던 일에 관해 자기 생각을 써 보면 그 경험을 극복하는 데 도움이 된다.'

파란만장한 어린 시절을 보내는 동안 상처받은 영혼을 치유하려는 페리의 여정이 그렇게 시작됐다. 뉴올리언스에서 세 명의 형제와 함께 자란 페리는 수년간 아버지에게서 육체적, 언어적 학대를 당했고 16살에는 자살을 시도했다.

타일러 페리의 첫 번째 뮤지컬 〈나는 달라졌다(I know I've been changed)〉는 그가 스스로 영혼을 치유하고 정화하기 위해 자신에게 쓴 편지를 기반으로 창작됐다. 뮤지컬은 개인적 고통을 다루지만 용서와 구원에 관해서도 이야기한다.

수년간 보람 없는 직장에서 일한 페리는 자기가 뮤지컬로 성공해야겠다고 다짐했다. 오로지 성공만 바라보고 커리어를 위해 모든 것을 걸 작정이었다. 페리는 전 재산 1만 2,000달러를 털어서 애틀랜타에 있는 극장을 빌려 뮤지컬을 초연했다. 그가 직접 연기, 감독, 제작을 맡았다.

첫 주에 겨우 30여 명이 공연장을 찾았다. 대실패였다. 하지만 페리는 여기에서 멈추면 안 된다는 것을 알았다. 뮤지컬이 담고 있는 메시지를 믿었기에 좌절하지 않고 공연을 계속 올리려고 수년간 잡일을 했다. 차 안에서 잘 때도 있었다. 공연을 손봐서 다른 도시에 가서 특별 공연을 열기도 했지만 아무 소득이 없었다.

어머니는 페리에게 뉴올리언스의 집으로 돌아와 평범한 직업을 가지라고 애원했다. 페리는 어머니의 말마따나 플랜 B를 선택할 수도 있었다. 하지만 페리는 뮤지컬에 모든 걸 걸었고 다른 평범한 일을 하고 싶지 않았다. 자기가 사명감을 느끼는 일을 하고 싶었다.

초연이 실패하고 6년이 지난 뒤, 페리는 애틀랜타에 있는 대형 라이브 카페, 하우스 오브 블루스에서 다시 한번 뮤지컬을 선보였다. 이번에는 여러 교회에서 성가대와 목사를 섭외했다. 긴장되는 공연 첫날, 페리는 이번에도 공연이 처참히 실패할까 봐 노심초사했다.

훗날 페리는 〈바이오그래피(Biography)〉와의 인터뷰에서 이렇게 말했다.

"바로 그 순간이었습니다. 아직도 그때를 생각하면 소름이 돋아요. 신의 음성을 똑똑히 들었어요. '끝이 언제인지는 내가 정한다. 네가 정하지 말라'고 말이죠."

페리가 창밖을 내다봤더니 사람들이 공연장에 입장하려고 기다리며 건물을 길게 에워싼 모습이 보였다. 드디어 대박이 터진 것이다.

뮤지컬 〈나는 달라졌다〉는 대담한 혁신가인 페리가 A급 작가이자 감독, 제작자, 배우로 도약하는 발판이 됐다. 페리는 포기를 거부했고 더 나아가 꿈을 실현하기 위해 모두 걸 작정이었다. 실패 대책은 없었다. 돈이 얼마나 있든, 돈을 얼마나 잃었든, 돈을 얼마나 못 벌든, 어디에서 자든 개의치 않고 꿈을 실현하고자 했다. 페리가 자기 내면을 살폈을 때 재능을 발견했고 실패 대책을 던져 버렸을 때 소명을 발견했다.

플랜 A로 성공하라 2
_기죽지 않고 밀고 나가기

실베스터 스탤론의 통장에는 106달러가 있었다. 아내 샤샤는 임신 중이었다. 월세는 밀렸고 차는 망가졌다. 배우 일도 잘 풀리지 않았다. 〈알 카포네(Capone)〉, 〈죽음의 경주(Death Race 2000)〉, 〈브룩클린의 아이들(The Lords of Flatbush)〉 같은 몇몇 영화에 출연했지만 경력에는 진전이 없었고 폭력배나 범죄자 같은 악역에만 캐스팅됐다.

스탤론은 자기가 직접 이야기를 써 보면 어떨지 궁금했다. 글을 써서 어려운 처지에서 벗어날 수 있을까? 영화 시나리오 쓰기에 도전한 그는 각본을 몇 편 썼다. 스탤론은 인물의 거친 외면에 가려진 여린 영혼을 조명하는 글을 쓰고 싶었다.

힘든 시기를 보내던 스탤론의 인생이 바뀐 것은 영화관에서였다. 영화관에서 그가 본 것은 영화가 아니라 헤비급 챔피언인 무하마드 알리와 척 웨프너의 권투 경기였다. 웨프너의 별명은 '베이온의 피투성이'였는데 고향이 뉴저지주 베이온이고 시합을 하면 피부가 자주 찢어졌기 때문이다. 시대를 초월한 최고의 권투 선수와 이길 가망성이 없는 삼류 도전자의 권투 시합이었다.

승률이 30분의 1이었던 웨프너는 9번째 라운드에서 알리를 녹다운시키며 관중들을 놀라게 했다. 그때까지 알리가 녹다운한 것은 권투 인생을 통틀어 겨우 세 번이었다. 그 순간만큼은 웨프너가 챔피언이었다. 다윗이 골리앗을 쓰러뜨린 셈이다.

알리는 15번째 라운드에서 케이오승으로 결국 시합에서 승리를 거뒀지만, 스탤론의 마음은 요동쳤다. 스탤론은 웨프너가 시합에서 졌지만 헤비급 세계 챔피언과 거의 끝까지 겨뤘다는 사실에 마음을 뺏겨 이 시합이 머릿속을 떠나지 않았다.

스탤론은 어느 날 배역 오디션을 보고 제작자였던 밥 샤토프와 어윈 윙클러에게 다가가 두 사람이 좋아할 만한 각본을 썼다고 말했다. 두 사람은 스탤론에게 그날 오후에 각본을 가져와 보라고 말했다. 제작자들이 수도 없이 이런 말을 듣는다는 점을 생각하면 놀라운 일이었다.

각본의 제목은 '파라다이스 앨리'였다. 제작자들은 스탤론이 이야기를 잘 썼다고 생각했지만 영화로 제작하고 싶어 하지는 않았다. 그러면서 지금 권투 영화를 구상 중이라고 덧붙였다. 그러자 스탤론은 자신에게 끝내주는 권투 이야기가 있으니 각본을 완성하면 읽어 주겠느냐고 물었다. 제작자들은 그러겠다고 약속했다.

영감이 떠오른 스탤론은 싸구려 볼펜과 공책으로 3일하고 반나절 만에 영화 〈록키(Rocky)〉의 80쪽짜리 각본 초고를 완성해 샤토프와 윙클러에게 보여 줬다. 두 제작자는 각본을 무척 마음에 들어 했고 조금 수정한 뒤에 영화 제작사인 유나이티드 아티스츠에 보내 영화로 제작하고 싶다고 말했다.

〈록키〉는 삼류 아마추어 복싱 선수인 록키 발보아가 헤비급 챔피언인 아폴로 크리드와 15라운드까지 겨루고 세상 사람들을 놀라게 하는 영웅적인 이야기다. 영감을 주는 평범한 인물의 이야기로, 영화를 본 사람이라면 누구나 심지어 변명쟁이도 희망과 의욕을 느낀다.

할리우드 영화는 보통 여기에서 행복한 결말로 끝난다. 하지만 실제 인생에서는 바로 이 순간에 추진력, 의욕, 지치지 않는 노력을 발휘해서 성공을 향해 결승선까지 나아가야 한다. 대담한 혁신가와 나머지 사람들이 구별되는 순간이다.

스탤론을 대담한 혁신가로 만든 것은 그가 거부한 것들이었다. 스탤론은 영화에서 주인공 역할을 맡을 배우를 위해 〈록키〉를 썼다. 바로 자신이었다. 스탤론은 록키 역할을 오로지 자신을 위해 맞춤 재단한 옷에 비유했고 이런 기회가 절대로 다시 오지 않으리라는 것을 알았다. 반면 유나이티드 아티스츠는 각본과 줄거리는 마음에 들어 했지만 유명한 배우가 주인공을 맡기를 바랐다.

영화사가 나쁘다고 말할 수 있을까? 각본이 훌륭하므로 스타 배우를 주인공으로 쓰고 싶은 마음은 인지상정이었다. 로버트 레드포드, 버트 레이놀즈, 라이언 오닐, 제임스 칸 같은 배우들이 주인공감이었다. 스탤론은 무명이었고 스타 배우들처럼 영화를 흥행시킬 수 없었다.

유나이티드 아티스츠는 거듭 반대하다가 결국 스탤론을 고려해 보겠다고 양보했다. 영화 제작을 승인하기 전에, 뉴욕에 있던 영화사 이사진은 스탤론의 연기 실력을 확인하기 위해 〈브룩클린의 아이들〉을 관람했다. 이사진은 스탤론이 어떻게 생겼는지 전혀 몰랐다.

영화를 관람한 후 아서 크림은 에릭 플레스코우에게 자기는 스탤론이 마음에 들었는데, 이탈리아인인 스탤론이 어떻게 금발이냐고 물었다. 플레스코우는 이탈리아인 중에도 금발이 있다고 대답했다. 이사진은 〈브룩클린의 아이들〉에 출연한 금발 배우 페리 킹을 스탤론으로 착각했던 것이다. 킹을 보고 믿음이 생긴 이사진은 스탤론이 록키의 주연을 맡도록 허락했다.

이사진이 킹을 스탤론으로 착각했다가 나중에 스탤론이 록키 역할을 맡을 거라는 사실을 깨닫고 나서 영화 제작 승인은 취소됐다. 유나이티드 아티스츠는 스탤론의 각본을 사는 대가로 솔깃한 제안을 했는데, 한 가지 조건이 붙었다. 스탤론이 주인공을 맡지 않겠다는 조건이었다.

자, 할리우드 영화사에서 스탤론의 각본을 사고 싶어 한다. 빈털터리인 스탤론에게는 돈이 몹시 간절하다. 대부분 사람에게는 고민할 필요도 없는 문제다. 각본을 팔고 떼돈을 벌어서 그 돈으로 일어나면 된다. 범생이나 한탕주의자라면 바로 각본을 팔았을 것이다.

하지만 스탤론은 거절했다. 자기가 록키 역할을 맡지 않으면 각본을 팔지 않겠다고 했다. 영화사에서 제안한 액수가 얼마나 올라가든 상관없었다. 소문에 따르면 나중에는 30만 달러를 넘어섰다고 한다. 그런데도 스탤론은 요지부동이었다.

스탤론은 전부를 걸 작정이었다. 모든 것이 위태로워져도 괜찮았다. 실패 대책은 없었고 다른 배역을 맡을 생각도, 다른 기회를 잡을 생각도 없었다. 그에게는 이것만이 절호의 기회였다.

마침내 스탤론은 두 제작자에게 자신이 록키 역할에 제격이라고 설득했다. 샤토프와 윙클러가 영화 제작비를 100만 달러 밑으로 낮추자 스탤론을 캐스팅해도 좋다는 최종 승인이 떨어졌다.

스탤론은 자기 입장을 굽히지 않았다. 영화 제작 프로젝트와 영화 속 인물, 줄거리를 믿었기 때문에 돈이 가장 필요한 순간에 어마어마한 액수를 거절할 수 있었다. 영화 〈록키〉는 1977년 아카데미 시상식에서 작품상을 받았다. 스탤론과 동료 배우들은 오스카 연기상 후보에 올랐다. 영화는 감독상과 편집상도 받았다. 스탤론은 훗날 〈뉴욕 타임스〉와의 인터뷰에서 이렇게 말했다.

"록키를 절대로 팔지 않았을 거예요. 록키를 팔았다면 나중에 저 자신을 끔찍이 미워했을 거예요…. 아내도 동의했고, 그렇게 해야 한다면 공터 한가운데에 트레일러를 놓고 생활해도 좋다고 말했어요."

스탤론 같은 대담한 혁신가는 모든 것을 건다. 우리는 목표를 달성하기 위해 모든 것을 포기할 수도 있어야 한다. 목표에 관심과 노력을 남김없이 쏟아부어야 한다.

플랜 A로 성공하라 3
_미끄러운 기념비를 오르는 법

매년 봄, 미국 해군 사관학교 1학년은 마지막 관문을 통과해야 첫해를 끝마칠 수 있다. 바로 1학년 졸업 미션이다. 약 6.5미터 높이의 화강암 탑인 헌던 기념비 꼭대기에 놓인 1학년 모자를 상급생용 모자로 교체하는 것이다.

헌던 기념비는 윌리엄 루이스 헌던 선장을 기리기 위해 세워졌다. 센트럴 아메리카호를 지휘했던 그는 3일 동안 지속된 허리케인 때문에 배, 선원, 승객들을 살리려 했던 영웅적인 노력에도 불구하고 목숨을 잃었다. 헌던 기념비는 헌던 선장과 선원들이 보여 준 용기, 기강, 팀워크를 기리는 됩이다.

졸업 미션이 간단해 보일 수 있다. 하지만 사다리나 계단을 사용할 수 없고 주변에 딛고 올라설 나무도 없다. 기념비에는 버터가 잔뜩 묻어 있고 생도들은 신발을 신을 수 없다. 게다가 사람이든 사물이든 더 미끄럽게 만들려고 간부들이 생도들과 기념비를 향해 계속 물을 뿌린다. 미션 현장은 금세 아수라장이 되고 난장판이 펼쳐진다.

실패 대책은 없다. 꼭대기에 닿으려면 반드시 난관을 극복해야 한다. 보기에는 아수라장이지만 다들 일사불란하게 움직인다. 개개인은 존재하지 않으며 오로지 하나의 팀만이 존재한다.

생도들에게 거대한 도전 과제가 주어졌고, 임무를 완수하는 것 외에는 다른 선택지가 없다. 오르고 떨어지는 일을 반복하고 더 올라가기 위해 악전고투한다. 중간에 전략을 바꾸고 뒤엎고 다른 전략을 찾기도 한다. 이것은 1학년 생도 대 기념비 간의 대결이다. 단체 미션에 모든 사람이 자신을 바쳐야 한다.

필승 전략은 인간 피라미드를 만들고 윗옷으로 버터를 닦아 내는 것이다. 먼저 인간 피라미드를 몇 층으로 쌓은 뒤에 한 사람을 모자가 닿는 높이까지 올려보낸다. 모자는 기념비 꼭대기에 흐트러짐 없이 놓여야 하기 때문에 정확도가 중요하다. 모자를 교체하면 미션이 끝난다.

곧이어 헌던 기념비를 정복한 생도들은 해냈다는 기쁨에 환호하고 인간 피라미드는 땅으로 무너진다. 생도들 사이에는 기념비 꼭대기에 올라 모자를 교체하는 데 성공하는 생도가 그 기수 중 제일 먼저 제독이 된다는 전설이 있다.

헌던 기념비 오르기는 궁극적인 팀워크 미션이다. 팀 전체가 공동의 목표를 이루기 위해서 함께 노력하는 것이다. 생도들은 자기의 오른쪽, 왼쪽, 위, 아래에 선 사람을 믿어야 한다. 그리고 함께 목표를 달성할 방법을 찾아야 한다.

실패 대책을 세우는 것은 포기해도 괜찮다고 생각하는 것이다. 반면 실패 대책을 세우지 않는 것은 목표를 기어코 달성해야 한다고 생각하는 것이다. 완전히 전념하라. 실패 대책이 없을 때, 목표를 달성하는 일에만 오롯이 집중할 수 있다.

5분 안에
목표를 달성하는
방법

　　　목표를 세우라는 이야기는 새로울 것도, 모르는 사람
도 없다. 문제는 수많은 사람이 목표를 세우고 거기서 끝이라는 것이다. 그
목표는 잠깐 지속되다가 곧 사라지는 꿈과 같다. 어떤 사람은 자기가 세운
목표를 어떻게 달성하는지 모른다. 또 어떤 사람은 목표를 달성할 방법을
알지만 두 손 놓고 가만히 있다. 또 어떤 사람들은 목표를 세우고 달성하려
고 몇 번 시도하다가 이내 포기한다. 이제는 바뀌어야 한다.

　인생을 살면서 목표를 세운다는 것은 당신이 더 좋은 미래를 향해 능동적
으로 나아가는 일이다. 목표를 세울 때는 'SNAP 규칙'을 기억하라. 목표의
구체성(Specific), 비타협성(Nonnegotiable), 실행 가능성(Actionable), 목적성(Purpose)을
점검하는 것이다.

구체성(Specific)

목표를 구체적으로 세우고 목표에 세부 내용을 가능한 한 많이 포함하라. 목표가 막연하면 달성하기도, 마음속에 그려 보기도 어렵다. 예를 들어, 막연하게 "취직하고 싶다"라고 하지 말고 "월요일부터 두 달간 매주 열 군데 회사에 지원하겠다"라고 하라.

비타협성(Nonnegotiable)

자기 목표를 책임지고 달성하는 데 의무감을 느껴라. 목표를 적어 보면 책임이 더 뚜렷하게 느껴진다. 목표를 매일 읽으면서 옆길로 새지 마라. 목표 달성에 필요한 책임감은 오로지 당신에게서 나온다.

실행 가능성(Actionable)

목표 달성은 곧 행동하는 일이다. 그러므로 어떻게 목표를 완수할지 명료한 절차가 필요하다. 단지 최종 목표를 세우는 것으로는 부족하다. 목표를 향해 가는 여정 내내 참고할 전략 지도를 만들고 따르라.

- 목표를 잘게 쪼개라.
- 거대한 목표를 한 번에 공략하기보다 잘게 쪼갠 과업을 차근차근 완수하라.
- 작은 승리를 쌓아서 거대한 목표를 달성하라.

예를 들어, 집을 짓는 게 목표라면 한 번에 방 하나를 짓는다는 데 온 마음을 집중하라. 한 발 한 발 나아가다 보면 추진력을 얻을 수 있다.

목적성(Purpose)

목표에는 목적이 있어야 한다. 단순히 무엇을 갈망하는 마음으로는 부족하다. 그 목표가 당신에게 중요한 까닭을 생각하라. 그럼 목표는 또 다른 성과물 그 이상이 된다. 목표에 더해진 특별한 의미는 당신이 목표를 달성할 힘을 준다.

이제, SNAP 원칙을 바탕으로 5분 안에 목표를 달성하는 간단한 10가지 순서를 살펴보자.

① 살면서 이루고 싶은 목표 5가지를 적어라

큰 목표, 작은 목표 뭐든지 괜찮다. 지나치게 큰 목표란 없다. 자신의 한계치를 너무 낮게 잡지 마라. 다른 사람이 어떻게 말할지, 어떻게 생각할지 걱정하지 마라. 목표를 세우는 것은 나를 위한 일이다.

목표를 찬찬히 살펴보라. 목표를 처음 써 보지는 않았는가?

② 목표를 소리 내 읽어라

목표를 하나하나 소리 내 읽어라. 부끄러워하지 말고 굳세게 읽어라.

③ 각 목표를 '~할 것이다'로 다시 써라

목표를 '킬리만자로산 등반'이라고 쓰는 것은 미흡하다. 우리는 자신의 목표를 책임져야 하므로 막연하거나 모호하면 안 된다. 목표를 '나는 킬리만자로산을 등반할 것이다'로 다시 써라.

목표를 이렇게 표현하는 게 익숙하지 않다면 처음에는 유치하고 이상할 수도 있다.

④ 목표를 달성하고 싶은 까닭을 생각하라

당신에게 가장 중요한 목표를 하나 골라라. '무슨' 목표를 가장 중요하게 꼽았는지보다 '왜' 그 목표가 가장 중요한지가 자신을 이해하는 데 핵심이 된다.

그 목표를 달성하고 싶은 이유를 쭉 적어 보라. 앞서 당신에게 살면서 이루고 싶은 목표 5가지를 적으라고 했다. 그중 무엇이든 고를 수 있었는데 어째서 이 목표를 골랐는가? 이 목표는 당신에게 어떤 의미인가? 이 목표가 왜 당신 인생에 중요한가?

왜 이 목표를 골랐고 왜 이 목표를 이루기 위해 노력하는지 구체적으로 인지하라. 그럼 목표와 목적을 함께 생각하게 된다. 목표란 단순한 결과가 아니다. 목표 성과인 결과물에 목표를 달성하고 싶은 까닭인 목적을 더한 것이 목표다. 결과물과 목적을 함께 생각할 때 목표는 더 생생하고 의미 있게 다가올 것이다. 목표를 이뤄야 하는 까닭을 항상 생각하라.

⑤ 목표점에서 현재 위치까지 거슬러 내려오라

현재 위치에서 목표점으로 향하는 길은 안개에 싸인 듯 뿌옇다. 이때 시선을 바꾸면 시야가 확 트일 수 있다. 바로 현재 위치가 아니라 목표점에서 시작하라는 것이다. 애플과 아마존의 직원들은 신제품 개발에 착수할 때 이 전략을 사용한다. 그들은 현재 보유한 기술에서 시작하지 않는다. 타깃 고객의 경험에서 시작해 기술로 거슬러 내려온다. 즉 목표점에서 시작해 기술을 역설계한다.

킬리만자로산 정상에 서 있다고 상상하라. 눈을 감고 호흡하라. 바람을 느껴라. 고도를 상상하라. 무엇이 보이는가? 무엇이 들리는가?

곰곰이 생각하라. 어떻게 여기에 올라왔는가? 무슨 일을 했는가?

시간을 뒤로 감아라. 정상에 오르는 데 얼마나 걸렸는가? 누구와 함께 등 반했는가? 그곳까지 어떻게 이동했는가?

시간을 더 뒤로 감아라. 어떻게 직장에 휴가를 냈는가? 1년 중 어느 시기 인가? 여행 경비는 어떻게 마련했는가?

조금만 더. 어떤 준비 과정을 거쳤는가? 어떻게 훈련했는가?

목표를 적는 지금 이 순간까지 계속 시간을 거슬러 오라.

⑥ 살면서 목표를 성취한 때를 떠올려 보라

살면서 달성한 목표는 뭐든지 좋다. 어릴 적 배운 자전거, 고등학교 때 배운 스페인어, 작년에 뛴 마라톤 등 뭐든지 괜찮다. 목표를 어떻게 이뤘는가? 꾸준히 연습했는가? 의지와 결단력을 발휘했는가? 어떤 전략으로 목표를 달성했든 당신이 사용한 전략을 적어 보라. 그다음 목표를 달성했을 때 어떤 기분이 들었는지 적어 보라.

이제 당신이 적은 것들, 즉 달성한 목표와 목표를 이루기 위해 사용한 전략, 그때의 기분을 소리 내 읽어 보라.

과거의 성공을 안겨 준 이 노하우를 활용해서 새로운 목표를 달성할 수 있다.

⑦ 현재 위치에서 목표점까지 나아가라

목표점에서 현재 위치까지 거슬러 왔으니 그 발자국을 다시 밟으며 목표점으로 나아가라. 반죽을 원하는 모양새로 만들기 위해 방망이를 앞뒤로 밀며 반죽을 펴듯이, 우리도 미래에서 현재로 거슬러 왔으면, 다시 현재에서 미래로 나아가는 것이다.

거슬러 온 흔적을 되짚으며 앞으로 한 발 한 발 나아가면 추진력을 얻을 수 있다. 중간에 놓친 게 있었다면 채워 넣으면서 목표를 달성할 계획을 다듬을 수도 있다.

앞으로 갈 길이 눈앞에 생생히 펼쳐져 있을 때 목표는 실현 가능해진다. 점점이 찍힌 발자국이 목표까지 쭉 이어져 있을 것이다.

⑧ 구체적으로 계획하라

구체성이 부족한 목표는 막연해서 달성하기가 더 어렵다. 전략을 구체화하라. 구체적인 실행 방안과 함께 일정을 짜라. 구체적인 전략으로 오늘에서 내일로, 모레로 나아가야 한다. 구체적인 이정표가 없으면 목표는 계속 미래로 떠내려간다.

"6월까지 비행기표를 예약할 것이다"는 구체적인 계획이 아니다. 구체적인 계획은 이런 것이다.

"늦어도 6월 5일까지는, A 도시에서 B 도시로 가는 비행기표를 예약한다. 여러 비행 편을 조사해 보니, C 도시에서 경유할 것 같고 비행기표 가격은 최대 X 달러를 넘지 않아야 한다."

세부 내용을 구체화할수록 현실적인 목표가 된다. 당신이 여행할 도시 이름과 비행기표 가격을 정확히 말할 수 있을 때 목표는 더욱 뚜렷해진다. 마치 비행기에 탑승한 것 같은 기분이 들 것이다. 이제부터 어떻게 킬리만자로산 여행 경비를 마련할지 궁리할 수 있다.

⑨ 첫발은 작게 내딛어라

첫발은 크게 내딛지 마라. 곰곰이 생각해 보라. 목표에 한 발짝 다가가기 위해서 지금 당장 할 수 있는 가장 간단한 행동이 무엇일까? 세계 지도를 출력해서 벽에 붙이고 킬리만자로산에 동그라미를 쳐 둬도 좋다. 그다음에는 킬리만자로산에서 당신이 있는 곳까지 직선으로 이어라. 비행 경로를 보면 목표가 더 생생하게 느껴질 것이다.

⑩ 한 발을 더 내딛어라

첫발을 내디뎠을 때 당신은 많은 사람이 넘지 못하는 장벽을 넘은 것이다. 첫걸음을 내딛고 나면 그다음 걸음을 내딛기가 훨씬 더 쉬워진다. 계획을 실천하면서 곰곰이 생각해 보라.

'내 목표를 이루는 데 시간 제약이 있는가 없는가?'

시간 제약이 있는 목표란 특정 시점까지 달성해야 하는 목표다. 반면에 시간 제약이 없는 목표는 마감일이 없어서 언제든지 달성할 수 있다. 서로 상충하는 목표 같지만 우리에게는 2가지 모두 필요하다.

시간 제약이 있는 목표가 필요한 까닭은 목표에 기한을 두기 위해서다. 기한은 목표에 구체적인 내용을 만들고 질서를 세운다. 또한 목표를 실체화한다. 시간 제약이 없는 목표도 필요하다. 다만 목표가 너무 미래에 가 있으면 무척 멀고 막연하게 느껴진다.

자기 속도대로 한 걸음씩 나아가라. 이제 당신은 목표점으로 나아가는 길도, 현재 위치로 거슬러 오는 길도 알고 있으므로 목표점에 도달하는 일은 오로지 당신의 몫이다.

남이 알려 준
최단 경로로
가지 마라

몹시 성공하고 싶은 마음에 무엇이든 할 각오는 돼 있는데, 뭘 어떻게 해야 할지 막막할 때가 있다. 자신에게 재능이 있는 것 같지만 절호의 기회가 오지 않는다고 느껴진다.

25살인데 아직도 취업 준비 중이다.

30살인데 승진을 못했다.

35살인데 진짜 내 길을 찾지 못했다.

40살인데 인생의 동반자를 만나지 못했다.

50살인데 사업을 시작하지 못했다.

60살인데 처음부터 다시 시작하는 기분이다.

70살인데 은퇴 자금이 없다.

한때 어느 시기까지 이루리라고 생각한 목표가 아득해지면 앞으로 진짜 기회가 올지 걱정이 스멀스멀 올라온다. 우리가 회의감에 휩싸이기 시작할 때 옆에서 변명쟁이는 말한다. "뭐든지 보기보다 힘들어."

그럼 한탕주의자는 일러 준다. "최단 경로로 가. 가장 빠른 길은 어디에나 있어."

그럼 범생이는 고대 그리스 수학자 아르키메데스의 원리를 속삭인다. "두 점 사이의 최단 경로는 직선이야."

복잡한 길로 가지 말고 곧장 뻗은 길로 가라. 목적지에 도착할 것이다.
그런데 당신 인생이 직선으로 뻗지 않았다면?
다른 사람들보다 멀리 돌아가는 것 같다면?
당신에게는 이 일이 그렇게 간단하지 않다면?
예전에 쉬웠던 일도 지금은 어렵다면?

진로, 경력, 인생의 궤도가 언제나 뜻하는 대로 풀리지는 않는다. 꼬불꼬불 굽이치고 오르락내리락하며 가다 서다 한다. 하지만 괜찮다. 계속 실패하는 사람이 인정하기 싫어하는 진리는 바로 이것이다.

'최단 경로란 없다. 존재하지 않는다. 평생 찾아도 못 찾는다. 최단 경로가 있었다면 모든 사람이 그 길을 골랐을 테고 사는 일은 식은 죽 먹기였을 것이다.'

나이가 얼마나 많다고 느끼든 중요하지 않다. 기념할 만한 나이는 다 지난 것 같다는 생각이 들더라도 꿈을 이루기에 늦은 때란 없다. 성공은 언제든지 할 수 있다. 인생이 앞으로 쭉 뻗은 탄탄대로가 아니라면 어떻게 해야할까? 당신이 이런 처지라면 실은 억만장자, 유명인, 사업가, 일상 속 대담한 혁신가들과 같은 상황이다. 그런데 성공하는 사람들은 자신에게 꼭 맞는 자기만의 지름길을 찾아냈다.

다음 7가지를 기억한다면 당신도 당신만의 지름길을 찾아낼 수 있다.

내 인생의 지름길 찾기 1
_변하지 않는 가치를 기억하라

어린 시절 당신은 여름철에 용돈을 벌고 싶으면 레모네이드 가판대를 차렸을 것이다. 쉽고 간단한 계획이다. 대부분 사람이 더운 여름날에 얼음처럼 차가운 레모네이드 좌판을 만나면 좋아하니까.

어린이가 차린 레모네이드 가판대가 성공하는 4가지 공식이 있다.

부동산: 알맞은 길모퉁이를 찾아라.

마케팅: 보기 좋은 입간판을 만들어라.

제품: 맛있는 레모네이드를 만들어라.

고객 서비스: 꼭 웃어라.

이 4가지만 충족하면 레모네이드 장사에 성공할 수 있다. 그래서 돈을 벌고 성취감을 느끼고 다른 사람들을 행복하게 해 줄 수 있다. 레모네이드 장사를 통해 어린 시절 당신이 얻을 수 있었던 것은 4가지다.

돈: 높은 이윤 창출
성취감: 자부심
사업가 정신: 무엇인가를 창조했다.
행복: 다른 사람들에게 기쁨을 줬다.

시간을 앞으로 돌려 현재로 돌아오자. 이제 당신은 어른이다. 어린 시절 레모네이드 장사의 달콤한 추억을 간직한 당신이 다시 레모네이드 가판대를 차리기로 했다고 하자. 하지만 어릴 적 써먹은 '길모퉁이, 입간판, 레모네이드, 미소' 4가지 공식을 그대로 따라 하면 당신의 레모네이드 장사는 보란 듯이 망할 것이다.

몇 가지 이유가 있다. 가장 큰 이유는 당신이 더는 어린이가 아니라는 점이다. 길모퉁이에서 장사하는 것은 불법이고 공짜 땅은 없다. 판지로 만든 입간판은 초라하다. 손님들은 갓 짜낸 레모네이드와 함께 갓 구운 쿠키도 바랄 것이다. 길가에서 귀엽게 폴짝폴짝 뛴다고 해서 손님들을 끌어모을 수 없다. 보다시피 4가지 요소만 충족하면 만사형통이었던 어린 시절과 달리 이제는 장사가 간단하지 않다. 시간이 흘렀고 당신도 변했다.

이 레모네이드 가판대는 당신의 인생을 의미한다. 어린 시절에는 통한 방법이 이제는 통하지 않는다는 것이다. 환경은 물론 자신도 변화한 만큼 더 혁신적이고 창의적이어야 한다. 새로운 체계에 적응해야 한다. 그 과정에서 겪는 변화가 낯설게 느껴질 것이다. 어떻게 하면 변화에 따르면서도 자기 본연의 모습을 지킬 수 있을까?

변하지 않는 가치에 기대라. 토대가 단단하면 변화에 쉽게 허물어지지 않는다. 견고한 뼈대와 체계를 구축해야 하는 까닭은 변화를 견딜 뿐만 아니라 더 나아가 변화를 받아들이고 성장하기 위해서다.

집을 짓는다면 어떤 날씨에도 견딜 수 있는 지반이 필요하다. 당신의 소신과 가치관도 마찬가지다. 인생을 견디려면 가치관이 탄탄해야 한다. 무사태평한 순간, 행복한 순간, 성공한 순간뿐만 아니라 인생의 모든 순간을 견딜 수 있어야 한다.

앞으로 어떤 인생을 살든, 당신 삶의 기준이 되길 바라는 가치를 5개에서 10개 정도 써 보라. 빨리 시작할수록 좋다. 적은 것을 잘 보관해서, 가치들을 모두 외울 때까지 계속 참고하라. 이 가치들은 당신이 성공과 실패, 그리고 도전과 좌절의 시기를 무사히 지나도록 도와줄 것이다.

체계나 전략이 없으면 혼란스러운 기분에 잠식당하기가 쉽다. 하지만 길라잡이가 되는 가치와 원칙이 있으면 세상이 좀 더 질서정연하게 느껴진다. 당신을 안전하게 해변으로 데려다줄 구명보트를 갖춰 둔 셈이다.

이 가치들 덕분에 당신은 달라진 환경에 차분하고 신중하게 적응할 수 있다. 가치관을 정립해야 하는 까닭은 훗날 180도 변신해야 하는 때가 왔을 때 의지하기 위해서다. 환경은 변하지만 가치는 변하지 않는다.

가치관을 정립했다면 전략을 손보는 일은 더 쉽다. 변화의 스위치를 켜기에 완벽한 타이밍은 따로 없다. 사람들은 일상에 파묻히고 때를 놓치고 적당한 기회를 찾지 못한다. 하지만 대담한 혁신가가 남들과 가장 다른 점은 그래도 어떻게든 변화의 스위치를 켠다는 것이다.

내 인생의 지름길 찾기 2
_늦은 때란 없다

할랜드를 소개한다. 할랜드는 중년에 자신의 소명을 찾기 전까지 다양한 직업을 전전했다. 그는 전차 기관사, 기차 기관사, 보험 판매원, 증기선 기사, 조명 제조자, 변호사, 타이어 판매원 등의 여러 직업을 경험했다.

마침내 요리사가 된 할랜드는 켄터키주에서 모텔과 식당을 함께 운영하며 닭 요리, 햄, 스테이크 등을 팔았다. 그리고 50세에 프라이팬보다 조리 속도가 빠른 압력 튀김기를 사용해 자기만의 닭튀김 레시피를 완성했다. 그런데 불행히도 할랜드의 식당 앞을 지나던 고속 도로 교차로가 이전되면서 사업이 큰 위기를 맞았다. 새롭게 건설된 주(州)간 고속 도로가 식당을 완전히 건너뛴 것이다.

최악의 상황을 걱정한 할랜드는 손해를 보면서 가게를 팔아 버렸다. 그 뒤에는 그동안 저축해 둔 돈과 매달 나오는 생활 보조금 105달러로 생활했다. 실패에 맞닥뜨렸지만 할랜드에게는 새로운 계획이 있었다. 손님들이 닭튀김을 먹으러 자신을 찾아올 수 없다면 자신이 직접 손님들을 찾아갈 생각이었다.

할랜드는 압력 튀김기와 양념 봉지로 무장하고 길을 나섰다. 그는 자동차 뒷좌석에서 잠을 자기도 하면서 전국의 식당을 돌며 닭을 튀기고 식당 주인들이 자신의 레시피를 사도록 설득했다. 62세가 돼서야 할랜드는 유타주 솔트레이크시티에서 식당을 운영하던 피트 하먼에게 처음으로 자신의 비밀 레시피를 팔았다.

그 후 12년 동안 할랜드는 그의 유명한 닭튀김인 '켄터키 프라이드 치킨'의 이름을 따서 외식업 제국을 건설했다. 그리고 훗날 회사를 매각하기 전까지 600여 곳에 지점을 냈다. 할랜드 샌더스의 인생은 직선이 아니었다. 하지만 그는 요리사이자 사업가라는 소명을 찾아 훌륭한 패스트푸드 음식점을 구상했다. 자기만의 지름길을 걸어간 대담한 혁신가였다.

할랜드 같은 사람이 더 있다. 누구든 나이에 상관없이 대담한 혁신가가 될 수 있다. 40세가 넘어서 대박을 터뜨린 용감한 영혼들의 이야기를 들어 보라.

베라 왕은 재능을 인정받은 세계적인 디자이너지만, 40세에 처음으로 드레스를 디자인했다.

사무엘 L. 잭슨은 120편이 넘는 영화를 제작했지만, 43세에 처음으로 흥행작을 만들었다.

로드니 데인저필드는 시대를 막론하고 가장 재미있는 코미디언으로 평가받지만, 46세에 에드 설리번 쇼에 출연한 후에야 이름을 알렸다.

줄리아 차일드는 50세에 첫 번째 요리책을 썼다.

찰스 다윈은 50세에 《종의 기원》을 출간했다.

베티 화이트는 51세에 매리 테일러 무어 쇼에 출연한 후에야 인기를 얻기 시작했다.

결실을 빨리 이루는 것이 중요한 문화에서는 우리에게 지나친 압박감을 준다. 우리는 명문 대학교에 합격하지 못하면 바람직한 인생 항로에서 이탈했다고 생각한다. 인턴십을 거치지 못하면 취업 전선에 먹구름이 드리웠다고 생각한다. 일류 로스쿨에 들어가지 못하면 법조인으로서 경력에 흠이 잡혔다고 생각한다. 꿈의 회사에서 직장 생활을 시작하지 못하면 자기가 모자란다고 생각한다. 30살까지 성공을 거두지 못하면 인생이 끝장난다고 생각한다.

많은 사람이 인생에서 특정 나이가 되기 전에 완수해야 할 과업이 있다고 잘못 생각하고 그걸 남에게도 강요한다. 그 결과 우리는 지금쯤 모든 업적을 이뤄 놔야 했다는 거짓 위기감에 시달리며 그렇게 하지 못하면 실패한 낙오자라고 생각한다.

사람들이 모두 같은 속도로 인생을 사는 것은 아니다. 모든 사람이 제각기 다르게 움직인다. 당신의 인생은 당신의 때에 당신의 속도대로 나아간다. 당신의 동반자, 친구, 학우, 이웃도 모두 자기만의 속도대로 나아간다. 어떤 사람은 남들과 발맞춰 걷는다. 어떤 사람은 가다가 서다가 한다. 또 어떤 사람들은 꼬불꼬불한 길을 택해서 숲에서 길을 잃고 곰에게 쫓기고 도움을 요청하고 구조되고, 또다시 길을 잃고 차가 고장 나서 고생하고 그러다가 비로소 자기 길을 찾기도 한다.

하지만 이 모든 것이 아름다운 이유는 누구나 끝까지 해낼 수 있기 때문이다. 춤을 출 때 반드시 우아하거나 완벽할 필요는 없다. 의자 뺏기 게임처럼 부족한 자리에 남보다 먼저 앉아야 하는 것도 아니다. 춤을 완성하고 싶다면 열심히 동작을 배워서 자기 속도대로 춤을 마치면 된다. 멈추지 않는한 제대로 스텝을 밟는 데 시간이 좀 걸려도 괜찮다.

그런데 자아 탐색이 오래 걸리는 것과 처음부터 자기가 어떤 사람인지 제대로 파악해 놓고 자기다운 길을 고르지 않은 것은 완전히 다른 이야기다. 어린 시절 장래희망을 떠올려 보라.

어린 시절 장래희망은 단순했다. 우주 비행사, 경찰관, 소방관, 의사, 농구선수 등 우리는 원하는 건 무엇이든지 될 수 있었다. 어떤 직업을 원하든 그저 말하면 됐다. 그만큼 쉽고 간단한 일이었고 망설임도 의심도 없었다.

"나는 나중에 커서 ○○○이 될 거야."

많은 사람에게 그때만큼 자기 커리어를 분명하고 자신만만하고 굳세게 선언하는 순간은 다시 오지 않는다.

대학 시절, 한 친구가 내게 자기는 로스쿨에 가고 싶지만 변호사가 되기는 싫다고 말했다. 그의 이야기는 이러했다.

"로스쿨에 가서 변호사가 될 거야. 그런데 내가 원하는 건 변호사가 아니야. 먼저 대형 법률 사무소에서 일할 거야. 거기서 기업 인수 합병을 배울 거야. 그런데 내가 원하는 건 기업 변호사가 아니야. 그다음에는 투자 은행에 들어가서 투자 은행가가 되고 대규모 인수 합병 업무를 맡을 거야. 그런데 내가 원하는 건 투자 은행가가 아니야.

투자 은행에서 인정받으면 대형 사모펀드사에 들어갈 수 있을 거야. 그럼 기업들을 대상으로 자문해 주기보다 직접 투자할 수 있겠지. 그런데 내가 원하는 건 사모펀드사에서 일하는 게 아니야. 사모펀드사에서 능력을 인정받으면 헤지펀드사에 들어갈 수 있을 거야. 그다음 헤지펀드로 투자해서 돈을 많이 벌 거야. 이게 내 꿈이야."

경영 대학원에서 한 친구가 내게 자기는 컨설턴트로 일할 거라고 말했다. 그녀는 이렇게 이야기했다.

"먼저 대형 컨설팅 기업에서 일할 거야. 거기에서 컨설팅 전략을 배울 거야. 그런데 내가 원하는 건 컨설턴트가 아니야. 그리고 일반 소비자를 대상으로 상품을 파는 기업으로 이직해서 브랜드 매니저가 될 거야. 국제적인 대형 브랜드를 맡아서 관리할 거야. 그런데 내가 원하는 건 브랜드 매니저가 아니야.

회사에서 능력을 인정받은 다음에 스타트업 기업으로 이직할 거야. 그곳에서 새롭고 혁신적인 상품을 만들 거야. 그런데 나는 남이 세운 스타트업 기업에서 일하고 싶지 않아. 내 꿈은 사업을 시작하는 거야. 이미 사업 계획도 세워 뒀어."

그녀는 도대체 무엇을 기다리는가?

당신은 무엇을 기다리는가?

자기가 무엇을 원하는지 안다면 지금 당장 원하는 직업을 가져라. 원하는 일을 하기 위해 원치 않은 일을 세 다리씩 거칠 필요는 없다. 당신의 목적지는 당신 생각보다 훨씬 가까이 있을 수도 있다.

내 인생의 지름길 찾기 3
_작은 성공을 반복하라

어느 날 100년에 한 번 나올까 말까 하는 아이디어가 문득 떠오른다. 그럴 때 우리는 밤을 꼴딱 새우고 그 영감을 바탕으로 무언가 창조해 내려고 미친 듯이 일한다. 다음 날이 되니 진도가 안 나간다. 그 다음 날도 마찬가지다. 무슨 이야기인지 알겠는가?

영감이 하룻밤 사이에 수억 달러를 벌어다 줄 제품으로 발전하는 것은 아니다. 며칠, 몇 주, 몇 개월, 몇 년 동안 열심히 일하고 실험하고 아이디어를 다듬어야 원하는 열매를 맺을 수 있다. 모든 아이디어가 즉각 성공을 가져다주지 않는다. 아무 진전 없이 제자리걸음을 한다고 느끼는 날도 많을 것이다.

많은 사람이 동기를 부여하는 책을 읽고 온 세상을 정복할 듯이 의욕이 고취되는 것을 좋아한다. 그리고 아무것도 하지 않는다. 그러다가 유튜브 동영상을 보고 다시 자극을 받는다. 그리고 아무것도 하지 않는다. 바람직하지 못한 습관이 반복된다. 앞으로 나아가지 않고 쳇바퀴만 돈다.

자, 이런 습관은 오늘부터 끝이다. 이 책을 당신의 전략집, 행동을 위한 발판으로 삼아라. 삶의 통제권을 다시 쥐어라. 얼마나 인생이 끝내주는지, 얼마나 멋진 직장에 다니는지, 얼마나 하루하루가 즐거운지 꾸며 내는 일은 그만하라. 대책을 세워라.

의지가 꺾이고 기운이 빠질 때도 의욕을 잃지 않으면서 처음의 영감을 유지하는 것이 가장 중요하다. 첫날에 지핀 불꽃, 열정, 활력을 계속 발산하면서 오르락내리락하는 고갯길을 통과해 목표점에 도달하라.

한탕주의자는 추진력을 유지하지 못한다. 빨리 대박을 터뜨리기 바라면서 고된 일을 견디지 않는다. 처음에 잭팟이 터지지 않으면 금세 불꽃이 식는다. 한탕주의자에게 필요한 것은 즉각적인 만족이다.

일이 힘들어지려고 할 때, 자기 아이디어에 투자하려는 사람이 없을 때, 잠재 고객들이 전화를 받지 않을 때, 새로운 고객을 유치하기 위해 사업을 설명하고 또 설명해야 할 때, 한탕주의자는 슬그머니 사라진다. 일을 본격적으로 시작하기도 전에 출구로 향한다.

주문하는 즉시 구매가 가능해진 경제 체제에서는 이제 기다릴 필요 없이 구매 버튼만 클릭하면 된다. 그럼 원하는 때에 원하는 것을 얻을 수 있다. 그 과정에서 우리는 즉각적인 만족감을 추구하도록 길들여졌다. 음식, 영화, 텔레비전 프로그램, 옷, 교통편, 드라이클리닝 등 무엇이든지 클릭 한 번이면 즉시 대령되기 때문이다.

그 결과 원하는 것을 당장 얻지 못하면 서비스가 형편없다고 생각하게 됐다. 처음에 의미를 찾지 못하면 관계가 무의미하다고 생각하게 됐다. 출근 첫날 모든 사람이 나를 좋아해 주지 않으면 일을 그만둘 때라고 생각하게 됐다.

우리 인생의 여정은 즉각 만족스럽지 않을 것이다. 여정이 길고 고생스러운 데에는 이유가 있다. 첫날에 성공과 실패가 정해지는 것이 아니다. 신도 세상과 천국을 창조하는 데 일주일이 걸렸는데 우리가 그보다 빠를 수 있겠는가?

삶의 굴곡을 따라 걸으며 중요한 이정표에 차근차근 도달할 인내심과 끈기가 부족하다면 이 여행의 중요한 의미를 놓치고 있는 셈이다. 인생의 여정이 의미하는 바는 종착지에 도착하는 것, 마침내 인정받는 것 그 이상이다. 이 여정에서 우리는 성장하고 성숙하며 삶의 목적을 재점검하고 삶의 방향을 재설정한다.

목표점에 도달하는 데 걸릴 시간은 걱정하지 마라. 중요한 건 실천이다. P-R-I-S-M 스위치를 모두 켜고 제대로 해 보겠다고 세상 그 누구보다 굳게 작심하는 건 좋다. 하지만 자기만의 성공을 이루기 위해 매일 노력하지 않으면 결코 원하는 모습이 될 수 없다.

하나 더 말하자면 우리 앞길을 가로막는 문제는 지금도 앞으로도 마법처럼 사라지거나 저절로 해결되지 않을 것이다. 그러니 문제가 알아서 없어지기를 바라지 마라. 문제를 방치한 채로 하루하루가 지날 때마다 문제는 더 오래 지속되고 심지어 더 커질 것이다. 조치를 취하지 않으면 대가를 치러야 한다.

세상에 공짜는 없다. 갚아야 할 돈을 갚지 않으면서 그 액수가 줄기를 바랄 수 없다. 업무 환경이 나쁘다고 불평만 하면서 조직 문화가 바뀌리라고 기대할 수 없다. 문제에 대처하는 것은 우리 몫이고 직접 행동할 때다. 잘못된 것을 바로잡고 상황을 변화시켜라.

어째서 우물쭈물하는가? 허락이나 결재를 받을 필요도 없고 우리는 초등학생이 아니다. 이것은 우리 인생이다.

큰 성공은 갑자기
이뤄지지 않는다

코미디언 케빈 하트의 공연이 세계 곳곳에서 매진되는 까닭은 그가 어느 날 갑자기 재미있어졌기 때문이 아니다. 오프라 윈프리가 느닷없이 억만장자 사업가이자 사랑받는 대형 스타가 된 것은 아니다. 드웨인 존슨이 별안간 최고의 영화배우로 거듭난 것은 아니다. 매직 존슨이 태어날 때부터 역사상 최고의 농구 선수였던 것은 아니다. 제프 베조스가 소매업을 혁신할 수 있었던 까닭은 엄청난 아이디어가 떠올랐기 때문이 아니다. 이들 모두 현재 위치에 이르기까지 숨 가쁘게 달려왔다.

우리에게 당연하게 주어지는 것은 아무것도 없다. 운이 따를 수도 있겠지만 운을 바라는 것은 전략이 아니다. 남들보다 더 많이 욕심내라. 원하는 위치에 도달하기 위해 노력하라. 사람들이 스티브 잡스가 차고에서 일한 사실, 제프 베조스가 문짝을 책상으로 사용한 사실, 타일러 페리가 차에서 잠을 잔 사실은 간과한다. 그들은 현재 위치에 도달하기 위해 갖은 고생을 하며 먼 길을 걸어왔다.

계획을 세우고 전략을 짜고 포지셔닝하고 토론하고 분석하고 고심하는 건 좋다. 하지만 종국에는 자기만의 성공을 이뤘는지가 중요하다. 즉 결과물을 만들어야 한다. 어떤 성과를 거뒀는가? 세상은 거기에 집중한다.

물론 노력, 가치, 성실 등 내면의 자질도 중요하다. 우리에게 꼭 필요하고 스스로 피드백할 수도 있다. 하지만 남들이 보는 것은 우리의 영향력이다. 과정과 결과를 혼동하지 마라. 우리가 스스로를 계발할 때는 과정이 중요하다. 우리가 살아가는 동안 더 나은 사람이 되도록 해 주는 게 과정이다. 사업이나 경력을 개발할 때는 결과가 중요하다. 우리는 결과물과 영향력으로 평가받는다.

그럼, 목표점에는 어떻게 도달할 수 있을까? 조금 뒷걸음질해도 상관없다. 중요한 것은 꾸준히 앞으로 나아가는 것이다. 곰곰이 생각해 보라.

'내가 움직이고 있는가, 멈춰 서 있는가?'

여기가 첫 번째 갈림길이다. 가만히 서 있거나 옆에서 구경만 한다면 우리는 게임에서 이미 열외된 셈이다. 이미 게임 오버다. 반면에 움직인다면 우리는 목표에 한 발짝 더 가까워진다. 잘못된 방향으로 가는 중일 수도 있고 속도를 더 내야 할 수도 있다. 방향이나 속도는 조정할 수 있다. 우선순위를 다시 정하고 전략을 바꾸면 된다. 처음부터 꿈의 직업을 찾지 못했다고 자신을 몰아세우지는 마라. 즉각적 만족의 함정에 빠지게 된다.

수많은 사람이 목표점에 도착하기 전에 포기한다. 혹은 경기장에서 뛰지 않고 관중석에서 소리만 지른다. 일단은 경기장에 들어서야만 한다. 그래야 게임이 시작되고 모든 일이 일어나기 때문이다. 직접 경기에 참여할 때 더 많은 기회를 잡을 수 있다.

100퍼센트 흑자를 내지 못하면 자책하는 사람이 많다. 이런 사람들은 시작하자마자 모든 일이 술술 풀릴 거라고 기대한다. 그러다가 일이 잘 풀리지 않으면 실패했다고 생각하고 바로 포기하려 한다. 대박을 터뜨리는 것은 좋지만 한탕주의자의 함정에 빠지지는 마라. 일상의 작은 승리에 집중한다고 해서 당신을 나무랄 사람은 아무도 없다.

목표를 향해 한 발짝만 내딛어도 우리는 모든 변명쟁이를 앞지르고 위대해질 것이다. 범생이는 로스쿨 졸업 직후에 최고의 법률 사무소에 들어가지 못하거나 10년 안에 파트너가 되지 못하면 실패했다는 사고방식에 갇혀 있다. 완전히 틀린 사고다. 우리를 정의하는 것은 큰 도약이 아니다.

100일 동안 1프로씩 승리하는 것이나 하루에 100프로를 승리하는 것이나 결과는 같다. 당신이 향하는 곳이 남들 눈에는 보이지 않더라도 목표를 향해 당신만의 속도대로 나아가라.

내 인생의 지름길 찾기 4
_나중에 진짜로 하고 싶은 일을 생각하라

면접이 시작되고 면접관들이 질문을 쏟아 낸다.

"보잉 747기에는 골프공이 몇 개나 들어갈 수 있습니까?"
"미국에는 멈춤 표지판이 몇 개나 있습니까?"
"지금 저한테 이 펜을 팔 수 있습니까?"

그런데 면접 분위기가 확 바뀌더니, 한 면접관이 이런 질문을 던진다.

"나중에 진짜로 하고 싶은 일이 뭡니까?"

면접에서 이런 질문을 들어 본 적이 있다면, 당신은 혼자가 아니다.

"프랭크 씨, 와 주셔서 감사합니다. 프랭크 씨 이력서를 봤는데 이직을 자주 하셨더군요. 좋은 회사들인데, 10년 동안 세 군데에서 일하셨네요. 한 곳에서는 마케팅, 한 곳에서는 영업, 한 곳에서는 운영 지원. 프랭크 씨는 나중에 진짜로 하고 싶은 일이 뭡니까?"

세계 어디서나 들을 수 있는 이 질문은 뉴욕에서 출발해 런던과 시드니를 찍고 다시 뉴욕으로 돌아오는 듯, 면접이 진행되는 곳이라면 어디든 등장한다. 보통 채용 담당자나 임원진이 지원자에게 이 질문을 던지며 지원자가 직장이나 업계를 옮겨 다닌 것을 살짝 비꼰다. 많은 경우 거들먹거리는 목소리와 웃음 혹은 조소가 동반된다.

지원자가 뚜렷한 이유 없이 이 직장 저 직장 옮겨 다닌 것 같다는 게 그들 속마음이다. 또 한 기업에서 오랫동안 하나의 직무를 맡지 않았기 때문에 못 미덥고 자기 진로에 주관이 없다고 넘겨짚는다.

이 어리석은 질문을 두 부분으로 나눠 좀 더 파헤쳐 보자.

진짜로 하고 싶은 일

이 표현이 시사하는 바는 지원자가 지금까지 진지하지 않게 진로를 선택했다는 것이다. 지원자가 과거에 무슨 일을 했든 그 일은 그저 시늉이었거나 장난이 아니었냐고 은근히 꼬집는다.

면접관은 지원자가 진로를 결정하는 태도가 형편없었다고 폄하한 것으로 부족했나보다. 이제는 지원자를 미성숙한 사람으로 몰아간다. 자기가 보기에 지원자는 독립적으로 사고하거나 제대로 된 결정을 내리기에 나이와 지혜가 아직 부족하다는 것이다.

물론 상대방에게 이렇게 질문하는 것은 말도 안 된다. 다른 사람이 자신과 다른 결정을 내릴 때 그 결정의 논리나 맥락을 이해하지 못하는 변명쟁이나 범생이가 으레 이런 질문을 던진다. 이보다는 특정 진로를 선택한 까닭이 무엇이고 거기에서 얻은 경험을 통해 무엇을 배웠는지 묻는 게 사리에 맞고 유익하다.

우리 사회에는 사람들을 내력에 따라서, 특히 학력이나 직장에 따라서 분류하려는 경향이 있다. 우리에게 맥락이나 배경을 해명할 여지는 거의 주어지지 않는다. 이런저런 가능성을 탐색하고 실험할 여지도 거의 주어지지 않는다.

우리 인생은 이력서와 자기소개서가 쓰이는 A4 용지 크기로 줄여서 그 안에 우리가 내린 선택들을 설명해야 한다. 누군가에는 이런 방법이 타인의 신용을 확인할 효율적인 수단이 된다. 하지만 정말로 중요한 것, 즉 '삶의 여정'을 놓친다는 것이 문제다. 자신의 길을 찾는 과정에서 무엇을 배웠는지가 어디에서 얼마나 일했는지보다 더 중요하다.

7살 때 삶의 진짜 꿈을 찾고 소방관이 돼야겠다고 생각한 사람은 진로를 결정하기가 쉽다. 대학교 1학년 때, 자기 분야는 의학이라고 깨달은 사람은 꿈을 실현하기 위해 걸어야 할 길이 뚜렷이 보인다. 그러나 많은 사람은 부모, 자매, 형제, 조부모, 친척, 친구 등 온갖 사람에게서 특정 분야에서 일해야 하고 특정 직업을 가져야 한다는 일장 연설을 들을 것이다.

"백만장자가 되고 싶다면, 월가로 가."
"억만장자가 되고 싶다면, 실리콘 밸리로 가."
"머리가 좋고 과학을 잘하면, 의사가 돼."
"머리가 좋은데 과학을 못하면, 변호사가 돼."

이렇게 조언하는 사람들은 딱 하나밖에 모른다. 바로 자기가 성공한 방법이다. 그러니까 자기에게만 통했던 방법이다. 물론 그들은 시야도 넓고 경험도 풍부할 테고 그 사실을 증명하듯 주름과 흰머리도 있을 것이다. 그러나 그들은 우리가 무엇에 열정을 느끼는지, 언제 심장이 뛰는지 모른다.

그러므로 "나중에 진짜로 하고 싶은 일이 뭡니까?"라는 질문을 듣는다면 간단히 대꾸하라.

"절대 여기에서 일하지 않는 것입니다."

다시 프랭크를 보자. 사람들은 언제나 제멋대로 넘겨짚는다. 사실 프랭크는 10년 동안 한 직장에서 머물지 않고 직장 세 군데를 옮겨 다닌 덕분에 더 많은 것을 배울 수 있었다. 영업, 마케팅, 운영 지원 부서에서 일하며 사업에 쓰이는 다양한 분야를 경험했다. 이 분야들이 서로 어떻게 연결되는지 아는 프랭크는 훌륭한 인재다.

또한 프랭크는 자기가 어느 분야를 좋아하고 싫어하는지, 무엇을 잘하고 못하는지 안다. 새로운 분야에 뛰어드는 일을 두려워하지 않았기에 자신에게 최고로 맞는 일을 찾았다.

쉽게 가고 싶어서 남이 알려 준 최단 경로를 선택할 때가 있다. 안일한 선택이다. 그 결과 자기 틀을 깨지 못하고 자기만의 길을 찾지 못한다. 그러므로 소명을 찾는 일이 오래 걸리더라도 걱정하지 마라. 어떤 사람은 7살이나 17살에 소명을 찾지만 어떤 사람은 27살, 37살, 47살에도 찾는다. 소명을 찾고자 한다면 다음 5E 규칙을 따르라.

5E 규칙

탐색(Explore): 기회를 많이 탐색할수록 많은 기회를 잡을 수 있다.

노력(Endeavor): 당신은 좀 돌아갈지도 모른다. 하지만 최선을 다해야 당신만의 유일무이한 여정에 집중할 수 있다.

실험(Experiment): 자신에게 꼭 맞는 공식, 해결책, 선택지를 찾기 위해 이것저것 시도하라.

수용(Embrace): 시작점에서 목표점으로 나아가려면 마주치는 기회, 인연, 장애물을 모두 받아들여라.

참여(Engage): 무슨 일을 하든지 전심전력껏 참여하라.

5E 규칙을 실천하면 우리는 인생에서 진정한 승부를 펼칠 수 있다. 움직이면서 소명을 찾고 자신에게 모든 것을 투자하는 여정에 오른다. 그 여정 중 만나는 모든 경험이 기회다. 자기만의 공구함에 연장을 하나씩 추가할 기회다.

공구함이 차면 진짜로 하고 싶은 일이 뭐냐고 비꼬는 사람들하고 일하지 않을 지혜와 자신감이 생긴다. 그때는 그 질문에 간단하게 대답할 수 있을 것이다. 지금껏 하던 일을 지금도 하는 중이고 앞으로도 계속할 것이라고.

시간이 좀 더 걸리더라도 이 2가지를 명심하길 바란다. 전진이 더딜 수 있다. 하지만 때를 만나면 순식간에 전진할 것이다.

내 인생의 지름길 찾기 5
_정체된 상태가 곧 실패는 아니다

지난 5,000년 사이에 빨대에 주요한 변화가 2번 있었다. 한 사람 덕분에 빨대가 견고해졌고 다른 한 사람 덕분에 빨대가 유연해졌다. 오늘날의 재사용 빨대를 포함해서 빨대에 이런저런 변화가 있었지만 확실히 이 2가지 변화를 겪으면서 두드러지게 발전했다. 5,000년이라는 세월 동안 이뤄진 기술 혁신을 생각해 보면 세대마다 삶의 질을 끌어올린 혁명적인 진보를 떠올릴 수 있다. 반면에 빨대는 수천 년 동안 거의 변하지 않았다.

최초의 빨대는 기원전 3,000년 전 수메르인이 만들었다. 수메르인의 무덤에서 발견된 최초의 빨대는 금으로 만들어졌고 푸른색 보석인 청금석으로 장식돼 있었다. 맥주를 마시는 데 사용됐을 것으로 추정한다.

19세기가 돼서야 빨대에 주요한 변화가 일어났다. 마빈 체스터 스톤은 워싱턴 D.C.의 자기 집에서 민트 줄렙(버번, 설탕, 물, 민트로 만든 칵테일 - 옮긴이)을 마시며 쉬고 있었다. 스톤은 칵테일 안에 꽂아 둔 빨대가 녹은 것을 발견했다. 당시에는 호밀풀 빨대를 사용했다. 유리잔 바닥에 빨대 침전물이 생기는 것은 예삿일이었지만 칵테일에서 나는 풀 맛이 좋지 않았다.

스톤은 호밀풀 빨대의 대안으로 종이 빨대를 만들어 봤고, 나중에는 마닐라지(紙) 빨대를 생산하는 기계를 발명했다. 또한 종이에 파라핀 왁스를 발라서 종이 빨대가 음료 안에서 녹지 않도록 했다. 1888년, 이렇게 현대식 빨대가 탄생했다.

빨대의 두 번째 주요한 변화는 1930년대 샌프란시스코 음료수 가게인 바시티 스위트 숍에서 일어났다. 가게 주인의 형이었던 조셉 프리드먼은 자신의 어린 딸 주디스가 카운터에 앉아서 종이 빨대로 힙겹게 밀크셰이크를 마시는 걸 봤다. 딸을 도와줄 방법을 고심하다가 그는 종이 빨대 윗부분에 나사를 집어넣고 그 위를 치실로 감아서 나사의 날 모양대로 빨대에 주름을 냈다. 나사를 제거하자 빨대는 유연해졌다. 1937년, 이렇게 구부러지는 빨대가 탄생했다.

빨대는 5,000년 동안 존재했지만 괄목할 만한 2가지 변화는 50년 사이에 일어났다. 스톤과 프리드먼은 빨대의 실용성을 엄청나게 끌어올렸지만 두 사람 모두 빨대를 처음 발명하지는 않았다. 이미 존재하는 토대 위에 작지만 강력한 변화를 쌓아 올린 것이었다.

　사소한 시도가 엄청난 발전을 가져오기도 한다. 이상한 길로 빠진 것처럼 느껴질 때도 있다. 제자리를 맴돌고 미로에 갇히고 길을 잃은 것처럼 느껴질 때도 있다. 자신이 의심된다면 앞서 빨대의 발전 과정을 떠올려라.

　변화는 시간이 걸린다. 진전이 거의 혹은 아예 없다가 급속도로 발전하는 시기가 찾아올 수 있다. 이미 자기만의 지름길을 걷는 중인데 미처 그 사실을 깨닫지 못했을 수도 있다. 그저 나아가는 방향을 살짝 틀거나 돛의 방향을 조정하거나 리듬에 변화를 주기만 하면 될 수도 있다.

　빨대의 발전 과정처럼 어떤 시기에는 단단해져야 하고 어떤 시기에는 유연해져야 한다. 인생길을 걷다 어떤 역경을 맞닥뜨리더라도 견딜 수 있을 만큼 단단해야 하지만 길이 휘어지더라도 그 길을 계속 따라 걸을 수 있을 만큼 유연해야 한다.

　당신이 도착할 목적지에서 밀크셰이크와 민트 줄렙을 마음껏 즐겨라.

내 인생의 지름길 찾기 6
_방향을 보면서 걸어라

내면의 단단함과 유연함은 성공에 필수적인 조건이다. 그런데 우리는 틀에 박힌 일상과 습관에 따라 살기도 한다. 날마다 같은 일을 반복하며 살기 쉽다. 그리고 깨닫지 못한 사이 며칠, 몇 주, 심지어 몇 달이 흐른다. 그 시간이 다 어디로 갔을까?

우리는 일어나고 출근하고 일하고 퇴근하고 잠을 잔다. 그리고 이 일을 반복한다. 사이클이 되풀이된다. 생활 습관은 우리에게 도움이 된다. 행동이 자동화되면 더 효율적이지만 자동 조종 장치의 통제를 받듯 살면 안 된다. 샛길로 빠지고 뜻밖의 기회를 만나고 즉흥적인 일처럼 삶을 충만하게 만들어 주는 멋진 경험을 놓치기 때문이다. 어떻게 하면 현재 자신이 최고의 삶을 사는지 알 수 있을까? 반복되는 사이클을 깨고 생활 습관을 점검해 보자.

결혼식 날, 내가 들은 최고의 조언은 바로 이거다.

"예식이 끝난 후 신부의 손을 잡고 식장을 떠나기 전에 잠깐 멈춰 서라. 그리고 고개를 돌려 식장 안을 바라보라. 그리고 그 순간을 느껴라."

그 공간에서 한 걸음 빠져나와 밖에서 안을 바라보면 모든 것이 색다르게 보인다. 몰입은 중요하지만 잠깐 멈추고 한 걸음 물러나서 모든 것을 느끼는 일도 그만큼 중요하다. 우리가 공원이나 길거리를 걸을 때도 마찬가지다. 다음번 산책에는 나침반을 가져가 보라. 진짜 나침반이 아니라 마음속 나침반이다. 그리고 자신이 어떻게 걷는지 살펴보라.

빨리 걷는가, 천천히 걷는가?
넋을 빼고 걷는가?
바닥을 보며 걷는가?
사람들과 시선을 맞추는가?
목적을 갖고 걷는가?

나침반은 인생의 네 방향을 가리킨다. 당신은 아마 이 네 곳의 잠재력을 100퍼센트 발휘하지 못하고 있을 것이다. 대부분 사람은 오로지 앞만 쳐다본다. 앞으로 가는 게 가장 빠르다고 생각하기 때문이다. 그래서 무작정 직진한다. 곧장 회사에 갔다가 곧장 집으로, 곧장 헬스장에 갔다가 곧장 집으로, 곧장 마트에 갔다가 곧장 집으로, 그리고 곧장 침대로 간다. 이 사이클은 반복된다. 모든 활동이 자기 앞에서 펼쳐진다.

하지만 우리가 걸을 때 줄곧 앞만 본다면 그림의 전체를 볼 수 없다. 길을 건널 때를 제외하면 얼마나 자주 왼편, 오른편을 둘러보는가? 얼마나 자주 위를 올려다보고 뒤를 돌아보는가? 사방을 둘러볼 때, 우리는 어떻게 나아가야 가장 좋을지 알게 된다.

마음속 나침반의 네 방향은 실제 나침반과 다르다. 즉 '앞, 뒤, 위, 아래'다.

앞

당신이 향하는 곳이다. 넓고 확 트인 길이자 삶이 펼쳐질 하얀 도화지다. 앞은 왼쪽, 오른쪽, 중앙을 포함한 180도다. 앞은 정중앙에 놓인 것과 주변 시야에 들어오는 것을 모두 포함한다. 어떤 길을 선택할지, 어떻게 목적지에 도달할지는 당신에게 달렸다.

뒤

당신이 머무른 곳이다. 당신이 겪은 성공, 실패, 좋은 일, 나쁜 일이다. 뒤에 놓인 것들을 당신의 여정에 어떻게 반영할지는 당신에게 달렸다.

위

당신이 선망하는 사람들, 멘토와 스승이 먼저 도착한 곳이다. 당신이 그들을 우러르고 본받으려고 한다. 어떤 점을 어떻게 배울지는 당신에게 달렸다.

당신이 의심하는 사람들이 사는 곳이다. 그들은 비관적이며 회의적이다. 그들은 우리가 앞으로 나아가는 것을 원치 않으며 당신의 실패를 기뻐한다. 그들이 당신의 인생에 어떤 영향을 미치는지는 당신에게 달렸다.

다음부터 길을 걸을 때는 네 방향을 모두 의식하라. 모든 일이 곧장 앞에서만 펼쳐지는 것은 아니다. 앞이 다른 세 방향과 어떻게 연결되는지 모른다면 우리는 앞에 놓인 것을 제대로 이해하지 못한다.

뒤에 무엇이 존재하는지 이해할 때, 우리가 어떤 길을 지나쳐 왔고 어떻게 현재 위치에 이르게 됐는지 알 수 있다.

위에 무엇이 존재하는지 이해할 때, 본받을 사람들과 달성할 목표가 생긴다.

아래에 무엇이 존재하는지 이해할 때, 비관론자들을 거울 삼아 우리가 홀륭한 사람이라는 것을 잊지 않을 수 있다.

이제부터 길을 걸을 때 네 방향을 꼭 기억하라. 심지어 공항 안을 걸을 때도 마찬가지다. 사실 공항은 인생에 대해 많은 것을 가르쳐 주는 곳이다. 보기와 달리 우리 여정이 꼬이거나 지체되지 않았다는 점, 우리 여정에 시간이 그렇게 오래 걸리지 않을 거라는 점, 우리가 걷는 길이 생각보다 외떨어지지 않았다는 점을 배울 수 있다.

내 인생의 지름길 찾기 7
_인생은 여행이다

우리가 '존 케네디' 혹은 '샤를르 드 골'과 비교되는 일은 흔치 않다. 아, 지금은 두 위인의 이름을 딴 공항을 이야기하는 것이다. 언젠가 뉴욕에 있는 JFK 공항, 파리에 있는 샤를르 드 골 공항, 혹은 집 근처 공항에 간다면 공항에서 인생에 관한 깨우침을 얻을 수 있다는 사실을 기억하라. 인생의 진리가 공항에 숨어 있다.

비행기는 당신 없이도 떠난다. 게이트에 늦게 도착하면 비행기는 떠나고 없을 것이다. 당신이 없어도 파티는 시작된다. 사람들이 당신을 기다려 줄 것이라고 기대하지 마라.

비행기가 연착된다. 날씨가 나쁠 수도 있고 기계에 결함이 있을 수도 있다. 모든 일이 제때 시작되지는 않는다. 때로는 상대방이, 때로는 당신이 준비가 덜 된 탓이다.

비행기가 결항된다. 사람들은 마음을 바꾸고 당신과 한 약속을 취소할 것이다. 기회에도 유통 기한이 있으며 예상치 못한 일은 언제든 일어난다.

공항에 가는 길이 막힌다. 휴일일 수도 있고 공사 때문일 수도 있다. 목적지로 향하는 길은 평탄할 때가 거의 없다. 누군가 앞길을 막고 방해한다. 장애물을 돌아가는 길을 찾아라.

좌석이 업그레이드된다. 널찍한 비상구 좌석을 배정받을 때, 비즈니스 클래스에 마지막 남은 한 자리를 차지할 때, 장거리 비행인데 옆자리에 사람이 없을 때. 살다 보면 운이 좋을 때도 있다.

가운데 좌석을 배정받는다. 축하한다. 앞으로 14시간 동안 세 사람이 꼭 붙어 갈 것이다. 살다 보면 운이 나쁠 때도 있다.

짐이 짐칸에 들어가지 않는다. 짐칸은 작은데 가방이 너무 크다. 남는 공간이 없다. 살다 보면 아무리 열심히 노력해도 안 되는 일이 있다.

시간이 남아돌 때. 공항에 너무 일찍 도착할 때도 있다. 비치된 잡지를 빠짐없이 읽고 가게들도 죄다 구경하고 식당가도 모조리 둘러봤다. 하지만 일찍 도착해서 미리 준비한다고 해서 손해 볼 일은 없다.

시간이 빠듯할 때. 늦을 때도 있다. 공항 터미널을 질주하는데 길을 찾을 수가 없다. 그때는 안내 표지판을 보거나 도와 달라고 부탁하면 목적지에 도착할 수 있을 것이다.

보안 검색대 줄이 길다. 줄이 몇 킬로미터는 이어지는 것 같다. 살다 보면 자기 차례가 오기를 기다려야 할 때도 있다. 싫다면 다른 방법을 찾아라.

보안 검색대 줄이 짧다. 당신 말고 아무도 나타나지 않을 때도 있다.

비행기가 요동친다. 처음부터 끝까지 삐거덕거린다. 그럴 때도 있다.

비행이 순조롭다. 처음부터 끝까지 술술 풀린다. 그럴 때도 있다.

식당들이 문을 닫았다. 당신은 나타났지만 상대방은 나타나지 않았다. 당신과 상대가 서로 기대하는 바가 달랐다. 맞는 장소, 틀린 시간.

식당이 없다. 당신은 배가 고프고 식사할 준비가 됐는데 식당이 다른 터미널에 있다. 틀린 장소, 맞는 시간.

내 짐이 제일 먼저 나왔다. 컨베이어 벨트가 돌아가고 저기 가방이 보인다. 살다 보면 일을 제대로 해내고 좋은 결과를 얻기도 한다.

짐이 분실됐다. 컨베이어 벨트가 돌아가는데 가방이 어디에도 안 보인다. 살다 보면 일을 제대로 했는데도 나쁜 결과를 얻기도 한다.

신나는 출발. 멕시코로 휴가를 떠난다.

실망스러운 출발. 휴가가 끝나고 집에 돌아온다.

짜증스러운 출발. 당일치기 출장이 갑자기 결정됐다.

두려운 출발. 사랑하는 사람들에게 작별 인사를 한다.

신나는 도착. 집에 돌아왔다. 가족과 친구들이 풍선을 들고 두 팔 벌려 기다리고 있다.

실망스러운 도착. 집에 왔다. 아무도 없다.

짜증스러운 도착. 어디에 차를 주차했는지 기억이 안 난다.

두려운 도착. 비행기에서 내리자 모든 것이 낯설어 보인다.

이런 경우도 있다. 당신이 47번 게이트에서 대기하고 있는데 갑자기 비행기가 1번 게이트로 이동한다. 이때 46개의 게이트를 질주하는 게 반드시 최단 경로는 아니다. 목적지에 도착하기 위해서 가끔은 긴 복도를 지나 다른 터미널로 이동해야 한다. 그런데 또 가끔은 우리를 1번 게이트로 곧장 데려다줄 셔틀버스가 45번 게이트 앞에서 기다릴 때도 있다.

어쨌든 여행의 모든 즐거움과 괴로움, 연착과 결항, 난기류와 짐 분실에도 불구하고 결국 사람들은 가야 할 곳에 간다. 예상보다 늦어질 수도 있다. 짜증스러운 여정일 수도 있다. 두 번 다시 여행하고 싶지 않을 수도 있다. 그래도 가긴 간다. 결국 목적지에 도착한다. 그 여정에서 한 대 얻어맞았을 수도 있고 평정심을 잃었을 수도 있고 거절당했을 수도 있고 도움을 못 받았을 수도 있고 불친절한 대우를 받았을 수도 있다.

비행편이 직항이든 경유지를 세 곳이나 거치든, 기차를 타든 버스를 타든 당신은 어떻게든 목적지에 다다른다.

인생도 마찬가지다. 중요한 것은 당신의 관점과 당신이 어떻게 여행을 경험하기로 마음먹는가다. 결국 당신은 길을 찾는다. 당신은 마지막이라 느꼈을지 몰라도 당신의 마지막 비행은 진짜 마지막 비행이 아니다. 마지막 비행이 끔찍했든 환상적이었든, 당신은 앞으로 더 많은 여행을 떠나고 풍경을 보고 경험을 하고 모험을 즐길 것이다.

멀리 돌아가는 길이 혁신적 발견으로 이어질 때도 있다. 그래서 대담한 혁신가는 최단 경로에서 벗어나 상황의 흐름에 기꺼이 몸을 맡기기도 한다. 남들과 다른 길을 걷더라도 우리는 같은 목적지에 도착할 수 있다. 우리 방식대로 가는 것이다. 남들보다 뒤늦게 결승선을 통과하더라도 남들보다 먼저 목표를 달성할 수도 있다.

새로운 경지로 향하는 길은 곧지도, 평탄하지도 않을 때가 많다. 이 때문에 많은 사람이 시도조차 하지 않고 너무 빨리 포기한다. 시간과 노력을 투자하기로 각오한 당신은 이 점을 기억하라. 악전고투 끝에 다다른 저편에는 위대함이 존재한다.

원하는 인생을
살라

모든 사람이 인생에서 의미 있는 행복을 추구한다. 이 여정에서 당신은 혼자가 아니다.

그럼 변명쟁이는 어디에서 행복을 찾을까? 불평과 비난에서 찾는다. 범생이는 어디에서 행복을 찾을까? 멋진 이력서와 겉보기에 좋은 안정성에서 찾는다. 한탕주의자는 어디에서 행복을 찾을까? 시류에 편승하는 일에서 행복을 찾는다.

대담한 혁신가는 행복을 느끼기 위해 이런 외부 요소에 기대지 않는다. 행복과 보람은 내면에서 나오기 때문이다.

기억하라. 최고의 행복은 이미 당신 안에 존재한다. 그 행복을 끄집어내기만 하면 당신은 원하는 일을 뭐든지 언제라도 이룰 수 있다. 창조하고 성취하고 사랑하고 분투하고 모험하고 도전하는 능력이야말로 행복의 원동력이다.

많은 이가 사람은 나이 들면서 현명해진다고 말한다. 하지만 나는 당신이 나이 들 때까지 기다리지 않았으면 좋겠다. 지금 당장 현명해지면 좋겠다. 오늘부터 변화하라. 성공하는 사람은 모두 믿고 따르는 5가지 절대 법칙을 실천하라. 인생을 바꿀 P-R-I-S-M 스위치를 켤 수 있는 사람은 당신뿐이다. 실패만 거듭했던 인생에서 탈출하고 비로소 성공 인생을 살 수 있다.

당신 인생을 바꿀
성공하는 사람의 5가지 절대 법칙

관점(Perspective)

새로운 마음가짐을 얻은 당신은 이제 변할 것이다. 확장된 관점은 당신의 세계관을 새로 정의하고 인생의 가능성을 새로 빚을 것이다. 모든 것이 관점에서 시작되며 긍정적인 마음가짐이 당신의 단단한 토대가 된다.

모험(Risk)

내면의 장애물을 제거할 수 있게 된 당신은 자기만의 경쟁력을 개발하는 데 집중할 수 있다. 이제 당신은 위험과 보상이라는 두 개의 렌즈를 통해 세상을 바라본다. 그래서 자신이 무엇을 위해 모험을 감수하려는지가 똑똑히 보인다.

독립(Independence)

집단 본능에서 빨리 벗어날수록 자신에게 딱 맞는 결정을 내릴 수 있다. 집단 본능은 남을 위한 것이고 우리 인생은 우리를 위한 것이다. 이제 당신에게는 무리 속 편안함이 필요하지 않다. 독립심이 당신을 더욱 용감하고 대담하게 키울 것이다. 이제 당신은 틀리거나 대세에 역행하는 일을 겁내지 않는다. 독립은 자유로 향하는 길이고 당신은 자기만의 속도, 자기만의 경로, 자기만의 방법대로 그 길을 간다.

자의식(Self-Awareness)

향상된 자의식 덕분에 당신은 자신의 진짜 모습, 자기가 원하는 모습과 더 깊이 연결된다. 자신에 대한 이해가 깊어질수록 어떻게 인생을 개척하고 세상을 정복해야 할지도 잘 알게 된다. 이제 당신은 보고 싶은 게 아니라 봐야 하는 것을 본다. 또한 듣고 싶은 게 아니라 들어야 하는 것을 듣는다.

행동(Motion)

당신은 현재 능력과 기술로 성공할 수 있다. 능력과 기술은 사용하지 않으면 무용지물이다. 이제 당신이 빛날 때다. 주목받는 일은 오로지 당신에게 달렸다. 자기만의 길을 찾고 성공하라. 모든 것을 걸어라. 계속 움직여라. 그 일을 할 사람은 당신밖에 없다.

마음속에 소중히 간직한 시절을 떠올려 보라. 모든 게 평화롭던 시절. 어려울 게 없던 황금 시절. 모든 사람에게 이런 시절이 있다. 그때가 어린 시절일 수도 있고 청소년 때나 대학생 때, 혹은 5년 전일 수도 있다. 부모님과 할아버지 할머니는 호시절을 추억하는 것을 좋아한다.

"내가 네 나이였을 때는 말이지… 그때가 참 좋았지."

그때를 떠올리면 어떤 감정이 드는가? 행복한 기분이 들고 의욕이 샘솟고 세상이 살 만하게 느껴질 것이다. 요즘 일상을 떠올리면 어떤 생각이 드는가? 현재 당신은 좋은 시절을 보내고 있는가? 함정 질문이 아니다. 좋은 시절이 꼭 과거의 추억뿐일 필요는 없다. 사는 게 평화롭고 쉽게 느껴지는 좋은 시절은 인생에 여러 차례 올 수 있다. 좋은 시절을 떠올리면 솟아나는 행복감을 현재로 가져와라. 대부분 사람이 말하는 것처럼 좋은 시절은 일시적인 때 혹은 단절된 과거가 아니다.

그럼 변명쟁이가 제일 먼저 이렇게 대꾸할 것이다. "그런데 시대가 변했잖아요."

나름대로 일리가 있는 말이다. 우리에게는 어린 시절처럼 여름 방학이 없다. 경제 상황이 변했고 동네도 재개발됐다.

범생이가 한마디 보탠다. "좋은 시절은 고등학교 때였죠. 제가 학교 대표

미식축구 선수였을 때, 전무후무한 기록을 세웠습니다. 우리 팀은 절대 안 졌어요."

그렇다. 시간은 많고 책임질 일은 없었다.

한탕주의자가 끼어든다. "1980년대 야광 팔찌 투자가 대박이었어요."

왜 이제는 좋은 시절이 아닌지 그 이유를 백만 개는 댈 수 있다. 상황이 달라졌고 인생은 더 복잡해졌다. 모든 것이 예전만큼 쉽지 않다. 당신이 한 회사의 CEO에게 20년 전과 비교해 요즘 사업이 어떤지 물어봤는데 이런 대답을 들었다고 상상해 보라.

"해외 경쟁사가 많아졌고 경쟁사들이 우리보다 상품을 저렴하게 팝니다."
"우리 기술이 시대를 따라가지 못하고 있어요."
"부동산 가격이 올라서 몇 군데 점포를 정리해야 했습니다."
"제대로 된 SNS 전략이 없습니다. 옛날에는 이런 게 필요 없었거든요."
"고객들이 원하는 게 변했습니다."

이 CEO에게 무슨 말을 해 주고 싶은가?
이 회사의 제품이나 서비스를 구매하고 싶은가?
이 CEO가 믿음직스러운가?
이 회사는 어떻게 변화에 적응하려 하는가?

환경이 변하고 시대가 변하고 사람이 변한다. 중요한 것은 변화에 어떻게 적응하고 대처하는가다. 전성기는 과거에 박제된 때가 아니다. 자기가 새 역사를 쓴 순간을 여전히 회고하고 있다면 당신은 범생이다. 배고픈 도전자들에게 산 채로 잡아먹힐 것이다. 발코니에 앉아 사람들에게 왕년에 잘 나갔던 이야기를 들려주는 범생이가 되고 싶은가? 호시절이 영원히 지나가 버렸다고 투덜대는 변명쟁이가 되고 싶은가? 아니면 계속 전성기를 살고 싶은가?

증명할 게 있는 사람처럼 백보드에 맞고 튀어 나오는 농구공을 낚아채라. 대학 팀 스카우트가 지켜본다는 듯이 자유투를 날려라. 고등학교 육상 팀에 입단하려는 것처럼 달려라. 노력의 적은 어리석은 자기만족이다. 베테랑의 지혜를 갖고 루키처럼 뛰어라. 올스타전이 아니라 대학 팀 첫해 경기를 치르듯 뛰어라.

전성기는 한순간 반짝이는 시절이 아니다.
새롭게 거듭나기 위해 지금 무엇을 할 것인가?
변화하기 위해 오늘 무엇을 할 것인가?
전성기를 계속 유지하기 위해 내일 무엇을 할 것인가?

과거의 전성기가 아니라 새로운 전성기를 이야기하는 것이다.
오늘이 당신의 전성기다. 그리고 내일도 당신의 전성기다.

성공은 종착지가 아니다. 첫 번째 단계다. 성공은 매일 최고의 나를 만들고 최고의 잠재력을 발휘하는 지속적인 여정이다. 최고의 나는 친한 친구, 언니, 형, 좋아하는 영화배우의 모습이 아니다. 다른 사람의 특징을 본받을 수는 있지만 최고의 나는 언제나 자기 모습이어야 한다.

대담한 혁신가는 성공을 이뤘다고 도전을 멈추지 않는다. 그에게 중요한 것은 성공을 유지하는 것이기 때문이다. 한 번의 성공은 충만한 인생으로 향하는 길목일 뿐이다.

누구든지 우리에게 교훈을 줄 수 있다. 실패하는 사람들도 마찬가지다. 한탕주의자는 구체적 실천 계획이 없다. 하지만 조금 철이 없더라도 '별을 향해 쏜다'는 야심은 높이 살 수 있다.

변명쟁이는 끊임없이 불평한다. 하지만 잠재적 보상이 줄어들더라도 위험을 기피하는 기질 덕분에 큰 손해를 면할 수 있다.

범생이는 틀에 박힌 인생을 산다. 하지만 다른 사람이 세운 성공의 기준에 연연하기는 해도 안정적인 삶을 유지하려는 노력은 높이 살 수 있다.

성공하는 당신이 성공을 거부하는 사람들을 뒤에 남겨 놓고 전진하더라도 배우고 생각하고 성장할 기회는 놓치지 마라.

1953년 5월 29일 오전 11시 30분, 에드먼드 힐러리와 네팔인 산악인 텐징 노르게이는 세계 최초로 에베레스트산 정상에 올랐다.

범생이는 에베레스트를 정복하면 이미 절정에 다다랐다고 생각한다. 하지만 그렇지 않다. 에베레스트를 정복한 뒤에 힐러리는 트랙터로 남극점에 도달했고 모터보트로 갠지스 강을 약 2,400킬로미터 거슬러 올랐으며 우주 비행사 닐 암스트롱과 함께 북극점을 탐험했다.

대담한 혁신가는 정상에 오르고 거기서 안주하지 않는다.
대담한 혁신가는 계속 오른다.
대담한 혁신가는 계속 도전한다.
대담한 혁신가는 계속 정상에 선다.

이것이 당신의 새로운 인생이다.
정상에 오르면 다음에 오를 정상을 찾아라.
그리고 꼭 틈틈이 휴식을 즐겨라.

스스로 던지는
성공에 대한 질문

1. 당신에게 성공이란 무엇인가?

2. 성공의 원칙을 어떻게 당신의 삶, 일, 관계, 세계관에 반영할 수 있는가?

3. 당신의 일과 생활에 대담한 혁신가의 자질을 어떻게 반영할 수 있는가?

4. 당신은 인생에서 어떻게 목적과 가능성을 창조할 수 있는가?

5. 당신은 성공이 행복을 부른다고 생각하는가, 행복이 성공을 부른다고 생각
   하는가? 어쩌면 2가지 모두인가?

6. 당신이 가장 좋아하는 아침 습관은 무엇인가? 아침 습관이 없다면 앞으로
   무엇을 실천해 보고 싶은가?

7. 직장에서 멍청이 피라미드를 경험한 적이 있는가?
   멍청이 피라미드가 조직 문화와 직원들의 사기에 어떤 영향을 미쳤는가?

임원진이 별다른 조처를 하지 않았다면 그때 당신은 어떻게 대처했는가? 혹은 어떻게 대처하겠는가?

8. 남들과 비교하지 않으면서 사는 가장 좋은 방법이 무엇이라고 생각하는가?

9. 직장에서 당신의 팀은 자유롭게 손 들 수 있는가? 남들과 발맞춰 걷지 않아도 되는가?

조직 리더는 팀원이 독창적인 아이디어를 내고 이것저것 질문하도록 장려하는가?

그렇지 않다면 좀 더 열린 분위기를 조성하기 위해 당신이 할 수 있는 일은 무엇인가?

10. 당신이 생각하기에 사업에 관한 가장 큰 오해는 무엇인가?

모험과 독립심에 관해 실패하는 사람은 모르지만 성공하는 사람은 아는 사실이 무엇일까?

11. 당신이 성공하지 못하는 결정적인 이유는 무엇이라고 생각하는가?

성공하는 사람들의 목적과 가능성으로 완성된 삶을 살 수 있는 까닭이 무엇이라고 생각하는가?

12. 혹시 지금까지 비관의 구렁 속에서 살았는가?

비관의 구렁이 당신의 일과 가정에 어떤 영향을 미쳤는가?

당신의 발목을 잡는 가장 큰 걸림돌이 무엇인가?

비관의 구렁에서 탈출하는 최고의 전략이 무엇이라고 생각하는가?

13. 언제 마지막으로 당신의 지원군을 만들었는가?

어떤 사람들을 당신의 지원군에 초대하고 싶은가?

14. 당신은 인생 목표를 달성하기 위해 어떤 패턴을 사용하는가?

15. 당신만의 7대 불가사의는 무엇인가?

16. 하나를 포기하고 하나를 얻을 수 있다면 당신은 무엇을 포기할 수 있는 가?

17. 당신 삶의 목적은 무엇인가?

18. 변화할 때 무엇이 가장 중요하다고 생각하는가?

19. 리더는 직원, 고객, 주주, 이해 관계자에게 어떻게 변화를 설득할 수 있을까?

20. 이 책에 소개된 긍정적인 습관과 행동 중에서 무엇을 실천할 것인가?
    새로운 습관을 들이기 위해 어떻게 체계적으로 노력할 것인가?

21. 문제를 자기 문제라고 생각하는 것과 안 된다는 대답을 있는 그대로 받아들이는 것이 어째서 중요한가?